北京历史文化

罗哲文 等著

图书在版编目(CIP)数据

北京历史文化/罗哲文等著.—北京：北京大学出版社,2004.8
ISBN 978-7-301-07615-6

Ⅰ．北… Ⅱ．罗… Ⅲ．文化史-北京市-电视大学-教材
Ⅳ．K291

中国版本图书馆 CIP 数据核字（2004）第 069159 号

书　　　名：	北京历史文化
著作责任者：	罗哲文 等著
责 任 编 辑：	邓晓霞
标 准 书 号：	ISBN 978-7-301-07615-6/G·1261
出 版 发 行：	北京大学出版社
地　　　址：	北京市海淀区成府路 205 号　100871
网　　　址：	http://cbs.pku.edu.cn　电子信箱：zpup@pup.pku.edu.cn
电　　　话：	邮购部 62752015　发行部 62750672　出版部 62754962
	编辑部 62753334
印　刷　者：	三河市博文印刷有限公司
经　销　者：	新华书店
	890 毫米×1240 毫米　A5　10.625 印张　306 千字
	2004 年 8 月第 1 版　2023 年 12 月第 25 次印刷
定　　　价：	28.00 元

未经许可，不得以任何方式复制或抄袭本书之部分或全部内容。
版权所有，侵权必究
举报电话：010-62752024　电子信箱：fd@pup.pku.edu.cn

目　录

序言 …………………………………………………………… (1)

第一讲　掀开北京历史第一页的先民们 ………………… (1)
　　一、"左环沧海，右拥太行"的北京湾 ……………… (1)
　　二、周口店的古人类 ………………………………… (2)
　　三、清水河畔的"东胡林人" ………………………… (6)
　　四、平谷盆地的上宅文化遗址 ……………………… (7)
　　五、军都山旁的雪山文化遗址 ……………………… (9)

第二讲　北京湾里诞生的早期国家和城市 …………… (12)
　　一、燕国和蓟国 ……………………………………… (12)
　　二、西周燕国都城——董家林古城址 ……………… (18)
　　三、燕都蓟城 ………………………………………… (19)

第三讲　屏障中原的军事重镇 ………………………… (23)
　　一、中原王朝对北方民族的经略 …………………… (23)
　　二、中央政府与地方势力的较量 …………………… (29)
　　三、安史之乱 ………………………………………… (32)
　　四、藩镇割据与幽云十六州的割让 ………………… (34)
　　五、从蓟城到幽州城 ………………………………… (37)

第四讲　迈上五朝帝都的丹墀 ………………………… (43)
　　一、辽朝的陪都——南京(燕京) …………………… (43)
　　二、金朝的中都 ……………………………………… (49)
　　三、元朝的大都 ……………………………………… (52)
　　四、明朝的北京 ……………………………………… (58)
　　五、清朝的京师 ……………………………………… (67)

第五讲　近现代的百年嬗变 …………………………… (74)
　　一、西方列强的侵入和暴行 ………………………… (74)

二、戊戌维新运动和义和团运动 …………………… (77)
　　三、民国政治风云 …………………………………… (83)
　　四、卢沟桥浴血抗战 ………………………………… (89)
　　五、北平和平解放 …………………………………… (91)
第六讲　北京的宫殿、园林 ……………………………… (95)
　　一、故宫 ……………………………………………… (95)
　　二、西苑三海 ………………………………………… (105)
　　三、三山五园 ………………………………………… (120)
第七讲　北京的城墙与城门 ……………………………… (135)
　　一、明北京内城的修建 ……………………………… (136)
　　二、明北京外城的修建 ……………………………… (139)
　　三、明北京皇城的修建 ……………………………… (143)
　　四、明北京宫城的修建 ……………………………… (145)
　　五、内城城门的历史文化与功能 …………………… (152)
　　六、内城城墙城门遗存与历史风云 ………………… (154)
第八讲　北京的四合院与胡同 …………………………… (163)
　　一、四合院的历史、类型以及北京四合院 ………… (163)
　　二、北京四合院与四合院文化 ……………………… (167)
　　三、北京的胡同 ……………………………………… (177)
第九讲　京城古水道寻踪 ………………………………… (184)
　　一、旧都水系综述 …………………………………… (184)
　　二、昔日水道寻踪 …………………………………… (188)
第十讲　北京的长城与民族融合 ………………………… (200)
　　一、北京地区长城的历史演进 ……………………… (200)
　　二、北京北部长城沿线的民族迁徙与民族融合 …… (206)
　　三、北京长城的分布与现状 ………………………… (220)
　　四、万里长城北京精品段 …………………………… (222)
第十一讲　北京戏剧史话 ………………………………… (238)
　　一、元杂剧的辉煌 …………………………………… (238)
　　二、昆曲艺术的流播 ………………………………… (247)
　　三、京剧的大红大紫 ………………………………… (254)

第十二讲　老北京的社会生活……………………………（268）
　　一、老北京的服饰文化………………………………（268）
　　二、老北京的饮食……………………………………（273）
　　三、老北京的居住……………………………………（277）
　　四、老北京的出行……………………………………（279）
第十三讲　北京的宗教文化………………………………（287）
　　一、北京寺庙文化……………………………………（287）
　　二、北京教堂文化……………………………………（295）
　　三、北京清真寺文化…………………………………（304）
第十四讲　回望 20 世纪北京五大风云人物……………（316）
　　一、孙中山……………………………………………（317）
　　二、李大钊……………………………………………（320）
　　三、毛泽东……………………………………………（323）
　　四、蔡元培……………………………………………（325）
　　五、彭真………………………………………………（327）

后记……………………………………………………………（331）

编 者 名 录

第一至第五讲	郗志群,首都师范大学历史系教授、北京历史与文化教育传播中心副主任、北京史研究会理事。
第六讲	罗哲文,国家文物局古建筑专家组组长,中国文物学会会长。
第七讲	李建平,北京史研究会副会长兼秘书长、北京市哲学社会科学规划办公室副主任。
第八讲	韩朴,北京史研究会常务理事、首都图书馆副馆长,研究馆员。
第九讲	韩茂莉,北京大学城市与环境学系教授,博士生导师。
第十讲	张宝秀,北京史研究会理事、北京联合大学应用文理学院教授。
第十一讲	周传家,北京史研究会监事长、北京联合大学应用文理学院教授。
第十二讲	宋卫忠,首都师范大学历史系副主任、副教授。
第十三讲	佟洵,北京联合大学民族宗教研究所所长、教授。
第十四讲	陈静,北京史研究会理事、北京市委党史研究室主任。
执行主编	唐荔,北京广播电视大学现代远程教育研究所所长、副教授。 郗志群,首都师范大学历史系教授、北京历史与文化教育传播中心副主任、北京史研究会理事。
审　　定	尹钧科,北京社会科学院研究员。

序　　言

罗哲文

　　北京是我们伟大祖国的首都，国务院公布的首批国家历史文化名城，也是世界著名的古都。北京以其悠远的历史文化传统和丰富的文物古迹遗存闻名中外，在被推出的中国七大古都中，名列前茅。

　　北京远古的历史，可上溯到五十多万年前的"北京猿人"时期。周口店"北京人"遗址在世界同一阶段的古人类遗址中，材料最丰富、最系统，是公认的人类重要发祥地之一。以后的"山顶洞人"和新发现的东方广场古人类遗址，也都是北京远古史绵延不断、世所罕有的证明。在进入阶级社会以后，北京一直沿着政治、经济、文化中心的道路不断发展。以琉璃河西周古城为北京建城的起点，至今已有三千多年的建城史。到了春秋战国时期，这里曾经是"战国七雄"之一的燕国统治中心。筑黄金台招贤励精图治的燕昭王、慷慨悲歌刺秦王的荆轲都曾是燕都的居民。秦汉至五代，北京成了北方重镇，长城内外中华各民族儿女以这里为中心，时而金戈铁马、叱咤风云，时而百年和好、马放南山，谱写出一卷民族交融，社会发展的绚丽历史华章。从公元 10 世纪起，历辽、金、元、明、清时期，北京作为五朝帝都，时间连续长达千年，这是中国建都中除长安以外，时间最长的帝都，而且在封建社会发展的后期绝无仅有。这一时期的历史文化，不仅对北京，而且对中国、对世界都产生了重大的影响。尤其是这五个王朝的统治者之中四个都是少数民族，显示了中华民族国家一体的重要意义。其后中华民国、北洋政府都把北京作为重要的政治舞台，新文化运动、五四运动、一二·九学生运动都发生在这里。在民主革命和新民主主义革命中，北京(北平)立下了不朽的功勋。

　　1949 年 10 月 1 日，毛泽东在天安门城楼宣布了中华人民共和国的成立，定都北京。五十多年来，北京的社会主义革命与建设取得了辉煌的成绩。特别是改革开放二十多年来，社会经济飞速发展，北京已经成了全国政治、经济、文化的中心。今天的北京,国际地位不断提高,已经成为了全国、全世界人民关心、注目、向往和参观旅游的胜地。

文化与自然遗产,是历代先民智慧和血汗的结晶,是无价的财富,是人类赖以生存的根本。我国历史悠久、河山壮丽,文化与自然遗产十分丰富。自1985年参加《保护世界文化与自然遗产公约》以来,我国已有31处文化与自然遗产和2项口述和非物质文化遗产列入了世界遗产的名录,位居世界第三,成为世界遗产的大国之一。北京已经列入世界遗产名录的有长城、故宫、周口店北京猿人遗址、天坛、颐和园、明十三陵等6处,居全国各省、直辖市、自治区之冠,这也证明了北京历史文化悠久,内容丰富的特色。

北京的历史文化,是伟大首都、世界著名古都、中华民族悠久历史文化的体现,是进行社会主义教育、爱国主义教育、革命传统教育、历史唯物主义教育的生动教材,是十分重要、无可代替的物质与精神财富,也是科学研究、道德美育、旅游参观的最佳对象。为了进一步做好对北京悠久历史文化的保护与发挥其作用的教育与宣传工作,北京广播电视大学特开设了"北京历史文化"的专门课程在北京电视台播出,这将有利于传播先进的文化思想,培养提高学生和广大市民的综合素质,使之更好地为北京的经济建设和文化建设服务。

为了让更多的人了解北京、热爱北京、为北京的各项建设作贡献,北京广播电视大学又将"北京历史文化"电视课程的文字讲稿整理编辑成书,由北京大学出版社出版。对北京来说,这实在是一件大好事。

编者知我是一个在北京居住了近60年的老市民,因工作关系,为保护和考察研究北京的历史文化、文物古迹,不断奔走了半个多世纪,对北京结下了深厚的不解情缘,特嘱我为序。于是写了一点情况和认识,权以充之。至于书中的内容,还请高明的读者自己去阅读与评说,不作多赘。

第一讲 掀开北京历史第一页的先民们

一、"左环沧海,右拥太行"的北京湾

北京位于华北大平原北端,地处东经 115°25′～117°30′、北纬 39°28′～41°05′之间的中纬地带,总面积为 16807.8 平方公里。(图 1-1)

北京总的地势是西北高,东南低。西部山地属太行山余脉,俗称为北京西山;北部和东北部山地属燕山山脉,与西山相环接的一段叫

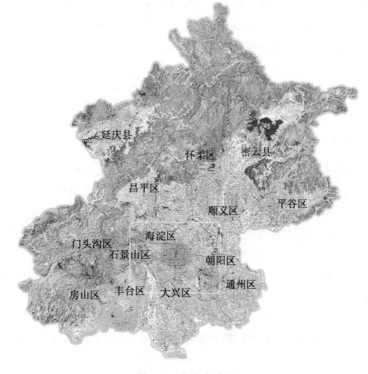

图 1-1 北京市全图

做军都山；中部、南部和东部为平原，向东南开扩，面向渤海。山地丘陵自西、北和东北三面怀抱着北京城所在的小平原，整个地形就像一个临海的港湾，故人们形象地叫它"北京湾"，又称为"北京小平原"。

翻开地图，我们可以清楚地看到，北京小平原北以燕山山地与内蒙古高原接壤，西以太行山与山西高原毗连，东北经山海关隘口与松辽大平原相通，东南一马平川直达渤海，往南与华北大平原连片，地理位置恰好居于中原与蒙古高原和东北平原三大地理区域的交接地带，自古为南北交通的枢纽。对此，古人早有过形象的描述："幽州之地，左环沧海，右拥太行，北枕居庸，南襟河济，诚天府之国。"①

由于北京地处中纬地带，加之傍山面海，腹地辽阔的地势，使得北京地区气候具有明显的暖温带半湿润大陆性季风气候特点，四季明显，年平均气温为 10～12℃。这样的气候环境为生物的生存及繁衍提供了合适的条件。考古显示，北京地区已经发现不少距今二百万年左右的哺乳动物化石。生物演化的进程表明，哺乳动物的发展意味着距离人类的出现已经为时不远。

二、周口店的古人类

"北京人"

目前考古发掘显示，至少在五十多万年前北京地区就出现了原始人类劳动、生息、繁衍的身影，活动的区域就在房山区周口店镇一带。

周口店距今北京城区西南约 50 公里，这一带有一些低平小山，海拔一般在 150～160 米左右，地质成分主要为石灰岩。由于石灰岩易被水溶解，经过千百万年的溶蚀，这些小山中逐渐发育成许多溶洞和裂隙，其中一座叫龙骨山的小丘上就有五个大小不一的洞穴。20 世纪 20 年代，在龙骨山东北坡最大的一个洞穴中发现了原始人类的牙齿和骸骨化石，这种原始人类就是著名的"北京猿人"，在人类学上

---

① 《日下旧闻考》卷五《形胜》引《读书一得》。

的正式名称叫"北京直立人",俗称"北京人"。这个洞穴后来被称为"猿人洞"。

1929年12月2日,这是周口店遗址发掘中最值得纪念的一天。这天的傍晚,在我国古人类学家裴文中主持下,在猿人洞发现了第一个完整的北京猿人头盖骨化石,掀开北京历史第一页的先民终于露出了神秘的面容。(图1-2)

图1-2 北京人头骨

在"北京人遗址"的整个发掘过程中,共发现了属于四十多个不同年龄、性别的猿人化石。1989年,科学家采用先进的电子自旋共振法测定,"北京人"化石年代距今有57.8万年。①

根据研究,"北京人"身材比现代人矮小,男性约为156厘米,女性约为144厘米。"北京人"的头盖骨低平,头骨较厚,脑容量为1088毫升,约为现代人的80%,是猿的两倍多。从复原后的面貌看还保留有近似猿的特征,如眉骨粗壮,而且向前极为突出。鼻骨较宽,鼻梁较为扁平,上颌骨明显向前突出,下颌骨比现代人粗大而且后缩。但是"北京人"的肢骨显示,手足已经分工,从股骨特征证明已

---

① 参见《北京日报》1989年10月21日报道。

能直立行走,但股骨较短,略微向前弯曲,仍显示原始性质。"北京人"上肢进化较快,已和现代人的上肢差不多,这无疑与长期劳动有着紧密联系。

"北京人"在改造自然的斗争中,使用的是经过简单打制的石器。从"北京人遗址"出土了约近十万件石器材料,其中有一些是经过人工打制的石器,包括刮削器、尖状器、砍斫器等。可以制作工具,从事劳动,具有同自然界作斗争的能力,这是人和动物的根本区别。

"北京人"生活的时代,从人类发展史上讲,属于旧石器时代初期。他的出现揭开了北京地区人类历史的序幕,使北京成为世界上最早进入人类社会的地区之一,对于人类起源和早期社会发展史的研究具有重要意义。

"新洞人"

周口店地区的洞穴中还居住过旧石器时代中期的原始人类,被称为"新洞人"。之所以称为"新洞人",是因为这种原始人类是在距"北京人"居住的洞穴约70米的另一个新的洞穴内发现的。

1973年,考古工作者在这里发现了一颗男性臼齿化石。经过测定,牙齿形态比"北京人"进步,生活年代约距今20~10万年,是介于"北京人"和"山顶洞人"之间的原始人类。

"新洞人"属于旧石器时代中期的原始人类,从社会发展阶段上讲,这个时期已属于原始群的晚期,正处于原始群向母系氏族过渡的时期。

"山顶洞人"

周口店的古代人类还有著名的"山顶洞人"。之所以称为"山顶洞人",是因为其遗址位于龙骨山的山顶,正处于"北京人"居住的"猿人洞"的顶部之上,故名。这个遗址是1930年发现的,1933~1934年进行了两次发掘,发现了重要的古人类化石和文化遗存。

经测定,"山顶洞人"生活年代距今约2.7万年前,属于旧石器时代晚期的原始人类。他们前额高起,脑容量达1300~1500毫升,鼻梁和下颌突出,牙齿细小,股骨与现代人一致,推算男子身高约174

厘米，女子身高约159厘米。总之，"山顶洞人"的骨骼形态与现代人类已没有太大差别。

"山顶洞人"遗址中发现的石器很少，只有25件，但洞中发现的各类骨角器和装饰品却颇为丰富。骨角器中有一根骨针，长82毫米，针身微弯，刮磨光滑，针尖圆锐，另一端挖有针孔，直径为3.1毫米，可惜已残缺。这件骨器不但显示出"山顶洞人"制造工具的技术水平，而且也证明他们已经开始用兽皮缝制衣服，御寒遮体，告别了赤身露体的时代。

更值得注意的是，在"山顶洞人"墓地遗骨化石的周围散布有赤铁矿粉，表明当时人们在埋葬死者时，可能实行撒赤铁矿粉的原始宗教仪式。这意味着"山顶洞人"已经有了原始的宗教信仰，甚至可能存在着"灵魂不死"的观念。

"山顶洞人"属于旧石器时代晚期的原始人类。从社会发展进程上看，这时人类的社会组织已进入母系氏族公社时期。

"田园洞人"

与山顶洞人处于同一时期的还有最近发现的"田园洞人"。田园洞位于房山区周口店田园林场内。2001年春季，林场工作人员在寻找水源的过程中发现此洞并挖出一些骨头化石，经中国科学院古脊椎动物与古人类研究所鉴定，这些破碎的化石中有鹿、豪猪、猕猴等动物化石，年代比较久远。2003年6月正式发掘，不但又出土了一批古动物化石，而且还在地层中发现了人类的遗骸，包括：下颌骨（附多枚牙齿）、锁骨、脊椎骨、股骨等。这一发现为北京地区的古人类研究提供宝贵的实物资料，极具研究和学术价值。

值得提及的是，1996年底，考古工作者在王府井南口东方广场工地还发现了一处古人类活动遗址，发掘面积892平方米，出土了两千多件石制品、骨制品和哺乳动物化石，还发现了木炭、灰烬等用火遗迹。据测定，遗址文化年代距今两万四千年左右，与山顶洞人和田园洞人同属于旧石器时代晚期的文化遗存。目前此遗址已建成"北京王府井古人类文化遗址博物馆"，正式对外开放。

三、清水河畔的"东胡林人"

距今约1万年到4千年以前,人类社会处于新石器时代。这时人们已经开始从事原始农业和畜牧业,还进行制陶、织麻等原始手工业生产,并且已普遍使用磨制石器。

北京地区新石器时代早期代表性的文化遗址是门头沟区清水河畔的"东胡林人"墓葬。清水河是永定河的支流,相对永定河流经的高高的山峡而言,清水河沿岸却是一条较宽的河谷,称为斋堂川,东胡林村就位于河北岸一片低矮的黄土台地上。1966年,在斋堂镇东胡林村西侧发现一座古人类墓葬遗址。这是一座三人合葬墓,包括两名成年男子和一名年约16岁的少女,他们被命名为"东胡林人"。

据测定,"东胡林人"生活的时代距今约一万年,相当于新石器时代的早期阶段,他们的体质形态已与现代人基本一致。从合葬情况看,家庭组织有可能已经出现了。

"东胡林人"的文化遗物主要是装饰品。在少女遗骨的颈部周围,发现有五十多枚已穿过孔的蜓螺壳,大小均匀,显然是一副少女佩戴的项链。另外,在少女腕部周围,还发现7枚用牛肋骨截断磨制而成的骨管,长短接近,相间排列,这应该是戴在少女手腕上的一副骨镯。少女身上的这些饰物,不仅仅起美化作用,还应该是当时尊重女性的一种表示,而以女性为中心则是母系氏族公社的典型特征。这些比较精美装饰品的出土,还说明当时社会生产力已经有了较大提高,"东胡林人"已不需要整天为维持生命而奔波,可以有时间和精力制作这些装饰品,美化自己的生活。而社会生产力的提高与这时的人类离开山洞来到河谷黄土台地居住,以及劳动生活环境有了较大改善也是密切相关的。(图1-3)

另据报道,从2003年初,北京大学考古文博学院和北京市文物研究所联合组成考古队对遗址又进行了发掘。10月19日出土了一具保存完好的古人类骨骼化石,高约160厘米。除这具保存完好的人骨外,还挖掘出包括石器、玉石、陶器和残存人骨、动物骨骼等在内的一批重要文物和多处东胡林人烧火的火塘遗迹。根据初步推断,

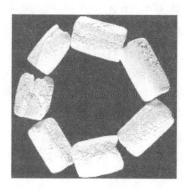

图 1-3　骨镯

在约一万年前,这里可能是东胡林人的季节性营地,但不一定是他们长期居住的地方。

东胡林遗址新的考古发现,填补了自山顶洞人以来北京地区人类发展史上的一段空白,为研究华北地区新石器时代早期人类及其文化提供了重要的资料。① 目前古人类骨骼化石和文化遗物已运到北京大学进行更深入的研究。

四、平谷盆地的上宅文化遗址

由于更新世初期的地质构造运动,北京山区的边缘地带形成了一系列的山前断陷盆地,位于北京东北的平谷盆地就是其中之一。20 世纪 80 年代中期,考古工作者在平谷盆地发现了主要代表新石器时代中期文化的上宅遗址和北埝头遗址,统称"上宅文化"。

上宅遗址位于平谷盆地东部韩庄乡上宅村西北的一块台地上,北靠燕山,南临洵河。遗址的文化堆积层分布在一条天然冲沟里,共分为 8 层,下面 4 层构成了上宅文化的主体。遗址中出土的新石器时代遗物十分丰富,包括石器、陶器共三千多件,可分为生产工具、生活用具、装饰艺术品三大类。

---

① 参见《北京娱乐信报》2003 年 10 月 27 日相关报道。

生产工具以石器为主,多数是打制或磨制石器,有斧、凿、铲、磨棒、磨盘、砧石、石球、石镞、网坠等。细石器有柳叶形石刀、复合刃器等,但数量很少。从这些工具的用途分析,当时上宅居民主要从事的是农业生产,兼有狩猎和捕鱼。

生活用具则多为陶器,可分为夹砂陶和泥质陶两大类,器形主要有罐、碗、钵、杯、勺等,用于炊煮食物或放置物品。这些器物外表多数有纹饰,有抹压条纹、压"之"字纹、叶脉纹、篦点纹等二十多种。陶器用分片贴筑法和泥条盘筑法制成,由于在露天烧制,火候难以把握,造成器物表面颜色不匀,以红褐色为主。

装饰艺术品有石质和陶质品,包括石龟形饰件、石猴形饰件、石鸮形饰件、陶猪头、陶羊头、空心响球等。这些作品可以说件件精美生动,兼具艺术性和实用性,显现出上宅居民的技艺力和创造力都达到了较高水平。

另外,在遗址中还出土了一件陶质鸟首形镂孔器。该器物圆形平顶,前出一鸟喙,鸟喙两侧各有一眼。下部逐渐变粗呈圆筒形,开有四道竖长条镂孔。顶部和下部有羽状交叉划线纹饰。其功能推测是用于图腾崇拜或祭祀。

据测定,上宅遗址的绝对年代距今约7000～6000年间,属新石器时代中期的文化。① 在此之前,北京地区缺少新石器时代中期文化的分期序列,上宅遗址的发现填补了这个空白,并为研究北京地区新石器时代中期的历史文化提供了丰富的实物资料。同时,从出土器物的形制、纹饰和制作方法上看,上宅文化与东北的兴隆洼文化、赵宝沟文化以及中原的磁山文化既有相近之处,但又有差别。因此,有学者认为,上宅文化是处于中原与北方两大原始文化之间接触带上的一种地方类型文化。它的发现,表明在距今七千年左右,北京小平原就已显出地理位置的重要性,开始了不同文化的融合。

---

① 另有一种观点认为上宅遗址属于新石器时代早期文化。参见侯仁之主编《北京历史地图集·原始社会》,北京出版社,1988;曹子西主编《北京通史》第1卷,中国书店出版社,1994。

五、军都山旁的雪山文化遗址

军都山位于北京城的西北方向，属燕山山脉的西段，闻名中外的八达岭和居庸关都坐落在这里。1961年，考古工作者首次在军都山旁的雪山村发现了一处重要的新石器时代文化遗存，被命名为"雪山文化"。1981年，再次对遗址进行了调查和钻探。确认雪山遗址的文化堆积从上至下包含战国、西周、夏家店下层和新石器时代四个文化时期，其中新石器文化遗存又分为一、二两期。

雪山一期文化距今约在6000～5000年之间，属新石器时代中期文化。出土的陶器以夹砂褐陶为主，还有掺贝粉的泥质红陶。器形以双耳罐最多，另有钵、壶、盆、豆等，还发现了用于纺织的陶质纺轮。石器有磨制的石斧、石刀、石镞、磨棒等。从文化因素考察，雪山一期文化和东北的红山文化比较接近，与中原的仰韶文化也有相似之处，这表明中原与北方文化继续对北京地区文化产生着影响，其中北方文化的影响还要大些。

雪山二期文化距今约四千多年，属新石器时代晚期文化。主要的文化遗存，包括半地穴式房址三座以及数量较多的陶器和石器。发掘显示，房址地基为椭圆形，东南向开有斜坡门道。室内地面上保留有柱洞、红烧土圈、木炭渣等遗迹。陶器中第一次出现了泥质黑

图1-4 黑陶罐

陶,有罐、鼎、浅腹盆等。这些黑陶制作工艺采用较先进的轮制法,使得器壁很薄,和蛋壳厚度相差无几,故有"蛋壳陶"之称。石器以磨制为主,其中数量最多的是石斧,也有镞、刮削器一类的细石器。(图1-4)

从出土陶器的制作、纹饰、器形以及石器种类分析,雪山二期文化与中原地区的龙山文化有一定关系,因为黑陶和磨制石器是龙山文化的典型器物。这表明这一时期北京地区的原始文化越来越受到中原原始文化的影响。龙山文化是新石器时代晚期的代表性文化,由于生产力水平的提高,当时人们的经济生活已经以农业为主,畜牧业也有了较大发展。农业的发达,提高了男人的社会地位,并最终导致父系氏族社会取代了母系氏族社会,人类社会发展进入到原始社会的末期。

自 学 指 导

教学要求:

通过本讲学习,要求学生从整体上了解北京地区旧石器、新石器时代早、中、晚时期的古人类及其文化遗存的基本内容,并掌握北京地区远古文化的四个特点。

重点难点提示:

本讲重点内容为旧石器时代的"北京猿人"、"山顶洞人"和新石器时代的"东胡林人"、"上宅文化"、"雪山文化"遗址。难点内容为北京地区远古文化的四个特点:1. 北京地区是原始人类的聚居地,包含有从旧石器到新石器时期的各个发展阶段,内容丰富、完整,基本反映了原始社会历史的全貌。2. 周口店龙骨山旧石器文化遗址的发现,尤其是"北京人"的发现,使北京成为了我国远古祖先的故乡,也成为了世界人类的发祥地之一。3. 北京地区的先民从开始居住天然洞穴到逐渐向近山平原迁居,活动范围大体是自西向东扩展,创造了燕山以南地区具有独特风格的远古历史文化。4. 北京地区北接塞外、南连中原,从新石器时代文化遗存中可见,其远古历史文化不是孤立存在的,而是与中原和内蒙古、东北地区远古文化有密切联系,且相互影响的。同学们在学习中需要明确旧石器时代、新石器时代、母系氏族公社、父系氏族公社等基本概念,全面了解北京地区远古历史文化的发展进程,才能更好地理解和掌握上述重点和难点内容。

名词解释:

"北京人""新洞人""山顶洞人" 东胡林人 上宅文化 雪山文化 夏家店下层文化

思考题:

1. 北京远古文化遗存的主要内容及价值。
2. 结合北京远古历史内容,概述北京地区远古文化的特点。

参 考 文 献

武弘麟著:《北京文明的曙光》,北京出版社,2000年。

侯仁之、金涛著:《北京史话》,上海人民出版社,1980年。

北京大学历史系《北京史》编写组:《北京史》(增订版),北京出版社,1999年。

第二讲　北京湾里诞生的早期国家和城市

一、燕国和蓟国

从历史文献记载得知，在夏、商王朝统治时期，北京及以北地区同时有几个部族存在，包括孤竹、燕亳、山戎、肃慎等，其中孤竹、燕亳等部族后来建立了奴隶制国家，成为商王朝北方的附属国，这中间的燕国可算是北京地区最早形成的国家之一。需要说明的是，这个燕国与后来西周分封的燕国并不是同一政权，它是一个在本地自然发展建立起来的奴隶制国家，因此，史学界通常称之为"古燕国"。

关于古燕国的历史情况，甲骨文和文献资料都有所记载。商代甲骨文中"燕"字写作"匽"，并有"匽来"、"妇匽"等卜辞。所谓"匽来"，意思是指匽国人到商王朝来。而"妇匽"则应指嫁给商朝人的匽国女子。可见，匽与商王朝不但常有往来，而且还有婚姻关系。文献资料中出现这个古燕国始于西周初年，《史记·周本纪》云："封召公奭于燕"，这说明召公受封之地，原来就叫"燕"，这里应该就是古燕国的所在地。这个古燕国可能由于是商朝北方比较重要的附属国，在武王灭商的过程中也被西周的武装力量灭亡了，因而史书上有"及武王克商……肃慎、燕亳，吾北土也"[①]的说法。取而代之的就是西周分封的诸侯国——燕国。

另外，在商代我国北方还有一个由帝尧的后裔建立的奴隶制国家，名叫蓟国，当时也是臣属于商王朝的一个小方国，西周建立后又臣属于周王朝。"蓟"和"燕"是两个邻近的诸侯国，经过一段时间的发展，燕国强盛，蓟国弱小，于是燕国兼并了蓟国，时间大约在春秋初期。

依上所述，西周的燕是召公奭的封国。召公，本名姬奭，文献中

---

① 《左传》"昭公九年"。

第二讲　北京湾里诞生的早期国家和城市

又称君奭，文王之子，官至周王朝太保，位居三公，又因其采邑在召（今陕西岐山西南），故史称召公。由于召公本人及其家族在周王室中占有重要地位，周初遂将召公封于燕。因为燕地处于北方边远地区，这里是北方民族南下的交通要道，对于周王朝来说，这是一个镇抚边疆、藩屏王室的重要区域。召公封燕这一事件，标志着今北京地区正式纳入中原王朝的管辖范围。

召公虽受封燕地，但由于他在周王朝里是与周公一样重要的辅臣，故仍留在宗周处理王朝政务，实际到燕地就封的是他的长子克。这件事在北京地区出土的青铜器上和历史文献中都有记载。1986年，在房山区琉璃河黄土坡西周墓地遗址 M1193 号大墓中出土的青铜罍和青铜盉上都刻有"令克侯于匽"的铭文，"匽"与"燕"的音义在古代相通假。《史记·燕召公世家》索隐也说：召公封燕后"以元子就封"，"元子"就是嫡长子，他的名字应该就叫"克"。按照《史记·燕召公世家》"自召公已下九世至惠侯"的说法，召公虽然没有实际到燕国做封君，但也是名义上的第一代燕侯。那么，克就是第二代燕侯。第三代燕侯，据青铜器铭文记载，名字叫旨，是克的三弟。① 第四代至第八代燕侯情况不详，有待于新的考古发现。（图 2-1，2-2）

图 2-1　克盉 1

---

① 燕侯旨的情况主要参见两个《燕侯旨鼎》铭文，参见陈平《燕史纪事编年会按·燕君纪事四》的相关论述。

图 2-2 克罍

从第九代燕惠侯起,燕国的历史才开始有了较明确的纪年。《史记·燕召公世家》载:"燕惠侯当周厉王奔彘,共和之时。"西周共和元年为公元前841年,这一年正值燕惠侯二十四年。据《史记·十二诸侯年表》,惠侯在位三十八年,时至公元前827年,已经到了西周的末期。

春秋战国时期,燕国因国力较弱,不被中原诸侯重视,正如司马迁所言:"燕外迫蛮貊,内错齐晋,崎岖强国之间,最为弱小"。[①] 在与其他诸侯列国争雄的同时,国内的政治斗争也颇为激烈,这一切给燕国的发展带来了极大的影响。

公元前320年,燕王哙继位。面对复杂的内外形势,他幻想通过非常手段达到使燕国迅速强大的目的。公元前318年(燕王哙三年),他任用一个叫子之的人为相国。史书记载,子之办事果断,善于监督考核臣属,深得燕王哙赏识。但子之同时也是一个精于以权谋私、权力欲望极强的野心家。他利用燕王哙希望改革的时机,诱使燕王哙"禅让",最终取得了燕国的王位,还劝说燕王哙把朝中俸禄在三

---

① 《史记·燕召公世家》。

百石以上官吏的玺印收回,交给子之调遣,使子之完全掌握了燕国大权。这一举动在燕国造成人心混乱,特别是遭到太子平和大将军市被等人的反对。公元前314年,在齐国的支持下,太子平和市被发动兵变,率军围攻燕王宫,但一时未能攻克。将军市被反戈,与子之联兵反攻太子平,结果太子平和市被都在战乱中丧生。

正当燕国内乱之时,齐宣王乘机起兵,大举攻燕。此时燕国的军队已毫无斗志,不战而退,都城城门大开。齐军进入城中,不但杀了燕王哙和子之,还把燕国的宗庙、王宫毁坏,其中的珍宝重器被抢掠一空,并且在城中肆意屠戮。

齐军攻占燕都,占据燕国大半疆土,燕国差不多已名存实亡了。这种局面一直延续到公元前312年,在其他诸侯国的联合反对下,齐国才被迫撤出燕国。流亡在中原的燕国公子职,在赵、魏等国的扶持下返燕,并继承了王位,这就是燕国历史上负有盛名的燕昭王。

燕昭王是一个很有作为的国君,早在他做韩国人质的时候,就受到一些中原诸侯国改革举动的影响,怀有改革燕国的远大抱负。返国后,面对燕王哙"禅让"事件给燕国带来的政治、经济上的巨大破坏,为了收拾残破局面,使燕国重新回到与列国争雄的地位,特别是要伐齐以"雪先王之耻",他励精图治,可谓不遗余力。

他把原来燕国的军事重镇武阳城(今河北易县境内)营建成陪都,这就是历史上所称的"燕下都"。燕下都的建立,对于巩固燕国南部疆土,遏止中原诸侯国北进起到了很好作用。

他还态度谦恭地向燕国贤士郭隗问计,郭隗建议他广揽良才,并且说:"今王诚欲致士,先从隗始。隗且见事,况贤于隗者乎?岂远千里哉。"①于是,燕昭王特意为郭隗建造宫殿,正式拜他为师。还在易水旁修筑一座招贤台,上置千金以延揽天下豪俊,这座招贤台就叫"黄金台"。燕昭王这一举动,很快就在列国贤士中引起反应。此后,"乐毅自魏往,邹衍自齐往,剧辛自赵往,士争趋燕"②,皆为昭王之臣。"黄金台"也成为君王能招贤纳士的一个象征,受到后世万代的

---

① 《战国策·燕策一》。
② 《史记·燕召公世家》。

赞咏。大诗人李白曾写《燕昭延郭隗》古风一首，诗曰：

燕昭延郭隗，遂筑黄金台。
剧辛方赵至，邹衍复齐来。
奈何青云士，弃我如尘埃。
珠玉买歌笑，糟糠养贤才。
方知黄鹤举，千里独徘徊。

燕昭王不仅"卑身厚币，以招贤者"，他还深入民间，"弔死问孤"，并且简朴自奉，亲自参加劳作，与燕国百姓同甘共苦。这样经过二十多年的苦心经营，燕国逐渐恢复了国力，日益富强起来，士卒也群情激昂，愿意为国家而战。

公元前284年（燕昭王二十八年），燕国以乐毅为上将军，统率燕、赵、韩、魏、秦五国联军，合力伐齐，在济西一战中大败齐师。随后乐毅又独率燕军，深入齐境，攻破齐都临淄，焚掠齐国宫室宗庙，将所获珍宝、祭器等全部运回燕国。燕昭王甚为高兴，他亲自来到济上慰劳军队，犒赏将士，封乐毅于昌国，号为"昌国君"。同时命乐毅留在齐国，攻取其他齐城。在随后的五年间，除了莒和即墨二城外，乐毅率燕军共攻下齐国七十余座城池，并将它们归入燕国版图。

"乐毅伐齐"是战国时期影响很大的一次诸侯国间的战争。这场战争不但使燕昭王洗雪了"先王之耻"，燕国还占据了齐国大片土地；而且赵、韩、魏、秦、楚五国也都得到了各自的利益，强盛一时的齐国则几乎亡国。

公元前283年（燕昭王二十九年），昭王命大将秦开领兵攻打北方的东胡，追迫东胡退却千余里。燕国版图进一步扩展，遂在边地自西向东，设置上谷（治所沮阳，今河北怀来县大古城村）、渔阳（治所渔阳，今北京怀柔区梨园庄）、右北平（治所无终，今天津蓟县）、辽西（治所阳乐，今辽宁义县西）、辽东（治所襄平，今辽宁辽阳市）五郡。同时，为了防御北方游牧族南下，沿着燕国北疆修筑了一条西起造阳（今河北省张家口地区）、东抵辽东的千余里长城，通称"北长城"；为了防范南方齐、赵等国的侵袭，沿着燕南疆易水一线修建了长数百里的长城，通称"易水长城"。

据《战国策·燕策一》记载,这一时期燕国控制的地域:"东有朝鲜、辽东,北有林胡、楼烦,西有云中、九原,南有呼沱(滹沱)、易水。地方两千余里。"这就是说,燕国东境到辽东乃至朝鲜半岛北部,北边与林胡、楼烦等部族杂处,南境抵呼沱、易水与齐、赵交界,西部隔云中、九原二郡,与赵国为邻。以今北京地区为中心,天津市、河北省北部、山西省北部、辽宁省大部、内蒙古东南部及朝鲜半岛北部等广大区域,都曾是燕国的疆土。燕国的国势到昭王晚期,终于达到了鼎盛。

但好景不长,公元前279年燕昭王死后,其子乐继位,即燕惠王。惠王早在做太子时,就与乐毅不和。执政后,先误中齐将田单的反间计,不但用骑劫取代乐毅,还显露出要诛杀乐毅的意思,乐毅被迫出走赵国。不久,燕军败于田单的"火牛阵",损失惨重,大败而逃。田单率齐军乘胜追击,一举收复了被占领数年的七十余城,将燕军赶出齐国,骑劫也在战乱中被杀。随后,田单将齐襄王迎回都城临淄听政。齐国得以光复,而燕国自此一蹶不振。

公元前251年(燕王喜四年),燕国伐赵,被赵将廉颇击败。赵军乘势追击,直达燕都,围困蓟城长达三年之久,后燕割让五城给赵国,赵军始退。以后燕、赵之间又发生数次战争,燕国屡战屡败,国势日益衰弱下去。而此时强盛的秦国,开始了吞并六国,统一全国的战争。

秦军在灭掉赵国之后进逼燕国,燕太子丹派壮士荆轲以献上秦王嬴政仇恨的旧将樊於期的首级,还有燕国最富庶的区域——"督亢"地图为名,企图刺杀秦王,未遂,荆轲反遭杀戮。

公元前227年(燕王喜二十八年),秦国派大将王翦灭燕。秦军在易水以西击败燕军,占领燕下都武阳城。第二年(公元前226年)十月,秦军攻陷燕都蓟城,燕王喜逃亡辽东,派人斩太子丹首级献于秦,希冀秦王"解兵而去"。这一愚蠢的举动,更加速了燕国的灭亡。公元前222年(燕王喜三十三年),秦将王贲攻辽东,俘虏了燕王喜。燕国自召公奭建国,历经八百余年最终灭亡。

二、西周燕国都城——董家林古城址

西周燕国建立后,第一个都城建在何地,旧无确指。直到20世纪60年代以来,考古工作者在房山区琉璃河镇东北的董家林村发现了一座北京地区迄今年代最早的古城址,这个问题才得到解决。

董家林古城址位于西山脚下的一块宽阔的高台平地上,大石河(又称琉璃河,古称圣水)自北向南,先折向西南,又折而向东紧靠城南流过。古城正好位在河湾地带。

经考古发掘测定,这座古城大致呈东西向的长方形。北墙墙基保存较好,长度为829米,南部城基已被大石河冲毁,所以东、西城基各残留北半段约三百米,估计长度可达七百余米。墙基采用分层夯筑而成的,墙内还有内护坡。在靠近城墙东北角处还发现一处用卵石砌成的排水道,应为由城内向城外排水的通道。城墙外还有城壕环绕,上口宽约十五米,深约两米,壕底有十厘米左右的淤土层,这说明当时可能也是利用护城河作为城市的防卫设施。城内中部偏北为宫殿区,已发现宫殿建筑的夯土台基和陶质绳纹水管等。在宫殿区的西南部,有可能为大型活动(如祭祀活动)的场地,因为在这里发现了4处用于祭祀的牛马坑和占卜用的甲骨,其中有三片甲骨上刻有"成周"、"用贞"、"其驭□□"文字。城内西北部为手工业作坊区和平民生活区,在这里发现有居住、窖穴基址。

这座古城址之所以被确认为燕国的始封都城,重要的一点是,在董家林村东南一里许的黄土坡村发现了西周时期的大型墓葬群。1973年以来,考古工作者已清理发掘出各种墓葬三百多座,车马坑三十余座。墓葬规格分大、中、小三种类型,均为南北向。大、中型墓葬中都有数量不等的随葬品。有些墓葬中出土了带有"匽侯"铭文的青铜礼器和兵器。其中最著名的几件青铜器包括:M251号墓中出土的"伯矩鬲",其盖内和器口沿内都铸有内容相同的铭文,曰:"在戊辰,匽侯易(赐)伯矩贝,用乍(作)父戊障彝",共15字,记述了伯矩受到燕侯赏赐的情况。此鬲通体满饰浮雕牛头纹,造型华丽,铸造精工,是西周青铜器中的珍品。再一件就是M253号墓出土的

"堇鼎",此鼎高 62 厘米,重 41.5 公斤,是目前北京地区发现的最大的一件青铜器。其内壁铸有四行 26 字的铭文,铭文记述了堇奉匽侯之命,前往宗周向太保(召公)进献食物,受到召公赏赐之事。铭文所记正好印证了文献所载召公本人未到燕地就封,而以长子就封的事实。还有两件就是上文提到的 M1193 号墓中出土的"克罍"和"克盉"。其中"王曰太保"、"令克侯于匽"两处铭文,是证明西周燕国始封于此的有力证据。黄土坡墓地是燕侯家族和燕国奴隶主贵族的陵墓区,董家林古城址就是西周初年燕国的第一个都城所在地,距今已有三千多年的历史。(图 2-3)

图 2-3　堇鼎

三、燕都蓟城

历史地理学家侯仁之先生曾经考察过 3000～4000 年以前北京地区的地形、交通与城市诞生的关系。他认为当时中原与北部地区之间,西边是高山深谷,东边有星罗密布的湖泊沼泽,惟一的通道是沿太行山东麓一线的高地北进,穿过几条大小河流,最后越过永定河,从古代永定河渡口(在今卢沟桥附近)进入北京小平原,然后分成三股道:一条往西北通过南口,穿过一系列山间盆地,直上蒙古高原;另一条往东北出古北口,越过丘陵和山地,通向松辽平原;还有正东一条横过北京小平原,沿着燕山南麓直趋海滨,出山海关到达辽河平原。反之,若从北部地区前往中原,也须经过这几条道路,汇集到北京小平原,经过永定河古代渡口,再沿太行山东麓南下。所以广义地讲,北京小平原自古就是南来北往的必经之地,是沟通南北交通的枢纽。在这个枢纽地带,除诞生了上面谈到的董家林古城外,还在北京小平原的中心地区诞生了另一座城市——蓟城。

蓟城的具体方位究竟在今天北京什么地方?这个问题较之燕国始封都城要复杂。尤其是西周时期蓟城的定位问题,由于文献资料少,考古发掘尚没有重大发现,所以至今仍是一个悬而未决的问题。

目前通过考古大致证实的则是春秋战国以来的蓟城,这时的蓟城已经成为了燕国的都城。其方位一般认为是在今北京城区宣武门至和平门一线以南,即今北京城区西南部。也有的书上作了更具体的推测,认为燕都蓟城的南垣大致在宣武区白纸坊地图出版社、法源寺以北一线;北垣可能在西长安街以南一线;东垣当在和平门以东不远之南北一线;西垣则无从推测。因为自1956年以来,在这一区域中发现了二百多座春秋、战国至汉代的古陶井。这些陶井分布在陶然亭、白云观、姚家井、白纸坊、南顺城街、和平门外海王村等处,最密集的地方是宣武门至和平门一带。陶井是用一节节陶质井圈套叠成圆筒状,在井底还发现汲水的水罐等生活用品。水井密集,表明此地居民很多,而居民大范围集中,在当时应只有在城市中才会存在。(图2-4)

从自然地理位置上看,蓟城正好处在古代永定河冲积扇脊背的一侧,这里地势平缓,土壤肥沃,西侧就是地下水溢出汇积而成的莲花池,自然环境比董家林古城更好。加之这里已是北京小平原的腹地,更便于控制南下、北上、东出的交通。因此,在春秋晚期特别是战国时期,蓟城已发展成为"天下名都"之一。《史记·货殖列传》所谓"燕亦勃、碣之间一都会",是对燕都蓟城的地位与作用的恰当评价。

据文献记载,战国时蓟城内有燕王宫、太子的东宫、国相的公府

图 2-4 陶井

等宏大建筑。还有碣石宫,是燕昭王专为师事齐国贤士邹衍而筑的。城中人口繁盛。但到秦灭燕时,蓟城遭到破坏。公元前 215 年(秦始皇三十二年),秦始皇为防范六国旧民的反抗,下令"堕坏城郭,决通川防,夷去险阻",蓟城当在被毁坏之列。但到秦汉之时,由于此地军事地位的重要,城池才又被修复起来。

自 学 指 导

教学要求:

通过本讲学习,要求学生从整体上了解进入阶级社会以后,北京地区早期出现的国家和城市的情况,其中应重点了解西周以来燕国的历史与文化。

重点难点提示:

本讲重点内容为西周及春秋战国时期燕国的历史与文化,以及四周燕国的始封都城——董家林古城址和燕都蓟城的兴废。难点内容包括：1."古燕国"与西周分封燕国的区分；2."子之之乱"及其影响；3.燕昭王"励精图治"及战国时期燕国的鼎盛；4.董家林古城址和燕都蓟城的考古学研究。同学们在学习中需要明确分封制、诸侯国、禅让、甲骨文、青铜器铭文等基本概念，才能更好地理解和掌握上述重点和难点内容。

名词解释：

"古燕国"　召公奭　子之之乱　燕昭王　燕丹子　董家林古城址　燕都蓟城

思考题：

1. 为什么说周初燕国的始封地在今天的北京地区？
2. 简论"子之之乱"及其影响。
3. 简述燕昭王"励精图治"的过程及后果。
4. 蓟城在我国早期历史发展中的地位与作用。

参 考 文 献

陈平著：《燕国风云八百年》，北京出版社，2000年。

王彩梅著：《燕国简史》，紫禁城，2001年。

北京大学历史系《北京史》编写组：《北京史》(增订版)，北京出版社，1999年。

第三讲　屏障中原的军事重镇

秦国灭燕的次年(公元前221年),又挥师灭掉东方的齐国,完成了一统天下的霸业,建立了封建专制主义中央集权的国家——秦朝。蓟城的地位也从诸侯国的政治、经济中心变成了统一的中原王朝控制下的北方军事重镇。从秦到五代,在中国封建社会的前期,蓟城地区的历史主要围绕着中原王朝经略北方少数民族以及中央政权与蓟城地方割据势力较量两个主题展开。在这一过程中,蓟城战略地位和交通枢纽的作用更显突出,并逐渐发展成为中国北部地区多民族共居的中心城市。

一、中原王朝对北方民族的经略

对于统一的封建专制主义中央集权的秦朝来说,旧燕地是远离秦都咸阳的北方边远地区,其地理位置处于中原汉族与北方少数民族交接地带,这里无疑是秦帝国抵御少数民族南下,并向北方开拓的前沿阵地。因此,秦王朝采取几项措施加强对燕地的控制。

设置广阳郡。灭掉六国后,秦始皇为了防止六国的旧贵族复辟,不但把他们迁徙到关中、巴蜀等地管理起来,而且在六国旧都城处大都设置了郡,如赵都邯郸设邯郸郡,齐都临淄设齐郡等。广阳郡的设置显然也是为了控制旧燕地的核心地区。

拆除燕国的南长城。南长城又称易水长城,其走向基本上是沿易水东西伸延,恰好阻隔了燕地与中原地区的联系。拆除易水长城,就使得旧燕地与整个华北大平原乃至关中地区连通起来。

修筑驰道。秦始皇为了加强对各地的控制,自统一后的第二年(公元前220年)起,就以咸阳为中心,陆续修筑通往全图各地的驰道,史料记载:秦驰道"东穷燕、齐,南极吴、楚,江湖之上,濒海之观毕至。道广五十步,三丈而树,厚筑其外,隐以金椎,树以青松。"①向东一条经函谷关到三川郡(治所在今洛阳),东北向至邺县(今河北临漳县西南)达于邯郸,向北直到蓟城。又以蓟城为中心,向东经渔阳地区到达碣石(今秦皇岛、北戴河地区);向西北经军都县过居庸关到达云中和上郡(今内蒙古和陕北地区)。从而使得蓟城更成为南达中原,西连云朔,北接蒙古高原的枢纽。这对蓟城以后的经济发展和文化交流带来了深远影响,也确定了蓟城作为中原封建国家北方重要边城的地位和作用。

驰道修通后,秦始皇曾五次沿驰道巡游各地。公元前215年(秦始皇三十二年),始皇第四次出巡,向北到达燕蓟地区,曾到过蓟城,以后经无终,到达碣石。

秦朝时期,边患主要来自西北的羌族和北部的匈奴族。尤其是匈奴族,自战国后期逐渐强大起来,到了秦代,向南已越过阴山,侵入黄河以南地区,对秦朝构成了极大威胁。公元前215年,秦始皇派将军蒙恬率30万大军北击匈奴,将其逐回河套以北。为了巩固边防,次年,由蒙恬督率军士把原来秦、赵、燕三国的北长城重新修整连接起来,"因地形,用险制塞。起临洮,至辽东,延袤万余里"②,修筑起著名的万里长城。秦长城穿越了蓟城以北的上谷、渔阳两郡,"居庸"之名,有一种说法认为是由于秦代有大批服役筑长城的"庸徒"居息于此而得。(图3-1)

西汉初年,匈奴族通过"东击东胡",征服了乌桓、鲜卑等民族,势力再次强大起来。以后就不断南下,袭扰劫掠西汉政权的北部边郡,蓟城地区往往首当其冲。

西汉政府为了加强对北方地区的防御,继续修缮长城,除维修秦长城外,还主要在今天的新疆、陕西、甘肃一带增筑新长城。同时,也主动出击,汉武帝时,曾派遣卫青、霍去病统兵三次讨伐匈奴,迫使匈奴远徙西北。原依附匈奴的乌桓、鲜卑各族转而归附汉朝,被迁居到燕北上谷、渔阳、右北平、辽西、辽东五郡的塞外地区。为加强管理,

---

① 《汉书·贾山传》。
② 《史记·蒙恬列传》。

第三讲　屏障中原的军事重镇　　25

图 3-1　今辽宁省境内残存的秦长城

西汉政府还专门设立了护乌桓校尉,后又设立护鲜卑校尉和护东夷校尉,级别相当于郡守。其中护乌桓校尉府就设在蓟城。

　　东汉初年,匈奴、乌桓、鲜卑等族乘东汉国势较弱之机,又不断南下袭扰,蓟城以北的渔阳、上谷等郡成为防御的前线。光武帝刘秀先后任命几位有治理地方经验的官吏来这里做太守,其中郭伋、张堪最为突出。公元 30 年(建武六年),郭伋任渔阳太守,针对地方秩序混乱、匈奴犯境的状况,他"示以信赏,纠戮渠帅,盗贼销散。……整勒士马,设攻守之略,匈奴畏惮远迹,不敢复入塞.民得安业。"①在他任职的五年中,当地户口倍增。接任渔阳太守的张堪,继续沿用郭伋的治理方法,"捕击奸猾,赏罚必信,吏民皆乐为用"。②张堪还在狐奴(今顺义东北)兴修水利,开辟稻田八千余顷,发展农业,提高武备。一次匈奴以万骑侵入渔阳.张堪率数千军队奔击,大破之。张堪任太守八年,渔阳比较安定。

　　东汉后期开始,蓟城一带处于分裂割据势力的控制之下。公元 200 年(建安五年),曹操经官渡一战,击败袁绍主力,基本统一北方。蓟城成为后来曹魏政权控制北方少数族的重要城市。为了统领北方

---

①　《后汉书·郭伋传》。
②　《后汉书·张堪传》。

军事,在蓟城设立征北将军府。征北将军统辖幽州刺史和护乌桓、鲜卑、东夷三校尉。这些措施使蓟城地区有了一段相对安定的时期。

西晋一代,对蓟城地区也十分重视。271 年(泰始七年),晋武帝任命卫瓘为征北大将军,都督幽州诸军事,同时兼任幽州刺史、护乌桓校尉。卫瓘采用离间手段,削弱了北部乌桓、鲜卑的威胁。卫瓘之后,治理幽蓟地区有成就的还有张华、唐彬等人。据《晋书·张华传》记载:张华是范阳方城人,西晋方城县北界达今北京大兴区南。今大兴区有张华村,传说为张华故里。282 年(太康三年)正月,晋武帝以尚书张华都督幽州诸军事,领乌桓校尉、安北将军。他注意抚纳新旧,广布恩信,使"远夷宾服,四境无虞,频岁丰稔,士马强盛"。[1]

唐彬是晋惠帝时人,史书记载:元康间(291～299 年)在他监幽州诸军事时,"却地千里,復秦长城塞,自温城洎于碣石,绵亘山谷且三千里,分军屯守,烽堠相望。由是边境获安,无犬吠之警,自汉魏征镇莫之比焉"。[2] 经过这三人的治理,晋太康、元康间,北部边境也有过一段稳定时期。

但到了西晋末年,幽州刺史王浚乘"八王之乱"时机,割据幽州并图谋帝位,不仅遭到晋宗室的反对,也失去幽州士庶的支持。314 年(建兴二年),王浚被羯族首领石勒擒杀,蓟城落入鲜卑族段部手中。316 年,西晋亡。翌年,东晋建立,只能经营淮河一线以南的半壁江山,中国进入南北分裂、对峙的阶段,北方地区开始了十六国、北朝时期。

这一时期北方的羯、氐、鲜卑等族统治者纷纷在塞内建立政权,包括后赵(羯族,公元 319～350 年)、前燕(鲜卑族,公元 337～370 年)、前秦(氐族,公元 351～394 年)、后燕(鲜卑族,公元 384～409 年)、北魏(鲜卑族,公元 386～534 年)、东魏(鲜卑族,公元 534～550 年)、北齐(鲜卑族,公元 550～577 年)、北周(鲜卑族,公元 557～581 年)等,他们都相继占据过蓟城。其中鲜卑族慕容部建立的前燕,350 年攻占蓟城,352 年将国都从龙城(今辽宁朝阳)迁到蓟城,357 年又

---

[1] 《晋书·张华传》。
[2] 《晋书·唐彬传》。

迁都邺城(今河北临漳)。蓟城作为前燕国都共计5年,这是北方少数民族政权第一次在蓟城建都,时间虽短,但却是北京历史发展过程中的一个亮点,对于北京后来政治地位的进一步上升具有一定的影响。

581年隋朝建立以后,虽然仍依秦汉之例以关中平原的长安为都,号令天下,但是此时全国形势却发生了不少的变化。首先南方经济的崛起,使地处中原的洛阳政治、经济地位加强。其次,南北朝以来自北而南的民族大融合更加汹涌,这种发展使北方民族统治者有了更强烈的政治要求。因此,作为中原门户的蓟城在军事上的地位就显得更加突出。

为了加强中央政府对地方控制和对辽东用兵,隋朝文帝、炀帝时大都委任重臣、名将为幽州总管和涿郡太守。特别是在炀帝时期,以涿郡为重点,兴建了三项重大的工程。

一是开凿南达黄河北至涿郡的永济渠。永济渠是隋朝大运河最北的一段,608年(大业四年),炀帝征调"河北诸郡男女百余万开永济渠,引沁水,南达于河,北通涿郡"。① 通往蓟城的最后一段,利用当时的桑干河(今南苑附近的凉水河)抵达蓟城的南郊。运河开通后,隋炀帝乘龙舟北巡涿郡。

二是修筑驰道。607年自榆林至涿郡开御道,长达3000里,宽100步。除此之外,北方还修有两条陆路干道,一条自南向北,经河内郡(今河南沁阳)、魏郡(今安阳)、博陵郡(今河北定县)到涿郡;另一条由东往西,经柳城郡(今辽宁朝阳)、北平郡(今河北卢龙)、渔阳郡(今天津蓟县)、涿郡达于马邑郡(今山西临朔县一带)。这两大交通干线以涿郡蓟城作为交汇点。

三是营建临朔宫。609年在蓟城动工兴建。这是一座帝王行宫,主要供隋炀帝巡幸蓟城,督战辽东之役所用。宫殿后毁于农民起义,遗迹无存。关于临朔宫的具体位置主要有两种说法:其一认为位于蓟城城南7里,清泉水北岸(今凉水河);其二认为位于蓟城东南隅,即今法源寺处。

---

① 《隋书·炀帝本纪》。

隋朝统一后,边境各族纷纷归附中央,但是位于东北的高丽不肯臣服。早在开皇年间,隋文帝就曾东征高丽,但因军需供给不及时和疾疫等原因未能达到。隋炀帝在位期间,曾三次派兵进攻高丽,其中两次由他带兵亲征。蓟城则是征调兵马粮饷的集结之地。以第一次征高丽为例,据史书记载:611年(大业七年)二月,炀帝下令攻打高丽。从四月开始,他坐镇涿郡,亲自监督备战。粮草及兵甲"发江淮以南民夫及船,运黎阳(河南浚县附近)及洛口(河南巩县东南)诸仓米至涿郡,舳舻相次千余里。载兵甲及攻取之具,往还在道常数十万人。"① 又由各地调集军队到涿郡,总数达113.38万人,号称200万。另有后勤人员数目加倍。612年春,军队出师。隋军分二十四路向东北进发,步、骑兵编队以后,每日发一军,两军间隔40里,40天才将军马遣发完毕。军营络绎连绵,长达900里。隋军这次出征遭到高丽人民的顽强抵抗,最终大败而归。隋炀帝又于613年和614年两次征伐高丽,均遭失败。而每次退兵都是驻在涿郡进行休整的。

隋王朝进行大规模的营建和远征,终于导致全国规模的农民大起义。涿郡作为征辽的兵马粮饷集结之地,兵役、徭役负担最为严重,也成为最先爆发农民起义的地区之一。公元617年(大业十三年),涿郡农民在起义军领袖窦建德领导下,在河间地区大败隋军,控制了涿郡地区。620年,窦建德派高士兴率起义军攻打蓟城,未能攻下,退驻于笼火城(今大兴区芦城)。阴历九月,窦建德亲率20万大军围攻蓟城,在起义军已登上城堞与守军展开肉搏时,罗艺部将薛万均率敢死士百人从地道潜出城外,从背后突袭,窦建德猝不及防,遂溃败。罗艺乘胜偷袭窦建德大营,不料窦早有防备,列阵出击,将罗艺打得大败,窦军又攻到幽州城下。但由于双方势均力敌,幽州久攻不下,窦建德只好退兵。后来这支起义军被唐王朝镇压,窦建德在长安遇难。但是北京民间却流传窦建德葬于今房山区良乡窦店,这反映了北京广大民众对农民军领袖的爱戴与怀念。

唐朝时,蓟城通称幽州城,依然是北方军事重镇,且军事、政治地位进一步上升,这与来自北方东北方的边患有着直接联系。唐朝初

---

① 《资治通鉴·隋纪》。

年,北方东突厥复兴,东北地区契丹逐渐强大,高丽也经常侵扰辽西地区。幽州地区首当其冲,故唐朝在此设重兵防守。幽州地方长官拥有强大军事实力,并被中央赋予很大的政治权力。高祖李渊甚至曾派太子李建成亲至幽州,督军抵御突厥进攻。629年(贞观三年)冬,太宗李世民乘突厥内乱,发兵北伐,次年擒颉利可汗。东突厥部落离散,大部分投降唐朝。唐将降众安置于东起幽州西至关州一带,分置都督府统领。此后至高宗末年的近五十年中,东突厥残部与唐朝相安无事,幽州北边获得暂时安定。

645年(贞观十九年)二月,唐太宗以幽州为集结地,亲自带兵从水陆两线进发远征高丽,出发前军队在幽州城南郊誓师。但因为高丽人民的顽强抵抗,唐军损失惨重,加之天寒且粮食将尽,这年冬天唐太宗被迫退兵幽州。征辽之役以失败告终,死亡将士近二千人。为了悼念东征阵亡的将士,将部分遗骸葬于幽州城西,称为"哀忠墓"。[①] 又在城内东南隅修筑一座庙宇,命名悯忠寺(今法源寺前身),寺中建有高阁,谚曰:"悯忠高阁,去天一握。"以后,唐高宗复出师征辽,最终讨平高丽。此役中,幽州虽不是军马粮草集结地,但租赋全部转运辽东,有力地支援了军用。

二、中央政府与地方势力的较量

公元前202年(汉王五年),经过四年多的"楚汉战争",刘邦打败项羽,建立西汉王朝。同年七月,燕王臧荼举兵叛汉,刘邦亲率大兵伐燕。九月,平定臧荼之乱,封亲信太尉卢绾为燕王,仍都蓟城。

西汉初年,刘邦为了实现中央集权,遂逐步消灭异姓诸王。公元前195年(高祖十二年)二月,刘邦派兵攻蓟,卢绾败逃塞北,后降匈奴,被封为东胡卢王,一年后病死于匈奴。刘邦改封皇子刘建为燕王,是为燕灵王。

刘邦死后,高祖后吕雉擅权。公元前181年刘建死,吕后杀其子,废燕国改置燕郡。次年改封她的侄子吕通为燕王。公元前179

---

① 《帝京景物略》载:白云观"西十余里,为唐太宗哀忠墓"。

年,文帝即立,诛杀吕氏党羽,改立琅玡王刘泽为燕王,是为燕敬王。传至第三代刘定国时被废,改设燕郡。

公元前117年(元狩六年),汉武帝封其子刘旦为燕王,都蓟城。刘旦做燕王三十八年,是统治燕地时间最长的地方长官。公元前87年(后元二年),武帝卒,昭帝继位。刘旦勾结盖长公主、左将军上官桀、御史大夫桑弘羊等人密谋叛乱,觊觎帝位。公元前80年(元凤元年)事情败露,上官桀、桑弘羊等在长安被杀,刘旦在蓟城闻知事败,自缢而死。死后被谥号为"剌王",意思是说他做事违戾乖谬。其子刘建被免为庶人,再度废燕国改设广阳郡。公元前73年(本始元年),宣帝即位后,封刘建为广阳王,改广阳郡为广阳国,仍都蓟城。传到其曾孙刘嘉时,被王莽所废。广阳国改为广有郡。西汉一代(包括王莽和更始帝)231年中,蓟城四度为诸侯王国的都城达198年,四度为郡治首府仅有33年。名称或称燕国、燕郡,或称广阳郡、广阳国和广有郡。

西汉末年,各地的农民起义纷纷爆发,汉宗室刘秀企图借机"复高祖之业"。公元24年(更始二年),刘秀北上进入蓟城,但遇到以王郎为代表的地方割据势力的威胁,只好在大将铫期的保护下,连夜夺蓟城南门而出,逃到广阳县城。不久,刘秀到达信都(今冀县),重整军马,又得到上谷太守耿况、渔阳太守彭宠等人支援。随后刘秀率军破邯郸、杀王郎,占据河北,与更始政权分裂。公元25年,刘秀领导地主武装力量先后打败了河北的各部起义军,并追剿农民军直至渔阳,在潞县(今通州区一部分)以东及平谷(今平谷区)一带剿杀了大部分农民起义军。同年六月在鄗南千秋亭(今河北柏乡县北)称帝,建立了东汉政权。

东汉建立的第二年,蓟城地区就发生了彭宠叛乱。彭宠原为渔阳太守,因助刘秀打败王郎有功,居功自傲。东汉立国后,刘秀大封功臣,而独彭宠无所加爵,遂心怀怨怅,后又因与幽州刺史朱浮失和,疑虑刘秀对他有加害之意。遂于公元26年(建武二年)二月举兵反叛,曾攻破蓟城,自为燕王。叛乱三年后才被平息,造成蓟城地区经济、社会的巨大破坏,后经郭伋、张堪治理才逐渐恢复起来。

东汉后期,随着阶级矛盾的日益尖锐,公元184年(光和七年)爆发了黄巾大起义。起义后来虽然被残酷地镇压,但东汉政权也遭到极大削弱,全国处于四分五裂状态,军阀割据的局面已经形成。公元189年(中平六年),汉宗室刘虞出任幽州牧,驻节蓟城。一年后,由于发生董卓之乱,蓟城与名存实亡的东汉政权中断了固定的联系,陷入刘虞、公孙瓒、袁绍、曹操等的军阀战争之中。

公元192年(初平三年),刘虞部将公孙瓒不服其节制,在蓟城另筑"小城"自据。翌年,刘虞率军十万攻公孙瓒,却被公孙瓒以数百精兵用火攻打败,刘虞败退居庸县被擒,后斩于蓟城。公孙瓒遂占据幽州,施行暴政,加之旱灾、蝗灾,使谷价昂贵,以至出现人相食的惨景。两年后,袁绍勾结乌桓、鲜卑贵族打败公孙瓒,公孙瓒退守易京城(河北雄县西北)。199年(建安四年)春,被袁绍攻破,公孙瓒自焚而死。袁绍占据幽、冀、青、并等州,成为北方一支强大的势力。但第二年官渡一战,被曹操击败,袁氏集团遭到重创。207年(建安十二年),曹操最终打败乌桓,消灭袁绍残余势力,统一了北方。

魏晋十六国北朝时期,蓟城地区多数时间已不受中央政府控制,这里成为了北方封建割据势力的一个中心。这些割据者为了保住自己的地盘,通常是招募边塞少数族当兵或直接援引少数族军事力量作为助力。结果不但导致边塞各族大量进入内地,而且一旦双方失和,割据者往往被杀,蓟城则被游牧族占据,成了他们南下中原的军事前哨基地。这中间最典型的例子就是西晋末年的王浚割据。

公元301年(惠帝永康二年),幽州刺史王浚乘"八王之乱"割据幽州。王浚在军事上主要依靠并州刺史刘琨、辽西鲜卑段氏和幽州乌丸(桓)三支力量,其中鲜卑、乌丸的骑兵是王浚作战的主力。公元312年(怀帝永嘉六年),王浚布告天下,伪称"受诏承制",欲取代晋朝,政治上渐失人心。军事上,先与刘琨失和,失去并州的支持;随后在羯族石勒的离间下,与鲜卑、乌丸的联盟也瓦解。加之王浚统治手段非常残暴,对百姓异常暴虐盘剥,《晋书·石勒载记上》记载:他"刑政苛酷,赋役殷烦,贼害贤良,诛斥谏士。下不堪命,流叛略尽"。晋末,幽州地区连遭蝗涝之灾,王浚仍大兴土木,奢靡寻欢。1965年,在北京西郊八宝山以西一里处发现了王浚之妻华芳的墓葬。该墓虽早被盗掘,但仍出土一批精美的随葬品,包括骨尺、漆盘、料盘、银铃、铜熏炉等,可见王浚当年生活之一斑。公元314年（建兴二年）二月，石勒率兵袭破蓟城，擒杀王浚。石勒在蓟城停留二日，纵兵大肆焚掠宫室，屠杀百姓和兵士万余人，但因实力不够并未占据蓟城。蓟城落入鲜卑段部手中。319年，石勒建立后赵政权，蓟城遂归入其版图。

以后蓟城又历经前燕、前秦、后燕和北朝的北魏、东魏、北齐、北周等朝代，直至隋及唐前期，统一的中央政权才又有力量恢复了对蓟城地区的控制。

三、安 史 之 乱

从唐代中期开始，随着统治集团内部矛盾和阶级矛盾的加深，契丹和奚等北方少数族的势力乘机发展，北部边患日益严重。针对这一情况，在公元742年（天宝元年），中央政府在北方沿边十个重镇分别设置了节度使，其中兵力在5万以上的有五个，又以范阳郡（天宝元年"幽州"改称"范阳郡"）为"诸镇之冠"。范阳郡节度使统领经略、威武、清夷、静塞、恒阳、北平、高阳、唐兴、横海九军，屯守幽、冀、妫、檀、易、恒、定、莫、沧九州之境，以幽州城为治所。节度使不仅掌握兵权，而且还握有行政、司法、财政、人事等大权，俨然是独立王国的君主。掌握了范阳这一地区.更可以控制中国北方和东北地区，进而可以威胁京城长安，动摇唐王朝的统治。

公元744年（天宝三年），唐政府任命平卢节度使（治所在今辽宁朝阳）安禄山兼范阳节度使，从此幽州城成了安禄山的大本营。

安禄山，营州柳城（今辽宁锦州）胡人。因通晓六蕃语言，初为互市牙郎，后成为幽州节度使张守珪的部将。由于他在镇压东北各族的战争中立有战功，加之善于巴结逢迎，受到唐玄宗的宠信，750年（天宝九年）又受封为东平郡王。安禄山内心潜藏异志，以御寇为名，在辖地大贮兵马粮饷，积蓄反叛力量。747年（天宝六年），他在渔阳筑雄武城，内贮兵器，军队8000人，战马和牛、羊数万。他还奏请朝廷准许在上谷开炉铸钱。751年，唐政府又命安禄山兼河东节度使，统兵达20万之众，黄河以北的军政大权掌握手中，更加助长了他叛乱的野心。752年冬，诗人李白到幽州城时，已感到局势紧张，带有明显的杀气,因而留下了"十月到幽州,戈鋋若罗星。君王弃北海,扫地借长鲸"的诗句。

755年(天宝十四年)阴历十一月,安禄山以讨伐杨国忠为名,起兵叛乱。他统率部下及同罗、奚、契丹、室韦等少数族部众15万人,号称20万,在幽州城南誓师,南下渡过桑干河,经过33天打到洛阳。第二年正月,安禄山自立帝位,国号大燕,自称雄武皇帝,改元圣武,以范阳(指幽州城)为大都,一称东都。六月攻陷长安,唐玄宗出奔入蜀。七月,太子李亨即皇帝位,是为唐肃宗。

不久,安禄山集团发生内讧。757年(至德二年)正月,安禄山被其子安庆绪所杀,安禄山亲信史思明据范阳不受安庆绪节制。史思明原名窣于,为宁夷州突厥人,早年与安禄山同为幽州节度使张守珪的部将,后成为安禄山的部下。安禄山叛唐后,史思明率领叛军攻河北,被安禄山任命为范阳节度使,此时他占据13郡,统兵8万人。安禄山死后,他一度降唐,被任命为河北节度使,封归义王,不久再度叛唐。759年(乾元二年)三月,史思明杀安庆绪。四月,在幽州(乾元元年范阳郡复称幽州)自称大燕皇帝,改年号顺天,并将幽州城改称燕京。两年后史思明在陕州(今河南三门峡市西)又被其子史朝义所杀,遗骨后归葬幽州,史朝义篡取了帝位。763年(广德元年),唐军攻取莫州(今河北任丘北),其部将纷纷降唐,史朝义走投无路,后自缢身亡。至此历经八年的安史之乱最终被平定下去。

安史之乱是一场统治阶级内部争权夺利的战争。安、史等人用纵容部下烧杀抢掠的办法来鼓舞士气,焚人室庐,掠人玉帛,壮者死锋刃,弱者填沟壑,社会经济受到了严重的摧残。

目前,北京地区还保留一些有关安史之乱的遗存。1966年,考古工作者在丰台区林家坟发现一座唐代大型石室墓,墓室内壁以汉白玉砌成,外面又加砌一层青石石料用以保护。石室墓分为墓道、主室和左、右耳室。该墓早年被盗,现除石棺外,残存有铜坐龙、嵌金铁马镫和玉册。玉册是用汉白玉磨制而成,每枚长28.5厘米,宽3厘米,两端侧面各有一孔,可用丝带穿系成册。每枚上面刻有十一个字,字口填金,文字为"血未干唐有异端谗人罔极"、"昭武皇帝崩于洛阳宫玉芝"、"帝朝义孝乃因心亲惟□□"等等。关于这座墓的主人,虽不能作肯定的结论,但不少学者认为是史朝义为史思明修建的陵墓。根据有如下两点:第一,据《新唐书·史思明传》记载,史思明死后葬于梁乡(即良乡)境内,现丰台林家坟在唐代归属梁乡县。第二,按唐制规定只有帝王才有资格使用玉册作随葬品,该墓主人采用帝王葬礼,且玉册上明文写有"帝朝义"的字样,足以表明史氏父子以君主自居。(图 3-2)

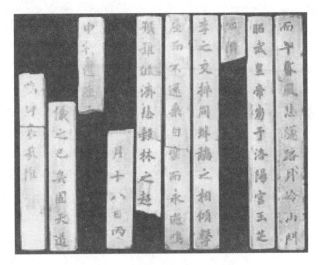

图 3-2　史思明墓出土的玉册

另外,在今北京法源寺内保存一块名为《无垢净光宝塔颂》的塔碑。碑文以左为前,由张不矜撰文,苏灵芝手书。清代学者朱彝尊等考证,此碑原是史思明为颂扬安禄山所建,史思明降唐后又将碑文改成颂扬大唐皇帝。该塔碑上多处有将原字磨光重刻的痕迹。

四、藩镇割据与幽云十六州的割让

安史之乱被平息之后,唐帝国的政治军事实力大为削弱。投降唐朝的安史余部在河北地区仍有相当大的势力,唐朝统治者为了换取他们的拥戴,分别封以诸镇节度使的名号,主要有卢龙镇(治今北京市)、魏博镇(治今河北大名)和成德镇(治今河北正定),合称河朔三镇。其中幽州卢龙镇节度使李怀仙原为史朝义部将,降唐后仍任原职,他在幽州地区拥有数万军队,修兵缮邑,笼络军心,户版不籍于天府,税赋不入于朝廷,名为藩臣,实则割据。从公元763年(广德元年)李怀仙割据幽州起,至913年(后梁乾化三年)李存勖从山西攻占幽州止,在150年内,幽州地区先后更换了28任节度使。他们名义上为朝廷授职,实际上或为父子兄弟相承,或为军中部将逐帅自立,中央政府根本无法控制,只好姑息羁縻以求得一时苟安。

长期的藩镇割据给幽州人民带来莫大的灾难。幽州地区兵祸不断,统治者连年征调百姓服役、当兵,大肆搜刮民间财富,使"闾里为之一空"。尤其是唐末五代初,刘仁恭、刘守光父子割据幽州达19年之久,极端贪婪凶残,使幽州人民的苦难达于极点。刘仁恭当权期间,在与宣武节度使朱全忠争战中,竟然将幽州境内凡15岁以上、70岁以下的男子全部征召入伍,并且要自带兵粮。为了稳固军心,还在当兵的男子脸上一律刺上"定霸都",在士人胳臂上刺"一心事主"四字。刘仁恭还"筑宫大安山(今房山区境内),选美女充其中。又与道士炼丹药,冀可不死"。此外,他禁止民间使用铜钱,改铸铁钱,甚至"令燕人用堇土为钱,悉敛铜钱凿山而藏之。已而杀其工以灭口"。①更为荒唐的是,他还禁止南方茶商入境,令人把山上的草木叶采来当茶叶强行卖给老百姓,以获厚利。

907年(后梁开平元年),刘仁恭之子刘守光幽禁其父,自任节度使。刘守光为政,苛酷甚于其父,史书记载他命人制铁笼、铁刷,"人有过者,坐之笼中,外燎以火,或刷剔其皮肤以死"②,致使幽州士庶很多逃奔他乡。911年(后梁乾化元年)八月,刘守光称帝,以幽州城为都城,建国号大燕,建元应天。为避免与安禄山大燕同名,故史称刘守光建立的燕为"中燕"。中燕仅存三年,913年,后来建立后唐政权的晋王李存勖亲征幽州,攻陷幽州城,擒杀刘氏父子,以周德威任幽州节度使。

幽州地区长期被藩镇割据势力所把持,已然失去了封建中央集权国家北方门户的作用。这时,东北契丹族势力日渐强大,经常出兵

---

① 《旧五代史·刘守光传》。
② 同上。

南下袭扰。公元917年,耶律阿保机派汉族降将卢文进领兵50万攻打幽州。卢文进熟知幽州地形,首先派军队攻占居庸关以西,再围攻幽州城。夏四月,契丹军采用飞梯攻城,并挖掘地道,城中则掘开地道,向里灌油燃烧以阻击敌兵;契丹军又在城外堆土山攻城,城中又熔铜汁以洒杀敌兵。幽州守军在援军的支持下守城近二百天,使耶律阿保机南侵的企图落空。公元928年(后唐天成三年),新即位不久的耶律德光又两次出兵河北,均被击败,溃不成军。在逃经幽州时,被后唐军邀击,"余众散投村落,村民以白梃击之,其得脱归国者不过数十人"①,自此契丹不敢再轻易来犯。尽管当时,契丹占领了山后的蔚、新、妫、武、儒诸州和幽州以东的营、平等州,但向幽州几次进兵却始终未能攻下,这说明中原王朝还是有保卫和控制幽燕地区的能力。

为了防御契丹,后唐政权在山西、河北等地屯驻了大量的军队,其中驻守太原的河东节度使石敬瑭为后唐明宗之婿,手中握有重兵。公元936年(后唐清泰三年),石敬瑭起兵反后唐。为了夺取后唐中央政权,他遣使向契丹统治者耶律德光求援,以割让幽(今北京)、蓟(今天津蓟县)、瀛(今河北河间)、莫(今河北任丘)、涿(今河北涿州)、檀(今北京密云)、顺(今北京顺义)、新(今河北涿鹿)、妫(今河北怀来)、儒(今北京延庆)、武(今河北宣化)、云(今山西大同)、应(今山西应县)、寰(今山西朔县东北)、朔(今山西朔县)、蔚(今河北省蔚县)等十六州给契丹,岁纳帛30万匹为条件,石敬瑭还上表"称臣于契丹主,且请以父礼事之"。② 这时,镇守幽州的节度使赵德钧也想乘机自立为帝,同样希望得到契丹的支持,但他只是答应与契丹结为兄弟之国,让石敬瑭继续镇守河东。这个交换条件,显然要比石敬瑭的条件差得多,不但没有得到耶律德光的回应,反而因按兵不动,助长了耶律德光的南下。在契丹5万骑兵的帮助下,石敬瑭攻下洛阳,建立了后晋政权。此时,在幽州的赵德钧、赵延寿父子看后唐政权大势已去,遂投降契丹统治者,献出幽州城,结果反被锁拿回契丹本土。幽州地区

---

① 《资治通鉴》卷"后唐纪五"。
② 《资治通鉴》卷"后唐纪八"。

自此归属契丹贵族的统治之下,北京历史开始了新的篇章。(图 3-3)

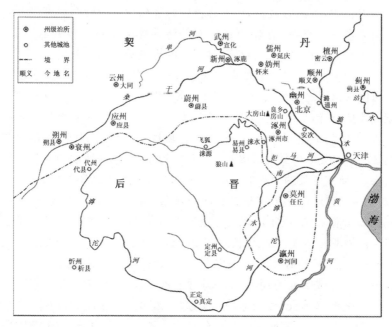

图 3-3 幽云十六州图

五、从蓟城到幽州城

公元前 226 年(燕王喜二十九年)秦军攻陷燕都后,蓟城遭到极大的破坏。公元前 215 年(秦始皇三十二年),秦始皇下令毁掉原来关东诸侯国旧城郭,蓟城当属被拆毁之列。秦始皇堕城郭的目的是为了彻底摧毁关东六国贵族势力,然而蓟城是秦帝国北方的重要边城,必定应有一新的城池修筑起来。城池修筑的时间、形制和规模,以及城址的具体方位,因缺乏文献与实物资料而难以断定,只能说与战国时的蓟城位置大体相同。

西汉时期的蓟城具体位置目前也不能肯定。从文献记载中可以间接了解到一些大体建设情况。当时蓟城的城墙可能是以桩木为墙,筑有城门和城楼。城里建有王宫,还有宫墙环绕。宫城里修筑有许多宫殿,有万载宫、明光殿等。据史书记载:燕工刘旦谋反事发以后,"王忧懑,置酒万载宫,会宾客群臣姬妾坐饮……因迎后姬诸夫人之明光殿"①。此外,在城里还设有铸造兵器的工场。屯驻有车骑、材官等部队。可见,作为封国都城,它的规模是相当可观的。

1949年以后,考古工作者在北京郊区发现几座土城遗址,包括有房山区窦店镇之西的汉、唐良乡县故城遗址;良乡镇东广阳村汉代广阳城遗址;长沟镇东汉代西乡县故城遗址等。其中良乡县城经勘测有大城、小城两重城垣,大城呈长方形,外城墙东西长约1100米,南北宽约860米。大城内靠西城墙有一座长方形小城,小城西墙与大城西墙重合,城墙东西长约400米,南北宽约300米。大城外还有"郭"(土围墙)。古城遗址保存最完整处是西南转角,高达8米,夯土筑成,顶部宽约2.5米,底部宽约17米。夯土层次明显,厚度多在12～17厘米之间。根据考古调查,大城周长约3900米,超出秦汉之制"千丈之城"大县城近一倍,又筑有外郭城,比较符合西汉侯国建城的制度。

这些古城遗址的规模及建制对于推测汉代蓟城提供了旁证资料。又根据郦道元《水经注·㶟水注》记载,东汉以后,由于㶟水(永定河)改道,从蓟城北改道至蓟城南。这一过程中,蓟城东部被冲毁,所以魏晋以来,蓟城城址向西移动。

魏晋以后,有关蓟城的文献记载增多,特别是经过考古发掘,掌握了一些重要的实物资料,对于确定蓟城城址的方位有特殊的价值。

1965年,考古工作者在北京西郊八宝山以西半公里处,发现了西晋幽州刺史王浚之妻华芳的墓地,有重要文物出土。在华芳的墓志中记有"假葬于燕国蓟城西廿里"的字样,从而使我们得知西晋时的蓟城在华芳墓地以东20晋里。又在该墓葬出土的众多文物中发现一把象牙制作的晋尺,从刻度计算,当时1尺约折合今天的24.2厘米,经推算,西晋蓟城的西城墙大体在今羊坊店会城门村附近。

隋唐五代时的幽州城基本沿袭了魏晋以来蓟城的城址,由于有关这方面的考古和文献资料较前增多,为确定幽州城址提供了可靠的证据。

---

① 《汉书·武五子传》。

今法源寺内保存着一块"唐悯忠寺重藏舍利记"碑,是892年(唐昭宗景福元年)刻的,碑文记载"大燕城内,地东南隅,有悯忠寺,门临康衢"。悯忠寺是法源寺的前身,从碑文可知今法源寺址就是当年幽州城区的东南角。(图3-4)解放以后,北京出土不少唐代墓葬,在墓志中记叙了这些墓地距幽州城的方位和里数,成为可靠的实物佐证。如:1951年在东交民巷御河桥发现《唐任紫宸墓志》,其中有"宅兆于幽州城东北原七里余"的记载。1956年在永定门外安乐林《大公报》宿舍工地发现唐建中二年(781年)《棣州司马姚子昂墓志》,记载"葬于幽城东南六里燕台乡之原"。1959年在西直门外紫竹院水利学校工地出土唐文德元年(888年)《范阳卢公夫人赵氏墓志》,其中提到"葬于府城西北十里樊村之原"。1966年在西郊八里庄京密引水渠工程中发现《唐李永定墓志》,有"葬于郡西北十五里之平原"之说。1965年在右安门外草桥东南四顷三村出土唐元和六年(811年)王郅夫妻合葬墓志,其一记载"起坟于蓟县姚村南一里之原",另一记载"窆于府城南十里姚村之南原"。可知今四顷三村距唐幽州城南11里。再有,早在1681年(清康熙二十年)在西安门内出

图3-4　法源寺大门

土《濮阳卞氏墓志》,云卞氏"窆于幽都县东北五里礼贤乡之平原"。而1972年从西四羊肉胡同西口出土的《唐任希墓志》可知,此人"安厝于府城北五里燕夏乡之原"……根据以上几份墓志资料即可基本推断唐幽州城四周城垣的大致方位。东城垣在今烂缦胡同和法源寺之间南北一线;西城垣在今会城门村以东,白云观西土城台至小红庙村之南北一线;南城垣在今宣武区姚家井以北,白纸坊东西街一线;北城垣应在今头发胡同一带,由头发胡同向西直线延伸经白云观,到会城门附近。唐代幽州城的规模,据《元和郡县图志阙卷逸文》卷一记载,唐代幽州城,南北9里,东西7里,开有10门。据此,城呈长方形,周长32里,折合今天里数约有23里(每唐里约合今0.72里)。

幽州城作为政治、军事重镇,修建得坚实强固,适于军事防卫的需要。有10个城门,但城门名称已不得而知。城内按基层行政单位划分为若干个坊,郊区则分为乡或里。"坊"也称里,一般叫做"里坊",是唐代城内基层单位。坊为十字街,分为四大区,每区再以十字分割成四个小区,即每坊十六个小区。据宋人路振《乘轺录》记载幽州城中有26个坊,但从唐、辽墓志和房山石经题记等实物资料中已得知有罽宾、卢龙、肃慎、花严、辽西、铜马、蓟北、燕都、军都、招圣、归仁、东通寰、劝利、时和、遵化、平朔、归化、隗台、永平、北罗、齐礼、显忠、褱阴、归厚、大田、骏、来远等27坊(里)。各坊位置及名称,因年代久远,城市变迁,其间名称或有变更,难以复原,但据资料已知部分坊里位置,如蓟北坊和显忠坊,在今宣武区三庙前街和范家胡同一带。时和坊在今宣武区善果寺一带。每个坊都设有坊门,晨启夜闭,坊与坊之间有街衢相连。幽州的商业活动,集中在"市"里进行。城北是市肆之区、称为"幽州北市"。《新唐书·五行志》:"大顺二年(891年)六月乙酉,幽州市楼灾,延及数百步。"由于商业繁荣,一些封闭的坊内也有店铺。《房山石经题记汇编》"大般若波罗蜜多经"题记载:唐大中年间(847～860年)"幽州蓟县界蓟北坊檀州街西店",说明幽州城蓟北坊(今宣武区三庙街一带)内已设商铺。又载唐"幽州蓟县界市东门外西店",这表明当时店铺已扩展到幽州市门外。显然幽州城内外都设"市"。"市"设各类店铺,见于云居寺唐代石经题记中的有三十多种行业。不仅各类行业繁多,而且行业分工很细,有米行、白米行、粳米行、屠行、肉行、染行、油行、布行、五熟行、果子行、椒笋行、炭行、生铁行、磨行、绢行、大绢行、小绢行、彩绢行、绵行、丝织行、幞头行、靴行、杂货行、新货行等。此外，城里还设有官署、仓库、监狱、驻有军队。在城内西南隅建有子城，它的四周也筑有城墙，北墙在今广安门大街西段，南墙在今白纸坊以北，东墙在今北线阁以南一线，西墙则在今广安门外南街一带。子城四周均有城门，东门就是前燕宫城东掖门，距子城东门以东百余步，位于大街北面有智泉寺（龙兴寺），与悯忠寺东西并列，这条大街就是今天南横街的位置。"安史之乱"时，史思明曾将子城改为皇城，城内建有紫微殿、听政楼等宫殿和楼阁。遗憾的是隋唐以前的蓟城的城垣、宫殿建筑都未保存下来。

自学指导

教学要求：

通过本讲的学习，要求学生从整体上了解秦汉至五代时期北京地区历史发展的概貌。从秦到五代，北京地区历史发展的总体是围绕着中原王朝经略北方少数民族以及中央政权与地方割据势力较量两个主题展开的，这是理解和把握这一时期北京历史发展脉络的关键。其中秦汉时期，北京是中原统一封建国家抵御游牧族内侵的军事防守重地，又是中央政府管理塞北少数民族的中心城市；魏晋十六国北朝时期，北京处于分裂割据势力的控制之下，这里常常是北方封建割据势力的盘踞中心，又往往是游牧民族南下的政治、军事基地；隋代与唐代前期，中国又归于封建大一统，北京成为显赫一时的军事重镇。它既是军事远征的前进基地，又是封建王朝控制北方少数民族的军事要地；唐代后期和五代时期，随着"安史之乱"的爆发和藩镇割据的形成，北京又成为藩镇割据势力的中心。

重点难点提示：

本讲重点内容为秦、汉、魏、晋、隋、唐历代政权对北京地区的治理,以及十六国北朝8个少数民族政权对北京地区的控制。其中352年至357年前燕定都蓟城、755年至763年爆发的安史之乱、936年石敬瑭割让幽云十六州等,是这个时期发生的具有较大影响的事件。难点内容包括:1.中原政权及北方少数民族政权在北京地区设置的不同级别的行政区划和机构;2."安史之乱"及其影响;3.幽云十六州的割让对北京历史发展的影响;4.蓟城(幽州城)的考古学研究。同学们在学习中需要明确郡县制、行政区划、节度使、藩镇、坊等基本概念,才能更好地理解和掌握上述重点和难点内容。

名词解释:

广阳郡　刘旦　彭宠之乱　王浚　华芳墓　永济渠　安禄山　史思明　刘仁恭　刘守光　石敬瑭　幽州城　悯忠寺

思考题:

1. 公元前215年秦始皇东巡到达蓟城说明什么?
2. 秦汉至五代北京地区重大事件及主要人物。
3. 魏晋十六国北朝时期统治北京地区的有哪些政权,特点是什么。
4. 西晋卫瓘、张华、唐彬治理蓟城地区的成就。
5. 隋唐征伐高丽失败原因及后果。
6. "安史之乱"对北京地区的影响。
7. 简论幽云十六州地位的重要性。
8. 蓟城(幽州城)的考古发现及研究。

参 考 文 献

余念慈著:《幽燕都会》,北京出版社,2000年。

于德源著:《北京历代城坊、宫殿、苑囿》,首都师范大学出版社,1997年。

北京大学历史系《北京史》编写组:《北京史》(增订版),北京出版社,1999年。

第四讲 迈上五朝帝都的丹墀

在北京古代历史长河中,辽、金、元、明、清五个封建王朝统治时期是极为重要的时期。北京的政治地位发生了重大的变化,逐渐取代了长安、洛阳等古都的地位,由地域政治中心上升为全国政治中心。

一、辽朝的陪都——南京(燕京)

辽以幽州为南京

辽是契丹人建立的国家,最早居住在潢水(今内蒙古西剌木伦河)与土河(今老哈河)流域,过着"逐寒暑,随水草畜牧"的生活。907年,唐朝灭亡,中原进入五代十国时期。也就在这一年,契丹耶律氏首领耶律阿保机凭借强大的军事力量一举成为契丹族的最高首领。916年,耶律阿保机在龙化州(今内蒙古赤峰市八仙筒一带)正式建国,国号"大契丹",成为契丹民族历史上的第一个皇帝。契丹历史从此进入发展的新时期。

耶律阿保机建国以后,契丹贵族不再仅仅满足于南下掳掠人畜和财物,他们企图在中原地区建立统治,幽蓟地区是他们攻取的主要战略目标,917年耶律阿保机派兵攻打幽州,928年耶律德光两次出兵河北即是明证。936年石敬瑭承诺割让幽云十六州之举无疑加速了这一进程。

938年(辽太宗会同元年,后晋天福三年)十一月,石敬瑭遣使向契丹献幽云十六州图籍。同一年,辽太宗耶律德光下诏改国号为大辽(还有一种说法谓改国号在947年),以幽州为南京。从此今北京地区成为辽朝的陪都,北京的历史也进入一个新的阶段,即由地域性的城市开始向全国政治中心城市转变。

辽代在国家管理上实行"以国制治契丹，以汉制待汉人"①的胡汉分治方针，在中央分设北、南两枢密院，北院统治契丹和北方游牧民族；南院统治汉人。在汉人聚居的地区，辽地方行政制度实行道、府、州军、县四级制，与唐及北宋初期制度基本相同。具体到今北京地区来说，938年设置南京道，南京道下设幽都府。1012年（辽圣宗开泰元年），南京改称燕京，幽都府改称析津府。1032年（辽兴宗重熙元年）后，析津府下辖6州、11个直辖县。6州包括顺州、檀州、涿州、易州、蓟州、景州。11个直辖县即析津、宛平、昌平、良乡、潞、安次、永清、武清、香河、玉河、漷阴。其中析津、宛平两县为附郭县。

南京道的行政机构是留守司，留守为最高行政长官。南京留守司下属机构有：三司使，专管燕、蓟、涿、易、檀、顺等汉人居住州县的"钱帛"事务；转运使，负责财货转运等事项；栗园司负责栗子生产、销售和税收等事务；都虞候司负责皇帝巡幸南京时的巡逻和警卫工作；警巡院负责城区地方治安；统军司掌管军事。

南京作为陪都，辽中央政府在这里还设有行使中央权力的军政机构。宰相府，置左右相、左右平章政事等官职，辅佐皇帝主持政务。都元帅府为中央直接掌管的军事机构，设都元帅、大元帅统领中央兵马。南郊设永平馆，是辽国接待宋使的处所。

中原政权三次进攻南京

契丹人夺占幽云十六州，是南北政治形势的一次重大转折，它不仅使幽燕地区的命运发生重大变化，而且使整个中原直接处于北方民族铁骑的攻势之下，形势是极端不利的。因此，中原统治者在宋辽议和之前，先后发动了三次攻打南京的战争，企图收复幽云十六州。

第一次是后周世宗柴荣北伐。954年，后周世宗柴荣即位。此时中原统治者和辽统治者正好形成反差。柴荣志向远大，才兼文武，而辽穆宗昏庸残暴，纵酒无度，日睡不朝，当时人称"睡王"。于是柴荣在整顿内政，恢复生产的基础上，制订了先取吴、蜀，次复幽燕，最后攻取太原，"混一"中国的军事行动计划。在取得对吴、蜀用兵的胜

---

① 《辽史·百官志一》。

利之后，于959年（后周显德六年、辽穆宗应历九年）出兵北伐。

这年夏四月，周世宗带兵北进，沿水路北达沧州，又西入辽境，一举攻克益津（在今河北霸县）、瓦桥（今河北雄县西南）、淤口（今河北霸县东信安镇）三关，五月又攻陷瀛、莫二州，其先锋部队抵达固安。辽穆宗以南京留守萧思温为兵马都总管出兵迎击，萧抵抗无力，周世宗的北伐军"兵不血刃，取燕南之地"。但恰在此时，周世宗在进军途中染病而亡，后周军队只得班师回朝，北伐之举功败垂成。

第二次是高梁河之役。宋太宗即位后，979年（宋太平兴国四年、辽保宁十一年、乾亨元年）出兵太原灭掉北汉政权，继之乘胜伐辽。宋军到达河北，渡过易水，幽州外围易、涿、顺、蓟诸州辽地相继归附于宋。北宋军队又打败辽将耶律奚底、萧讨古，抵达南京城下。宋太宗驻跸城南宝光寺，亲自指挥围攻南京城的战役。从阴历六月下旬开始围城，"穴地而进"，辽南京守将韩德让（耶律隆运）率兵日夜坚守城池，致使宋军攻城十数天而不下。

当宋军围攻南京之际，辽景宗正在北方游幸狩猎，他主张放弃幽燕，辽军退守松亭关、古北口。辽将耶律休哥等主动请战，带援军解救南京。这年阴历七月六日，辽、宋两军在燕京城北高梁河一带展开激战。宋军先与辽南府宰相耶律沙的军队接仗，未能取胜。继而与辽援军交战，耶律休哥与耶律斜轸率辽军从左、右翼合击宋军，驻守南京马步军都督指挥使耶律学古开城接应。宋军溃败南逃，辽军追击三十多里，斩杀宋军一万多人，耶律休哥率军追至涿州而还。宋太宗股中两箭，仅乘驴车得以逃脱。辽军收复了被宋军占去的州县。

第三次是雍熙之役。高梁河战役之后，辽、宋双方曾多次发动军事攻势，互有胜负。982年（辽乾亨四年），年幼的辽圣宗耶律隆绪继承帝位，由萧太后代理朝政。这年起，耶律休哥任南京留守，并接任南面行营总管，主持辽宋边务。宋太宗误认为辽国主幼势衰，未经充分准备，竟派大军北伐。

986年（宋雍熙三年）阴历三月，宋朝陆路军队分三路北进。东路由曹彬、崔彦进、米信率军从雄州道（今河北雄县）北上，主攻南京；中路由田重进统兵由飞狐道（今河北蔚县一带至山西大同间的古道）北进，居中策应；西路由潘美、杨继业率领向雁门道（今山西代县附近）进发,扰辽后方。另有一路水军自东部沿海,抢占辽西走廊,防止契丹调集援军由榆关南下,沿海滨救援南京。本来,宋太宗计划由东、中两路正面进攻,牵制辽南京的兵力,西路则迂回北上,切断辽援军,攻占云、朔二州,最后三路军队会师南京城,一举收复幽云十六州。

战事初期,宋军的进攻十分顺利。东路军在大将曹彬的率领之下,一路北上,取岐沟(今涿县西南)、涿州,占固安等地。西路军也连续攻克寰州、朔州、应州及重镇云州。中路军也一路打败辽军,直取蔚州。此时辽大队援军未到,耶律休哥采取游击战和消耗战,与东路宋军周旋,"夜以轻骑出两军间,杀其单弱以胁余众,昼则以精锐张其势,使彼劳于防御,以疲其力。又设伏林莽,绝其粮道"。① 东路宋军粮草济运困难,只得被迫从固安退至白沟。

此时,西路及中路宋军进展仍较为顺利。东路军诸将纷纷请求出战,主帅曹彬于是复率军北上进攻涿州,再克之。四月,萧太后和辽圣宗亲率援军南下,兵抵驼罗口(今涿县东北)。耶律休哥率军出击,两路夹击涿州,于岐沟关展开激战,宋军大败,阵亡将士多达数万人。东路军惨败,战局已定,中路宋军与辽军在飞狐交战亦失利。此

图4-1 杨令公祠

---

① 《辽史·耶律休哥传》。

时西路已成孤军,且失去作战意义,但主将潘美与监军王侁却幻想独建奇功,强令副将杨继业带兵攻朔州。在孤军深入,没有后援接应情况下,宋军在朔州南中了辽军埋伏,号称"杨无敌"的杨继业受重伤,在陈家谷口(今山西朔县南)被俘,绝食而亡。辽军割取杨继业首级作为献俘战利品送至南京。杨继业是北宋名将,他的民族气节深为宋、辽人民敬仰。当宋、辽议和以后,在辽国境内古北口修建"杨令公祠",以示纪念。该祠俗称"令公庙",至今犹存。(图4-1)

"澶渊之盟"及其影响

宋朝经过两次北伐失利,已失去向辽主动进攻的能力。公元1004年(辽圣宗统和二十二年,宋真宗景德元年)闰九月,萧太后和辽圣宗亲率二十万大军南征,一直打到黄河边,深入宋境。宋真宗受寇准等大臣的坚请,被迫至前线督战,双方互有胜负,同年的十二月最终议和。订立盟约的地点在澶州(今河南濮阳),史称"澶渊之盟"。根据盟约规定,宋朝每年向辽纳银10万两,绢20万匹,在南京交割,宋辽以白沟为界。

"澶渊之盟"的订立,表明南北军事力量达到一定均势,宋辽都不可能彼此吞并。盟约的签订对宋朝来说固然屈辱,但在以后一百多年内,双方基本维持和平相处的局面,辽朝在南京的统治地位得以巩固,南京从军事前哨一变而成为与宋朝交往的友好城市。南京政治、经济、文化地位继续上升,这些为其在金代上升为正式都城奠定了基础。

南京地区不论是在军事、经济、政治、文化上对于辽国的存在与发展都有着至关重要的作用。《金史·梁襄传》曾对此有过分析:"亡辽虽小,止以得燕,故能控制南北,坐致宋币。"这形象地说明了南京的重要地位。

"海上之盟"及北宋燕山府

宋辽共立澶渊盟约,形成双边百余年相安的和平局面,但北宋统治者想收回幽云十六州的想法始终未改。到了宋、辽二朝末年,原来依附于辽国,生活于东北的女真族迅速崛起,公开起兵抗辽。北宋统治者为了转移国内矛盾,想乘金人攻辽之机夺取幽燕之地。于是在

1120年(宋宣和二年)派使臣赵良嗣(原名马植)诵讨海道赴金联系，双方议定合力灭辽。灭辽后，以长城为界，金国占据辽故地，宋朝收回幽云十六州，宋将每年交付辽国的金帛转纳金国，史称"海上之盟"。

　　1122年(辽保大二年、宋宣和四年、金天辅六年)春，金兵率先攻克辽中京(今内蒙古宁城西)，天祚帝西逃至云中。驻守燕京的耶律淳在手下将领文臣的怂恿下，自立为帝，号天锡皇帝，改元建福，史称"北辽"。但耶律淳很快就在内外交困中病死，被草草葬于燕京西山。遗命又立天祚帝次子秦王定为帝，改元德兴，由耶律淳妻萧氏为太后，主持军国大事。

　　这年阴历七月，宋宦官童贯等率军攻燕京，辽将郭药师率所部"常胜军"降宋，献出涿、易二州，宋军进逼到良乡，隔卢沟河(今永定河)与辽军主力对峙。这时郭药师又献计，出奇兵绕过辽军防线，直接攻取燕京。十月二十三日，郭药师以轻骑夜渡卢沟河，绕道从三家店至安次。次日晨，派常胜军5000人混入郊民之中，夺迎春门入燕京城，列阵于悯忠寺前。郭药师下令杀尽城中的契丹、奚人，引起了强烈的反抗。萧太后下令闭城，与宋军展开激烈巷战，又派人招回辽军主力，郭药师军队大乱，其本人弃马逾城而逃。一个攻取燕京的绝好机会就这样丧失了。卢沟河以南的宋军闻知常胜军大败，辽主力又回师反击，遂溃不成军，自己放火烧了军营、粮草，狼狈退逃白沟。

　　萧太后在击败宋军之后，曾遣使向宋朝请降，并提出辽如果灭亡，宋也难免"唇亡齿寒"的命运，希冀辽、宋联合力量来与金朝对抗。可惜宋朝君臣昏庸，拒绝了辽朝求和。前线的童贯又因军事上的一再失利，担心无法收复燕京而获罪，便秘密派遣使者向金求援。金兵于十二月从居庸关和得胜口两路南下，辽皇室与官员自古北口逃走，金兵占据了燕京城。

　　这时，宋朝政府仍想以长城为限与金分界，自然遭到金国拒绝。金只答应把燕京及山前的涿、易、檀、顺、景、蓟六州归还宋朝。而且，以燕京是金兵攻占为借口，要求每年从燕京租赋中拿出一百万贯钱作为代租费交予金人以为报偿，软弱无能的北宋政府只好全部接受金人的条件。金兵退出燕京时，"大毁诸州及燕山城壁、楼橹，要害咸平之。又尽括燕山金银钱物,民庶、寺院一扫而空"。① 还将燕京旧辽官吏、工匠以及家产达150万贯的富户三万余家迁至关外,实际交给宋朝的燕京只是一座空城而已。

而早在1122年十月,宋徽宗就预先于燕京改置"燕山府"。北宋统治燕山府期间民困财竭。1125年(宣和七年)又发生严重饥荒,竟然出现父母吃掉自己的骨肉、有人把病死的尸体拿到市场上插纸标出售的惨景。这一年十月,金国在消灭辽残余势力后兵分两路南进。一路由宗翰统领,出云中,攻太原;另一路由宗望领兵由平州攻燕山府。宋朝政府命令守将郭药师领兵7万人迎击。不想郭药师兵败,逃回燕京城,扣押了燕山知府蔡靖等人,又叛宋降金。燕山府维持了不到三年时间,又落入金兵之手。

二、金朝的中都

金朝的燕京路

生活在松花江流域的女真族是我国古老游牧族肃慎的后裔。公元10世纪时还没有文字,也"不知岁月晦朔",后被契丹族征服。11世纪起,女真社会由氏族制向阶级社会过渡。阿骨打统治期间,完颜部完成各部落的统一,于1115年夏历正月正式建国,国号大金,立年号为"收国",开始与辽、宋一争天下。

1125年(金天会三年)十二月金兵攻占燕山府后,从宋降将郭药师处得知宋廷内部的虚实,认定此时是一举灭宋的大好时机,遂以郭为向导,挥师南下。1126年(宋靖康元年)正月,即攻至宋都东京(今河南开封)城下,由于宋各地勤王援军相继赶到,金遂以苛刻条件与宋廷议和后北还。八月,经过休聚,金兵再次南侵。闰十一月,攻破东京城,宋徽宗、宋钦宗向金军投降,北宋灭亡。1127年(天会五年)五月到七月,徽宗、钦宗及三千余名宗室、官僚陆续被押至燕京。宋徽宗囚于大延寿寺(今已毁无存),钦宗被关在悯忠寺。父子在押期

---

① 徐梦莘:《三朝北盟会编》卷十六。

问仅在昊天寺（今已毁无存）见讨一面。十月，二帝被送往塞外，备受凌辱，最后死于五国城（今黑龙江依兰县）。

金复取燕山府后，又恢复燕京旧称，并置燕京路。同时，将设在平州的枢密院移置于燕京，由大将宗望主持，委派汉族官僚刘彦宗负责具体事务。金代的枢密院是掌管国家军事事务的机关，将其设置于燕京，显然是以这里作为金朝攻伐南宋的大本营。金朝名将宗弼（即兀术）统兵多次南征宋朝，燕京是其军备的主要集结地；伐宋回师之后，也每每驻军于此，进行休整。金朝初年，向南扩张是金统治者的基本国策，燕京在其中所起的作用显然是极为重要的，大将宗翰甚至有志于建都于此，这也使得燕京从一开始就成为金代在河北地区重要的统治中心。

到金熙宗天眷初年，金朝推行文治，将燕京枢密院改为"行台尚书省"，直隶中央的尚书省，是燕京地区的最高行政机构。此外，金初在燕京地区还设有"内省使"、"马军都指挥使"、"曲院都监"等行政、军事、经济官员。可见，金初燕京的行政机构，在政治、军事、经济方面均已略具规模。另外，自金熙宗始，燕京作为金朝科举考试之地，成为制度。这反映出金统治者对燕京的高度重视，同时也说明燕京作为金朝在内地汉族聚居区的一座主要城市，具有了作为都城的部分功能。这些为后来完颜亮迁都于此打下了基础。

完颜亮迁都

完颜亮（1122～1161年），金太祖阿骨打之孙。皇统末年，为金熙宗重用，任左丞相，领燕京留守。1149年（皇统九年）十二月，他勾结内侍大兴国等人，杀熙宗完颜亶，自立为帝，死后降谥为"海陵炀王"，后世通称"海陵王"。1153年（贞元元年），完颜亮下诏将金朝国都自会宁府（今黑龙江阿城市）迁至燕京，初名圣都，不久改称中都。

完颜亮迁都后，确立了五京名号，即中都大兴府（今北京）、东京辽阳府（今辽宁辽阳）、南京开封府（今河南开封）、西京大同府（今山西大同）、北京大定府（今内蒙宁城西）。"中都"之名即取五京当中之意。在地方行政制度上，金仿辽、宋成例，在各京设留守司管理行政，又设路、府、州、县四级行政管理制度。中都路由留守司负责各项政务。中都路下设大兴府,统领大兴、宛平、安次、漷阴、永清、宝坻、香河、昌平、武清、良乡10个直辖县。中都城区则由大兴、宛平两个附郭县划分而治。

完颜亮的迁都之举,不管是对于金朝历史还是北京历史的发展来说,都是一个具有深远意义的重大事件。

从整个北京地区的历史发展进程来看,辽朝建立之前,幽州地区只是中原封建王朝控制东北及北方少数民族的军事重镇。那时候,幽州在军事上的重要性,要远远超过其政治方面的意义。及契丹王朝占有此地之后,出于政治和军事目的.对幽州极为重视,升为陪都,号称南京,实际上成为辽帝国统治山南地区的政治中心。但辽廷统治游牧地区乃至整个辽王朝的政治中心,仍然是在辽上京及辽中京等地。

金王朝建立之初,政治中心显然是在金上京,而对中原地区的控制,分别以燕京及云中为中心。完颜亮迁都之后,这种政治格局出现重大改变,中都成为整个拥有中国半壁江山的金王朝的统治中心,也就是说,今天的北京正式成为中国北部的政治中心。

完颜亮是一个有魄力、想作为的皇帝,但据史书记载,他也是一个暴戾无度、穷兵黩武的君主。他在倾尽国力大肆营建中都城并迁都于此后仅仅过了不到10年,为了进一步向南扩张,夺取南宋王朝的半壁江山,又于1161年(正隆六年)下令,调动巨额的人力、物力资源,营建宋朝旧都东京。阴历六月,完颜亮举朝迁都于东京,并不顾朝臣与军民的反对,随即发动了大规模的伐宋战争。金兵在采石(今安徽马鞍山市西南)被宋军击败,前线官兵开始哗变。十月,曹国公完颜雍在东京辽阳被拥戴登基。十一月,完颜亮被部将杀死。十二月,完颜雍率兵一万进入中都,继续以中都为国都,改元"大定",是为金世宗。金世宗是一位颇有治世才干的君主,在他执政的近三十年间,金王朝国势出现中兴气象。中都城也在这时发展到了极盛时期。以后又经章宗、卫绍王、宣宗三朝,统治日渐昏庸,金王朝由此衰败下去。

成吉思汗攻取中都

与金王朝衰败相反,地处北方朔漠的蒙古族却逐渐强大起来,对金朝的统治构成极大的威胁。1206年(金章宗泰和六年),蒙古各部族首领齐聚到斡难河(今蒙古国境内的鄂嫩河)畔,举行全蒙古贵族的议事大会,共推孛儿只斤部的首领铁木真为大汗,号成吉思汗(意为海洋般的大汗),建立大蒙古国。

从1211年(金卫绍王大安三年)开始,成吉思汗率蒙古军队三次攻入居庸关,威胁中都城。但前两次由于中都城深壕高墙,成吉思汗没有轻易攻取中都,而是采用先取中都周边地区,围困中都的策略。1214年(贞祐二年)五月,金宣宗惧怕蒙古军队卷土重来,不顾百官的反对,决定迁都南京(北宋旧都东京),仅留太子和一部分官吏留守中都。南迁都城无疑是一大错误,这不但得不到宣宗幻想的安全,反而由于失去了北方屏障,加速了金朝的灭亡。暂时退回草原的成吉思汗认为攻取中都的条件已经成熟,遂第三次派兵围攻中都。1215年(金贞祐三年,成吉思汗十年)阴历五月,坚守中都的主帅完颜承晖见败局已定,服毒自杀,留守的其他金朝官员遂开门迎降。蒙古军队占领了中都城,金朝在中都的统治从此结束。

三、元朝的大都

蒙古的燕京路

在元大都建立之前,北京地区历史的发展,虽然经历了由原始人类的聚落,到偏远的方国都城,再到北方军事重镇,然后发展为辽之陪都、金之首都的漫长历程,但其影响却始终未能涉及长江以南地区。只有当蒙古人建立的元王朝在这里定都,不久又灭掉南宋,统一中国,北京地区遂成为整个中国的政治、文化中心,这种地位一直延续到明清,并且愈加巩固。

1215年,蒙古军攻占中都后,废除中都之名,恢复燕京旧称,设立燕京路,仍辖大兴府等州县。此后的近五十年燕京又变成了一个军事重镇。

忽必烈迁都

1260年(中统元年)忽必烈夺得汗位,以开平府(内蒙古正蓝旗

第四讲 迈上五朝帝都的丹墀　53

东闪电河北岸)为上都。1264年(至元元年),忽必烈下诏将燕京改称中都,府名仍为大兴,"燕京"之名从此废用。1271年(至元八年),忽必烈正式建国号"大元"。次年二月,改中都为大都,并定国都于此。1274年,元朝正式从开平迁都大都城,上都开平改为避暑行都。1279年(至元十六年),元灭南宋,统一中国,大都遂成为统一的多民族的封建中央集权国家的都城。

作为全国的政治、文化中心,元政府对大都城从城市建设、行政管理、水陆交通、政令传递等各个方面进行了全面营建。

首先是在迁都前后,由刘秉忠①主持,选定新址,建造了一座规模宏大的大都城。工程从1267年(至元四年)正月正式破土动工,直到1293年(至元三十年)才全部完工。

其次,在大都内设立了一整套庞大的中央和地方军政机构。从1285年(至元二十二年)开始,皇室、贵族和中央衙署相继迁入大都城。在大都设立的中央政府机构有中书省,总管全国政务。枢密院是掌管全国军务的机构,同时还掌管中央禁卫军。忽必烈当政时,设有左、右、中、前、后五卫亲军,为拱卫都城的中央常备军,由蒙古族兵丁充当。元朝最高监察机关是御史台。这三个机关组成中央一级的最高权力机构。

1282年(至元十九年),在大都专门设立大都留守司,"掌守卫宫阙都城,调度本路供亿诸务,兼理营缮内府诸邸、都宫原庙、尚方车服、殿庑供帐、内苑花木及行幸汤沐宴游之所,门禁关钥启闭之事"。②

元代地方行政机构为行省、路、府、州、县,各级统属于中书省管辖。还有一点特殊的是,为更便于控制京畿重地,中书省直辖大都和上都及其周边等地,称为"腹里"。这样一来,大都路及下属府、州、县各级就直隶于中书省统辖。大都留守司建立之初,兼管大都路都总

---

① 刘秉忠(1216～1274),邢州人(今河北邢台),出身于官宦家庭,博学多才。青年时代不得志,曾出家为僧,"隐居求志"。忽必烈取得汗位以前,刘秉忠被召见,开始参与政务。他向忽必烈陈述"以马上取天下,不可以马上治"的道理,对忽必烈产生极大的影响。元朝建立后,刘秉忠身居太保,定国号,立朝仪官制,营建大都城池与宫殿,发挥了极为重大的作用。

② 《元史·百官志六》。

管府事由,1284年(至元二十一年),另设大都路都总管府治理民事。大都路下属机构有兵马都指挥使司,分设南、北两司,置于北城和南城,职责是"掌管京城盗贼奸伪鞫捕之事"。司狱司"掌囚系狱具之事",设司狱员等官吏主持。另设警巡院左、右院和南城警巡院,分领京师民事。供需院主管供需事项。提举学校司负责教育。

  1284年大都路总管府建立后,下领州和直辖县有涿州、霸州、通州、蓟州、漷州、顺州、檀州、东安州、固安州、龙庆州(各州共领有16县)及大兴、宛平、良乡、永清、宝坻、昌平6县。大都城区东、西分属大兴、宛平两县管辖,两县地方官设达鲁花赤各一员,县尹各一员,下设县丞、主簿、县尉、典史、司吏各若干员。另在东、西、南、北四关厢分设巡检司,"掌巡捕盗贼奸宄之事",加强都城的治安防卫工作。(图4-2)

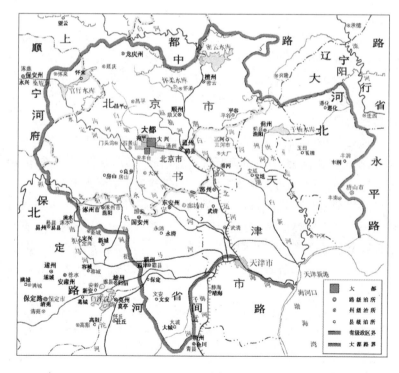

图4-2 元大都路图

拥有庞大的官僚机构和京师的特殊行政机构以及中央禁卫军，是封建皇都重要的标志之一。

第三，通过开挖南北大运河及发展海上航运，把大都这个政治中心与江南经济中心连接起来，很好地解决了大都地区百司、军队和民众的生活需求，正像《元史·食货志》所记载的那样："元都于燕，去江南极远，而百司庶府之繁，卫士编民之众，无不仰给于江南。"

元代沟通南北的大运河是在隋唐以来运河及一些天然河道的基础上开凿而成的。南方从浙江的杭州为起点，经过浙西运河（江南河）、淮扬运河（邗沟）、黄河、泗水、济州河、会通河、御河（永济渠）、白河、通惠河直抵大都城里的海子（今积水潭）。通过大运河沟通了钱塘江、长江、淮河、黄河、海河南北五大水系，使江南和黄淮等地粮食以及其他物资通过运河源源不断地输入到大都。每年从江南运往大都的漕粮在一百万石以上，有时达三百多万石。大都地区专门设立京畿都漕运使司、通惠河运粮千户所等机构，隶属于户部，负责漕运事宜。

第四，以大都为中心建立了通达全国的驿传系统。元代称驿站为"站赤"。中央政府专门设立通政院管理站赤事宜，后改由兵部负责。元朝政府以大都为中心，在全国设立站赤1383处。根据当时不同地区的交通条件，分为陆站和水站。又以交通工具的区别分为车站、马站、牛站、狗站等。元朝政府依靠驿传，保证从元大都发出的军政号令传布、贯彻到全国各地。

元朝是以少数民族为核心建立起来的一个多民族的封建中央集权的国家，因而有元一代统治阶级内部的政治斗争、统治阶级与人民大众之间的阶级斗争以及民族间的矛盾表现得十分激烈。大都作为全国政治中心尤为明显。

"阿哈玛特事件"和"文天祥就义"

忽必烈夺取汗位，建立新王朝，其中汉族谋士和军将起了重要作用。起初忽必烈推行"汉法"，任用汉官，但1262年（中统三年）发生了李璮叛乱，他感到汉人的威胁，因而积极推行民族歧视和民族压迫政策，在中央和地方各级政府机构中均由蒙古人担任主要官吏，依靠色目人①作为助手,防范和统治汉人。至元年间,色目人阿哈玛特(又称"阿合马")受到忽必烈的宠信,主管政府的财政,后任中书平章政事,专擅相权。他"内通货贿,外示威刑,廷中相视,无敢论列"②,因而在朝廷内外积怨甚深,引来杀身之祸。1282年(至元十九年)三月,山东益都千户王著与民间宗教领袖高和尚,趁忽必烈赴上都消暑的机会,组织八十余人潜入京城,假称皇太子真金回宫,召见留守大都的阿哈玛特。在东宫前,伪太子厉声申斥数语后,王著便把阿哈玛特拉到一边,拿出事先藏在袖中的铜锤将他击死,随后又杀其同伙左丞郝祯。皇宫侍卫军冲出镇压,王著挺身受捕,后被杀。王著在临刑前大呼:"王著为天下除害,今死矣!异日必有为我书其事者",年仅29岁。击杀阿哈玛特的事件,表明大都地区民族的矛盾相当尖锐。

同年十二月,又有传言说宋室皇族将聚众千余攻打大都,以劫救囚禁在狱中的文天祥。元廷闻讯后十分惊恐,决心处死文天祥。文天祥(1236~1283年),字履善,又字宋瑞,号文山,江西庐陵(今江西吉水)人。宋宝祐四年(1256年),中状元,官至右丞相。1278年(至元十五年)抗元失败,在五坡岭(今广东海丰北)被俘,次年十月押至大都。忽必烈多次使人劝降,均遭文天祥严词拒绝,他慷慨申言:"今文天祥至此,有死而已,何必多言。"文天祥被关押在大都北兵马司土牢内,度过了4年的狱囚生活。他在狱中书写了大量诗词,并与旧作编辑成册,取名《指南录》,表明自己如磁针一样心向南宋。他写的《正气歌》,抒发了"富贵不能淫,威武不能屈"的高风亮节,一直广为后人传诵。至元十九年十二月初八(1283年1月8日),元世祖忽必烈在皇宫亲自劝降文天祥,并许以宰相的高位。文天祥不为所动,惟以"愿赐之一死足矣"作答。第二天(1月9日),文天祥在南城柴市(今北京宣武区菜市口一带)从容就义,时年47岁。他的友人张千载冒死收其尸首,在俘房中访见文天祥之妻欧阳夫人,将尸骨火化,送归故乡安葬。明代洪武九年(1376年),在当年因禁文天祥的土牢旧址修建文丞相祠(今北京东城区府学胡同内),其后院内至今有一棵

---

① 色目人在元代专指移居中国的中亚和东欧诸族人,也称为"回回人"。
② 《元史·阿哈玛特传》。

向南歪斜的枣树,相传是文天祥亲手所栽。(图4-3)

图4-3 文丞相祠

"两都之战"

按照蒙古旧制,汗位继承人要经过贵族大会(即"忽里台")的推戴才能确认。元朝建立后,忽必烈虽然仿汉制确立了太子,但忽里台制度依然保存。1294年(至元三十一年)正月忽必烈死后,最高统治集团内部为争夺皇位的斗争接连不断,直至发展到公开的内战。文宗在位时就发生了"两都之战"。1328年(泰定五年)七月,泰定帝避暑时死于上都开平。消息传来,留守大都的权臣燕铁木儿发动兵变,遣使迎接前帝武宗(1311年已死)的次子图帖睦尔入京即帝位,是为元文宗。而上都的随驾诸臣,则拥立泰定帝9岁的幼子阿速吉八继位。于是为争皇位,大都、上都之间展开激战。上都兵分四路进攻大都,燕帖木儿分兵抗击,战场就在大都周边地区。经过一个多月的鏖战,文宗与燕帖木儿虽最终取得胜利,但双方混战也使大都周围遭到严重破坏,京东一带甚至出现"野无居民"的惨象。

元末红巾军毛贵部威逼大都城

1358年(至正十八年),京师发生特大饥荒,贫病而死的流民比比皆是。大都各城门外都挖有土坑埋葬尸体,两三年内埋葬的死者多达二十余万。人民的赋税与劳役负担却有增无减,生活困苦不堪。元末至正年间,京畿和其他各地农民被迫起义,反抗残酷的阶级压迫与民族压迫。1357年(至正十七年),江淮一带韩林儿、刘福通所领导的红巾军分三路北上,直指大都。由毛贵领导的东路军自山东北进,攻克清州、沧州、长芦等地。1358年三月进逼漷州,起义军的前锋抵达枣林(今通州东南),距大都仅120里。城内惊恐万分,朝臣劝顺帝迁都避难。后因元政府召四方军队援救,同知枢密院事刘哈剌不花带兵堵截,红巾军被迫退守济南。

1368年(元至正二十八年、洪武元年),朱元璋在南京即帝位,明朝建立。而在前一年的十月,朱元璋就任命徐达为征虏大将军,常遇春为副将军,率军25万北伐灭元。行前发布北伐檄文,历数元朝统治的腐朽和苛政,提出"驱除胡虏,恢复中华,立纲陈纪,救济斯民"的口号。徐达等将按照朱元璋的北伐方略,先攻取了山东、河南等地。随后沿运河水陆并进,1368年闰七月抵达河西务,攻下京东重镇通州。元顺帝见大势已去,带着后妃和随从人员一百余人连夜开健德门,出居庸关逃往上都。八月初二,明军进抵大都城下,猛攻齐化门,士兵填壕登城而入,大都遂为明军占领,元朝灭亡。

四、明朝的北京

1368年(洪武元年)八月初二,明军占据大都城后,明太祖朱元璋颁布《改北平府诏》,改大都路为北平府,初隶属山东行省。次年,单独设立北平行中书省,治北平府,统北平、保定、大名等8府,37州,136县。1376年(洪武九年)六月,改北平行中书省为北平承宣布政使司,辖境如旧。这样北平不再是全国首都的状况一直延续了三十余年。

"靖难之役"及永乐迁都

1398年（洪武三十一年），朱元璋病故，其孙朱允炆即位，是为建文帝。建文帝因诸王"以叔父之尊多不逊"，采纳大臣黄子澄等人提出的削藩策略，以期收回大权。驻守北平的燕王朱棣遂以"诛奸臣、清君侧"为名，发动"靖难之役"，经过三年多的较量，最终取得了帝位，建元永乐，这就是明代著名的成祖皇帝。

朱棣取得帝位后就有迁都之意，在与大臣密计数月而后行。1403年2月4日（永乐元年正月辛卯），下诏改北平为"北京"，称"行在"。二月，改称北平府为"顺天府"。同时，又设北京留守行后军都督府和北京行部，分管军政，罢废北平承宣布政使司，为迁都做好准备。此后，明朝政府多次向北京移民，组织人力疏通南北漕运河道。并从1406年（永乐四年）开始大规模营建北京城，到1420年（永乐十八年）城建工程基本完工。1421年正月初一，明朝正式迁都北京。废"行在"之称，改北京为"京师"，改原京师为南京，作为陪都。北京再次成为全国的首都。以后明仁宗洪熙元年（1425年），曾拟迁回南京，废北京"京师"之称，又改称"行在"，但还都之举一直未实施。至英宗正统六年（1441年）又恢复北京"京师"之名，并终明一朝不改。

明代京师作为一级政区，辖8府，2直隶州，17个属州，116县，这一区域又称"北直隶"。其中辖北京地区的顺天府，据《明史·地理志》记载共领5州22县。其中的4州9县全部或部分在今北京市境内，即通州及其所领的潞县；昌平州及所领的顺义、怀柔、密云3县；涿州所领的房山县；蓟州所领的平谷县；以及大兴、宛平、良乡3个直辖县。今延庆县一带当时则为延庆直隶州及所领永宁县管辖。

永乐迁都北京，巩固了明王朝的统治，也使北京城又一次成为封建帝都。同以前历代封建王朝相比较，明代封建专制主义中央集权统治有了进一步加强，这种强化从明太祖时就已开始。如中央机构中废除丞相制，改设六部，直隶皇帝，加强皇权统治。地方上废除行中书省，建立布政使司（简称省）、府（直隶州）、州、县四级地方行政制度，省一级以承宣布政使司为主，管民政、财政。为了防止权力过重，另设提刑按察使司、都指挥使司分管司法和军事,使地方官吏相互牵制。到明成祖时,集权进一步强化,北京作为都城则更加明显,主要体现在内阁、京军和厂、卫机构的设置。

内阁、京军和厂、卫

明成祖迁都后,在皇帝与六部之间正式设置"内阁",内阁大臣由皇帝钦选,由于在内廷殿阁办事,故称"殿阁大学士"。皇帝通过内阁控制六部,这是明成祖强化君主专制的又一措施。但到明中后期,内阁大学士职权愈重,往往由他们为年幼的皇帝秉政,如九岁的英宗继位后,由内阁大学士三杨(杨士奇、杨荣、杨溥)辅政,朝政多由他们议行。由于明后期皇帝多昏庸无能,国家大事往往经阁臣议定,再拟为皇帝指令,下达各部执行,造成内阁大学士专权,反而削弱了皇权。

为了强固封建统治中心,明政府在京城内外及周围州县设立七十二卫,成立五军、三千、神机三大营,合称"京军",负责守卫京城。英宗正统年间,经土木堡之变后,三大营损失惨重,后改团营。嘉靖时恢复三大营旧制,改三千营为神枢营。驻守城区的士兵,日夜轮番值勤,守卫皇宫、内外各城城门、衙署以及主要街衢,京畿交通要冲、皇家陵寝亦派重兵守护。

明朝还设立厂、卫,是由皇帝直接控制的特务机构。"厂"指的是东厂、西厂和内厂,这些是侦缉机构。三厂之中建立最早的是东厂(东缉事厂),建于1420年(永乐十八年),地址在东安门以北(今东厂胡同)。东厂由皇帝直接指挥,司礼监(司礼监是明朝二十四宦官衙门中的第一个衙门,这里的宦官权势最大,他们是皇帝最亲信的奴仆)由大太监掌管,称"厂公"或"督主",专门负责缉访"妖言"、"谋逆"。勋戚子弟、地痞流氓恶霸充当东厂打手,他们遍布在各个衙门以至街头巷尾,凡遇"犯上"言行或形迹可疑的人,无论官、民一律缉捕。1477年(成化十三年),又在灰厂(今罗贤胡同东)旧址设置西厂,由大太监汪直操纵,它的爪牙遍及各地。1506年(正德元年)宦官刘瑾专权时,以荣府旧仓地设内办事厂,通称为内厂,属于监视特务的特务机关。

"卫"是指锦衣卫,1382年(洪武十五年)在南京始设,后一度撤销。迁都北京后重设,地址在五军都督府西南(今天安门广场西南)。最初锦衣卫是皇帝的卫队,后添设专门的法庭与监狱,成为组织严密的军事特务机构,最高长官是卫指挥使,由皇帝委派,直接对皇帝负责。凡重要的政治案件均由锦衣卫审理。

明代高度的中央集权制,使皇帝拥有无上权威,但也成了名符其实的孤家寡人。皇帝为维护统治只好依靠家奴(太监)和特务(厂卫),给明朝政治带来极大的危害。到明朝中后期,"宦官之祸"、"厂卫之劣"史不绝书,而且与北京地区发生的许多重大事件有密切联系。明英宗时的"土木堡之变"及"夺门之变";明世宗时,兵部员外郎杨继盛(号椒山)因上疏弹劾严嵩专权,被捕入狱,后戮于西市;明熹宗时,御史杨涟、左光斗因揭露魏忠贤罪状,被诬陷死于狱中。如此等等,都是典型的例子。

土木堡之变及京师保卫战

除了内阁、宦官专权和厂卫特务统治外,明代北京地区不断遭受来自北方的边患也是一个严重问题。建国之初,明军曾多次出塞北征,打击蒙古贵族的军事力量,同时在燕北设置卫所,修筑防御工事。宣宗在位(1426~1435年)期间,北部边防有所松弛,原设在开平等地的卫所被放弃,实际上使明朝防守线南移。英宗继位时年仅9岁,由于宦官王振专权,政治渐趋腐败,从而为蒙古族势力南下造成可乘之机。

这时,蒙古瓦剌部势力比较强大,先后攻占甘肃、河北、辽东一些地区。王振与瓦剌统治者暗中勾结,向瓦剌私运武器。朝中官吏提出备战遭到排斥和打击。1449年(正统十四年)瓦剌军分四路南下,首领也先亲自率兵围攻大同。在没有任何防御准备的情况下,英宗受王振挟制冒险出征。七月十六日出师,十九日过居庸关。也先见明英宗御驾亲征,佯作退却,诱明军深入。八月初一,明军到达大同,前军与瓦剌交锋兵败。英宗和王振听到前方兵败后,异常恐慌,决定由紫荆关(今河北易县西北)班师回京。从大同到紫荆关要经过蔚州,王振想邀请英宗"临幸"其家,借以显示自己的权势。军队走了四十余里后,王振突然想到大队人马经过蔚州,一定会踏坏他田里的庄稼,因而又勒兵向东,改道宣府。十三日到达土木堡(今官厅水库北岸,怀来附近,图4-4)距怀来县城仅二十里,兵部尚书邝埜请英宗御账火速移往城中驻跸。但王振因自己的辎重车千余辆尚未赶到,不愿进城,就留英宗驻扎土木堡。十四日瓦剌骑兵追至,土木堡被重重包围,水源被切断已两天。十五日也先派使者假意讲和,并移兵佯退。王振见瓦剌退兵,立即下令移营取水,于是军阵大乱。这时瓦剌骑兵从四面八方冲杀而来,明军溃如决堤之水。明英宗在突围失败后,下马盘膝而坐,遂被瓦剌俘虏。护卫将军樊忠这时冲到王振面前,举起铁锤骂道:"我为天下诛此贼!"一锤将王振击毙,然后纵马杀入敌阵,以身殉国。

图 4-4 土木堡东城关遗址

土木堡之役,明朝从征的五十多名官员全部战死,士兵死伤了几十万。也先押着明军所遗的二十几万匹骡马,驮着衣甲器械等战利品,拥着明英宗退兵北去。

土木堡惨败消息传至京城,朝中一片混乱。有的大臣提议迁都,一些官吏、富户纷纷送家眷出京避难。在京城处于危难之际,于谦以兵部左侍郎升任兵部尚书,担负起保卫京师的重任。

于谦马上宣布凡主张南迁都城者,按军令处斩。同时为使国家有主,以安定民心,拥立英宗弟弟郕王朱祁钰为帝,是为明代宗即景泰皇帝。他还积极备战,包括整顿军纪、赶造兵器、调兵遣将、修筑工事等。于谦重点整顿三大营,着重加强长城沿线关隘的防御设施,并在离京城20至30里的地方,每隔5里修筑一座烽火台,称为墩台,俗称堡子。

十月,瓦剌首领也先假借送还英宗,一路烧杀劫掠,兵临北京城下。于谦识破其阴谋,率军出城迎击。双方在德胜门、西直门和彰仪门(金中都西垣城门,位置相当于嘉靖年间所修明外城广宁门)外展开激战。于谦颁布临阵军令:"临阵将不顾军先退者,斩其将;军不顾将先退者,后队斩前队。"①各部将领又"泣以忠义谕三军",使人人精神感奋,斗志高昂,军士作战骁勇,加之火器凶猛,战术巧妙,瓦剌军连遭失利。当瓦剌军沿途烧杀劫掠时,京畿民众自动组织起来保卫家乡,军民联合抗战,连续五昼夜杀伤瓦剌军过万人,也先弟孛罗在攻取德胜门时被炮火击毙。十一月初八日瓦剌军被迫退出关外,京师转危为安。

此后,于谦继续加强北方的军事守备力量,也先南侵企图终未得逞,被迫向明廷求和,并把英宗送回。1450年(景泰元年)英宗朱祁镇回到北京,被代宗软禁在皇城内的南宫。1457年(景泰八年),代宗病重,英宗在宦官曹吉祥及副都御史徐有贞、京营总兵石亨等人支持下,展开争夺皇位的斗争。阴历正月十六日凌晨,英宗在石亨等人的协助下,夺东华门,入奉天殿,重新登上皇帝宝座,史称"夺门之变"。明英宗复位后,一面将王振家庙——智化寺改立精忠祠,并塑像祭祀;一面逮捕于谦,并于七日之后,即1457年2月16日(阴历正月二十二日)将其杀害。于谦在西市遇难,据《明史·于谦传》记载:"死之日,阴霾四合,天下冤之。"北京民众深切怀念这位爱国将领,1466年(成化二年)冤案得以昭雪,1590年(万历十八年)于谦被赐谥号"忠肃",并在他生前住所(今东城区西裱褙胡同23号)建立了祠堂。

---

① 《明史·于谦传》。

英宗复辟近百年后，1550年(嘉靖二十九年)，北京地区又遭受蒙古俺答率领的鞑靼部骑兵的侵扰，史称"庚戌之变"。此时，正值内阁大学士严嵩专权，朝政极端腐败。俺答进犯的路线是沿边东进，于阴历八月十四日攻占古北口。鞑靼军队先在密云、怀柔、顺义等县内大肆烧杀劫掠，十七日到达通州白河东岸，二十一日兵临京师城下。

当时，明禁军仅有四五万人，半数还是为老弱之兵，守卫京师的兵力十分空虚。于是京师居民及各地进京应武举的诸生组织起来参加御敌。其间，戚继光以山东登州卫指挥佥事，率领士卒北上蓟门守边。1550年秋，正值戚继光在京城参加武举会试。俺答进犯，戚继光被任命总旗牌督防京城九门，直接参与守卫京师的军事行动。由于这次俺答进犯旨在劫掠，未直接攻城，当他们在京郊骚扰之后，于二十八日撤出口外。根据事后各州县统计上报，俺答军队劫掠人畜达200万。

1567年(隆庆元年)，穆宗朱载垕继位，张居正入阁执政。为了挽救王朝统治危机，加强北方防御力量，调戚继光再次北上守边。戚继光担任蓟州、昌平、辽东、保定军务总管，他采取积极防御的方针，着手整顿军纪，进行战术训练，提高军队战斗力。同时加修边墙，从1569年起，经过三年的艰苦努力，在东自山海关西至居庸关一段长城线上加修敌台1017座。戚继光镇守蓟州十六年，北方游牧族不敢犯塞，对于保障塞内人民生产、生活，对于保卫京师安全，起了非常重要的作用。1583年(万历十一年)，戚继光调赴广东。

明末，京师又发生了一次重大的保卫战。1629年(崇祯二年)，后金首领皇太极分兵东西两路入塞，一举攻陷遵化，又经顺义、通州等地，于阴历十一月六日逼近京城。兵部尚书、蓟辽督师袁崇焕带领9000劲旅自关外赶到京师勤王，屯兵广渠门外。崇祯帝令袁崇焕调度各镇援军，抗击后金八旗兵，史称"己巳之役"。十一月二十日，皇太极派多尔衮等率八旗精锐数万攻取广渠门，袁崇焕亲率勤王辽军迎击。双方兵力相差悬殊，但是明军多"奋力殊死战"，"时贼矢雨骤"，袁崇焕身先士卒，"两肋如猬，赖有重甲不透"。自午至酉，鏖战三个时辰，明军歼八旗兵千余人，取得辉煌战果。二十三日，皇太极被迫移营南海子。

皇太极在军事上失利后,遂施反间计陷害袁崇焕。他故意散布与袁崇焕有密约的谣言,由被俘后纵归的明太监传至宫里。十二月一日,崇祯帝即捕袁崇焕关押入锦衣卫狱中。辽东将士闻讯,军心受到极大挫折。皇太极阴谋得逞,八旗军纵横畿辅,大肆劫掠,直到1630年(崇祯三年)五月,才退出关外。阴历八月袁崇焕在西市被凌迟处死。这一冤案直至清朝乾隆年间撰修《明史》时才真相大白。

袁崇焕含冤死后,由其姓佘的义仆窃尸,埋葬在广渠门内广东义园内。佘义士为其守墓终生,死后亦葬在袁墓旁。1917年在广东新义园内修建了袁督师庙,位于今日的龙潭湖公园内。2002年,北京市政府对位于崇文区东花市的袁崇焕祠和墓进行修葺,恢复历史原貌,并建成袁崇焕纪念馆。(图4-5)

图 4-5 袁崇焕墓祠

从这三个时期的保卫京师的重大军事斗争中可以看出,明朝北方的民族矛盾始终是很尖锐的。永乐北迁都城,固然起到了巩固国家统一的积极作用,但是在朝政昏愦、国家空虚的形势下,京师每每处于民族斗争的第一线,直接关系到国家社稷的安危。以于谦、戚继光、袁崇焕为代表的爱国将领和广大军民在保卫京师的斗争中所作出的重大贡献,将永远载入史册。

京师人民的反抗和李自成起义军攻占北京

明朝自英宗正统年间起,奸臣当朝,宦官专权。他们依仗权势大肆搜刮民脂民膏,对人民实行高压统治。这一切促使阶级矛盾日趋激化,京师成为这一矛盾的焦点。

1510年(正德五年)京南霸州一带的"响马",在刘六、刘七领导下发动起义。这支起义军持续斗争两年,波及八省,先后四次逼近京城。1511年七月,农民军先锋抵阜成门外,明廷慌忙调集京营士兵防守九门,又调延绥、宣府边兵保卫京师。最后,统治者集中大批兵力才将这支起义军镇压下去。

明代后期宦官以开矿为名大肆掠夺财富,又派人向各地征商税。这种残害商民的行为始于京城,危及全国。万历年间发生了各地反对矿监、税监的斗争。1603年(万历三十一年)三月,发生了第一次大规模的矿工反对矿监税使的斗争,据《明神宗实录》卷三百八十记载:"今者萧墙之祸四起,有产煤之地,有运煤之夫,有烧煤之家,关系性命,倾动畿甸。"京西房山、门头沟一带的窑工举行示威斗争,迫使明朝政府撤换矿监王朝。与此同期,北方地区农民以白莲教的组织形式秘密串联,酝酿起义,对明朝统治造成很大威胁。

自明中叶以来.各地人民的反抗斗争犹如涓涓细流,最后汇聚成波涛汹涌的大潮,终于在崇祯年间爆发了李自成领导的农民大起义,直捣京师,推翻了明王朝。

1644年(崇祯十七年)阴历正月,李自成领导农民起义军在长安建立大顺政权。二月,李自成率数十万大军从陕西向北京进发,农民军所向披靡,破太原、取大同,进军神速,于阴历三月十五日抵达居庸关,守关总兵唐通、太监杜之秩出降,农民军于当日占领了居庸关。次日攻占昌平和明陵,接着前锋夜渡沙河,抵达平则门(阜成门)外。

其间,崇祯帝惊恐之极,他召集文臣武将商议战守之事,私下却与近臣密商弃都南逃,并潜送太子出京。十七日农民军包围了北京城,崇祯上朝,君臣对泣。农民军往城内射书,向明廷劝降,遭到崇祯帝的拒绝。十八日农民军对德胜门、西直门、阜成门发动猛烈攻势，战斗十分激烈，京郊农民赶来帮助大顺军运石填壕攻城。负责防卫京城的太监曹化淳被迫打开广宁（后改称广安）城门，当晚农民军占领了外城。接着向内城各门发动进攻。负责守城的明军不肯为朝廷卖命，"鞭一人起，一人复卧"，京营提督李国桢已无法调度指挥。崇祯帝见大势已去，强令周皇后自尽，又亲手杀死数名妃嫔和公主。后由太监保护企图化装突围出城，但是京城已被起义军包围得水泄不通。当他们看到正阳门城楼上悬挂三盏白灯笼时，知道情况已万分危机，无法挽救。崇祯帝走投无路，又怕受到农民军的正义制裁，只身携带心腹太监王承恩跑到万岁山（今景山）东山坡前的一株古槐树下自缢而亡。王承恩亦随其主自绝。三月十九日黎明，起义军攻入内城占领皇宫。当日中午，李自成在大队农民军簇拥下，从沙河以北的巩华城出发经由德胜门进入内城，又从承天门进入紫禁城。李自成下令"大索帝后"，发现崇祯帝尸体后葬于明陵。

农民起义军推翻了统治中国二百七十多年的明王朝，第一次登上了封建王朝都城的政治舞台，这是一项重大的政治事件。李自成的大顺政权在北京只存留42天，即被镇守山海关的明军总兵吴三桂勾结关外的满洲贵族势力在山海关以北的一片石所击败，只好退出京师，返回关中。大顺军离京时，放火焚烧了宫殿和九门城楼。清八旗军队接踵而至，1644年阴历五月初二，清军入朝阳门，占领了北京。从此开始了清朝以北京为中心长达267年的统治。

五、清朝的京师

清朝定鼎北京

明万历年间，居住在东北地区的建州女真部首领努尔哈赤建立了后金政权。皇太极即位后，于1627年（天聪元年）改建州为满洲，女真族通称为满族。1636年（天聪十年）改国号为清。自1618年（努尔哈赤天命三年）起，女真人把攻击目标集中到明朝，仅崇祯帝在位十多年里，皇太极就带兵四次攻破长城防线，威胁京师地区。最终在摄政王多尔衮的统率下,占领了明王朝的京城。

从后金政权建立到清兵入关前,满族统治者曾多次迁都。由兴京(赫图阿拉)到东京(辽阳)、到盛京(沈阳),标志着女真族统一各部到统一全东北地区的过程。进占北京后,以多尔衮为首的统治集团为了"宅中图治",决定迁都北京。1644年(顺治元年)阴历九月十九日,年幼的顺治帝福临到达北京。十月初一福临亲至南郊,行定鼎登基礼,宣布"定鼎燕京",仍称京师,中国封建社会最后一个王朝——清朝的中央政权就这样在北京建立了。

清朝以北京为中心的统治延续267年,其间可以1840年鸦片战争为标志划分为两个阶段。前一个阶段从社会发展看,属封建社会,阶段矛盾及国内的民族矛盾是主要矛盾;后一阶段由于资本主义和帝国主义列强的入侵,中国进入半殖民地、半封建社会,国与国之间的民族矛盾上升为主要矛盾。

清朝定都北京后,不论是中央机构还是地方行政机构多沿袭明制。但适应满汉统治的需要,也有适当的变化。如中央政府,自康熙年间特选亲近翰林学士入值内廷的乾清宫南书房,国家的政务活动开始进入内宫。以后至雍正年间发展为"军机处",军机大臣均由皇帝亲选,都是所谓的亲信重臣。于是军国要务,完全由皇帝及所控制的军机处决定,而外廷的内阁、六部则成为执行机构,这表明皇权的进一步强化。

在地方行政制度上实行省、府(直隶州、直隶厅)、县(散州、散厅)三级制。具体到京师地区则沿袭明代设顺天府。有清一代,顺天府所辖州县多有变化。清初辖5州7个直辖县,1688年(康熙二十七年),顺天府辖区分设东、西、南、北四路厅,各辖若干州县。1743年(乾隆八年)以后逐渐固定下来,共领5州19县,一般混称为顺天府24州县。在今北京市境的有大兴、宛平、良乡、房山、通州、昌平州、顺义、怀柔、密云、平谷等。另外,清宣化府的延庆州、承德府滦平县的西南部、独石口厅东南部亦在今北京市境。

清朝迁都之后,为了确定满洲贵族的统治地位,加强对京畿地区以及全国的控制,颁行了一系列的法令和政策。

一是大力笼络汉族官僚地主,使满汉统治阶级结成牢固的同盟。

早在清入关之前,大学士范文程就上书多尔衮,劝他"进取中原"时,要安抚明朝官吏,要"官仍其职"。所以清军入京的第二天,便为崇祯帝发丧三日,加怀宗端皇帝(后改庄烈帝)谥号。其后规定北京内阁、六部、都察院等明吏,"俱以原官同满官一体办事"。第二年(1645年),清即恢复了科举考试,在三年一次的常科之外,又开"加科"。加科之外又开"博学鸿词科",对汉族地主知识分子大开仕进之门,大张利禄之网,对隐逸者也多方征辟录用。从而迅速建立起以满洲贵族为主,满汉统治阶级联盟的政权,使明朝遗留下来的政权机构,很快转化成清王朝的政权机构,从而在清初短短的十几年间,基本稳定了全国局势。

二是实施残酷的民族压迫。清兵入关后,先颁布剃发令,强迫民众剃发易服。其目的在于以此摧残汉族人民的民族意识和反抗心理。结果却激起京畿地区汉族人民的强烈反抗,三河县人民就展开了反剃发的抗清斗争。

清军入京的第二天,又颁布迁汉令,即强迫居住在内城的汉人限期迁住外城地,内城只限满洲王公贵族居住及八旗分区驻防。内城八旗驻地划分情况:正黄旗住在德胜门内;镶黄旗住在安定门内;正白旗住在东直门内;镶白旗住在朝阳门内;正红旗住在西直门内;镶红旗住在阜成门内;正蓝旗住在崇文门内;镶蓝旗住在宣武门内。近郊也有八旗兵布防。(图4-6)

清朝进京的当年,为使满洲贵族及八旗兵丁在京城得以立足,还颁布了圈地令。圈地,俗称跑马占地。据记载:"凡圈民地,请旨。户部遣满官同有司率笔帖式、拨什库、甲丁等员役,所至村庄,相度田亩,两骑前后,率部颁绳索以记,周四围而总积之。"①完全是一种强制性的公开掠夺。据不完全的统计,在今北京市境的原各州县被圈占的土地至少有300万亩,约占当时原始民地的80%。被圈占的土地分别作为皇室庄田、诸王宗室庄田和八旗的旗丁地。

这些法令的实施,对京畿地区的政治经济、社会结构都带来了深刻的影响。比如迁汉令使北京内城成了八旗官兵携眷驻防的营区,

---

① 姚文燮:《雄乘》卷上。

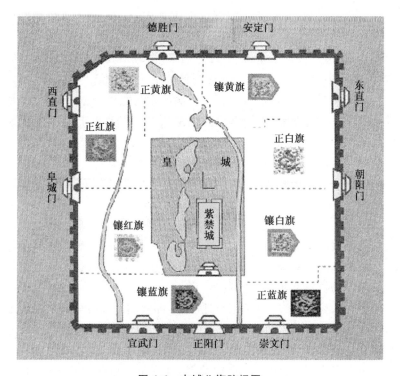

图 4-6　内城八旗驻场图

故政权机构集中于此;而外城由于是汉族聚居区,加之进京的商人及赶考会试的举人也多留居于此,遂逐渐发展为宣南的大栅栏、琉璃厂等商业区和文化区。

天理教起义

满洲贵族入关后实行民族压迫与阶级压迫,迫使京畿各州县人民掀起抗清斗争。早在1644年(顺治元年)五月,昌平红山口农民就爆发了反清斗争。1673年(康熙十二年),京师地区的汉族下层民众和八旗家奴在杨起隆率领下发动起义。他们提出"反清复明"的口号,组织"中兴军",建元广德。但由于被人告密,数百名起义军被捕,惨遭杀戮,起义失败。

到了清代中期,满汉统治阶级穷奢极欲,压榨劳动民众和八旗的贫苦旗丁,促使阶级矛盾又进一步加剧。乾隆年间的大地主怀柔郝氏有良田万顷,乾隆帝出巡路经怀柔,郝氏设宴接驾,一日之餐费至十余万。1785年(乾隆五十年),直隶各路"报荒"的旗民地亩达1.2万多顷,实际成为地主兼并土地的对象,其中不少属于京郊的田地。到嘉庆初,京郊流民乞丐多达十余万,被剥夺生路的下层民众在死亡线上挣扎。在这样的历史背景下爆发了波及全国的反清大起义,在京师则爆发了由林清领导的天理教起义。

天理教是活动在京师、直隶、河南、山东和山西一带的民间宗教结社,是白莲教的一个支派,由于其组织按照八卦编排,所以又称八卦教。京畿地区"坎卦"教首林清(1770～1813年)是大兴县黄村宋家庄人。他先后当过药铺学徒、更夫、差役和纤夫,深知民众疾苦,为人慷慨义气,被拥为教派首领。

1811年(嘉庆十六年)秋,林清与河南"震卦"首领李文成约定,于1813年阴历九月十五日午时共同举义,由林清组织起义军攻打紫禁城,李文成派援军接应。不幸李文成一支由于事变被迫提前起义,并遭失败。林清未得知此消息,如期发动。

林清选派200名起义军担任正面作战的任务,分成两队进攻东、西华门。另有一支起义军埋伏在地安门一带准备接应。起义军化装成商贩,暗藏兵器,混入城中。九月十五日上午,他们由宫中太监作向导,攻打皇宫。攻打东华门的起义军,由于被守卫宫门的清军察觉,只有一小部分抢入宫门,但是他们临危不惧,英勇杀敌,直攻到内廷东门——景运门。西队起义军七十多人在太监高广福的带路下,攻入西华门后,与清军进行激战,并且在内廷西门隆宗门外展开争夺宫门的战斗。清廷调来火器营一千多名官兵镇压,在双方力量悬殊的情况下,直到十六日晚,宫廷里的战斗才结束。十七日起义最后被全部镇压下去。清军又包围宋家庄,林清被捕,惨遭杀害。

起义军攻打皇宫时,嘉庆帝正在从热河行宫返京途中,他得知此讯不敢前进,直到十九日才回到紫禁城。事后嘉庆帝曾心有余悸地说:此为"汉唐宋明未有之事"。至今,故宫隆宗门楼上还嵌有一个箭头,是当年激战的历史见证。

自学指导

教学要求：

通过本讲的学习，要求学生从整体上了解辽、金、元、明及清中期以前北京地区历史发展的概况。辽至清五朝统治时期是北京历史发展极为重要的阶段，其间辽改幽州为南京（燕京），升为陪都；金完颜亮迁国都于燕京，改称中都，使北京开始从以前的地方政治军事重镇向全国政治中心过渡。元、明、清三个统一王朝建立初期，又都选择北京作为国都，标志着北京最终取代了长安、洛阳等古都的地位，上升为全国的政治中心。因此，可以说辽至清五朝北京的历史就是一条走向国都的历程。

重点难点提示：

本讲重点内容为辽、金、元、明、清政权对北京地区的治理，以及作为政治中心的北京对全国政局的影响。其中938年辽改幽州为南京，升为陪都；959年、979年和986年中原政权三次进攻南京；1153年完颜亮迁都；1271年忽必烈迁都；1267年至1293年大都城的兴建；1421年永乐迁都；1449年土木堡之变及京师保卫战；1644年李自成起义军灭明及清军入关；1813年天理教起义等，是这个时期发生的具有较大影响的事件。难点内容包括：1. 中央及地方政权在北京地区设置的不同级别的行政区划和机构；2. 中原政权三次进攻南京过程及其后果；3. 完颜亮、忽必烈、永乐三次迁都的原因以及对北京历史发展的影响；4. 辽、金、元、明、清各朝的民族政策及民族融合；5. 北京成为全国政治中心的历史背景与主观条件。

名词解释：

耶律德光　高梁河之役　雍熙之役　"澶渊之盟"　海上之盟　完颜亮迁都　忽必烈迁都　阿哈玛特事件　文天祥　"两都之战"　徐达北伐　永乐迁都　厂卫　土木堡之变　于谦　瓦剌　戚继光

袁崇焕　李自成攻占北京　迁汉令　圈地令　林清

思考题：

1. 北宋两次进攻辽南京失利的原因以及"百年和局"对北京地区发展的影响。
2. 完颜亮迁都的原因和意义。
3. 如何认识辽宋金之间的民族战争与民族融合。
4. 北京由地域性城市发展为全国政治中心的过程。
5. 厂卫机构的设立及其后果。
6. 试评于谦、戚继光、袁崇焕的历史作用与地位。
7. 清初在北京地区的圈地及影响。
8. 天理教起义的过程及意义。

参 考 文 献

王岗著：《通往首都的历程》，北京出版社，2000年。

吴文涛著：《土木之变与北京保卫战》，北京出版社，2000年。

于德源著：《明清之际北京的历史波澜》，北京出版社，2000年。

北京大学历史系《北京史》编写组：《北京史》（增订版），北京出版社，1999年。

第五讲　近现代的百年嬗变

1840年的鸦片战争是中国近代历史的起点,直到1949年新中国建立。在这一历史进程中,北京走过了由封建社会帝都逐步成为半殖民地半封建国家的统治中心,继而又一度降为北方的政治、军事中心的历程。

一、西方列强的侵入和暴行

英法联军攻入北京及辛酉政变

1840年(道光二十年)的鸦片战争对于北京虽未造成直接的危害,但中国的大门已被炮火打开,腐败的清政府的统治中心——京师自然成为列强进攻的中心。到辛亥革命之前,西方军事力量曾两次直接侵入北京,使北京逐步沦为半殖民地化的城市。

英法联军攻入北京发生在第二次鸦片战争期间。在逼迫清政府签订《天津条约》后,英法联军又蛮横地要求武装进京换约,遭到拒绝后,以此为借口,1860年(咸丰十年)8月先攻下大沽,占领天津,随后进犯京师。9月抵达通州附近,京师告急。尽管清绿营步兵及蒙古骑兵在张家湾、八里桥曾顽强抵抗,但由于敌强我弱,加之主帅僧格林沁等临阵逃遁,最后以清军失败而告终。9月22日,咸丰帝带着后妃及王公大臣出逃热河行宫,仅留恭亲王奕訢交涉议和。

10月7日,英法联军冲进圆明园,大肆抢劫破坏,并焚烧了部分宫殿。10月18日,在奕訢与英法联军达成停战协议之后,英军头子额尔金为了要"惩罚清帝违反和约",下令焚毁圆明三园(圆明、长春、万春)及香山、万寿山、玉泉山等皇家园林。大火延续了数日,西郊一带"烟青云黑,遮蔽天日",昔日金碧辉煌的御园顷刻间化为一片灰烬和瓦砾。(图5-1)对于英法联军这种野蛮行径,1861年,法国大文豪雨果在给朋友的信中斥责道:"我们欧洲人总是把自己看作是文明人,对于我们说起来,中国人都是野蛮人。看!文明就是这样对待野蛮的。在历史的审判台前,一个强盗叫做法国,另一个则叫做英国。"①

图 5-1　大水法和远瀛观

而在此之前的 10 月 13 日,侵略军未费一枪一炮就经安定门进入北京城,实际占领了北京城。随后,英法联军提出苛刻要求,咸丰皇帝无可奈何地说:"业已入城,一经驳回,必致决裂,只可委曲将就,以期保全大局。"于是,24、25 两日,奕䜣分别与英、法签订了中英、中法《北京条约》。新条约主要内容包括:割九龙司给英国;开天津为商埠;允许英、法两国派遣公使进驻北京;赔款英国白银 1200 万两、法国白银 600 万两,外加"恤金",英国 50 万两、法国 20 万两,付款由海关税收内扣缴;交还清廷没收的教堂财产等。11 月 14 日,清政府又在沙俄的威胁下,签订了中俄《北京条约》,割占了中国黑龙江以北、乌苏里江以东的 100 万平方公里的领土。

第二次鸦片战争结束后,英法联军虽然撤出北京,但不久英、法

---

① 《第二次鸦片战争》资料丛刊第六册。

公使以《北京条约》为据,进驻北京。接着,俄、美等国也纷纷在东交民巷建造公使馆,东交民巷使馆区初步形成。

外国公使驻京以后,对北京政局第一个重大的影响是支持那拉氏和奕䜣发动辛酉政变。1861年(咸丰十一年)8月,咸丰皇帝在热河行宫抑郁而亡,临终前诏立其6岁的儿子载淳即位,委任肃顺等人辅佐政务。在最高权力转移过程中,慈禧(西太后)为了实现垂帘听政的野心,与慈安(东太后)和在京留守的奕䜣结成同盟,在10月底回京途中发动宫廷政变,一举除掉了咸丰帝遗诏所封的怡亲王载垣、户部尚书肃顺、郑亲王端华、兵部尚书穆荫等八个赞襄政务顾命大臣,废除原定的"祺祥"年号,改年号为"同治",史称"祺祥政变"或"辛酉政变"(1861年,干支纪年为"辛酉")。从此,国家大权逐步落入慈禧太后之手。

第二次鸦片战争不仅给京师地区带来沉重灾难,而且随着中央政府机构开始买办化、半殖民地化,对于北京以及全中国的政治、经济和社会生活都产生了直接的巨大影响。

八国联军侵占北京

1900年(光绪二十六年)英、法、德、俄、美、日、意、奥八国组成侵略联军进犯北京。

8月4日,八国联军自天津向京师进发。12日侵略联军攻占通州城,13日兵临北京城下。8月13日午夜,俄军首先攻打东直门。14日凌晨,日军向朝阳门发起攻击。两支侵略军遇到中国守军顽强抵抗,俄国司令官瓦西耶列夫斯基在指挥作战中,一颗子弹打中他的右胸,受了致命伤。经过一昼夜激烈战斗,侵略军才攻入内城。英、美军队从广渠门攻入外城,又根据英国公使事先提供的秘密通道,英军未经战斗,从东交民巷以南水关最先侵入内城。15日凌晨,联军开始攻打东华门,慈禧太后挟光绪帝及后妃、王公大臣化装离京西逃到陕西西安府。破城之后,清军、义和团员与联军展开了巷战。著名作家老舍先生的父亲是正红旗护军,在巷战中为国捐躯。由于寡不敌众,两天后北京失陷。为此,联军也付出约1000人的代价。

侵略军攻占北京后进行了大肆屠杀,凡是被他们捉到的军人一律杀死。他们还对义和团进行野蛮报复,凡是设过义和团坛口的建筑一律放火焚烧,仅载勋庄亲王府(今西四太平仓胡同西口)一处被烧死的团众就有一千七百多人。八国联军还特许公开掠夺,京城内外和近畿州县无一幸免。

联军指挥官和各国公使举行联席会议,决定派"国际卫兵"看守皇宫,皇城及内、外城由各国分段接管,如前门外大街以东归英国管;大街以西归美国管;崇文门以东归法国管等。关厢地带也由列强分别管辖。联军在各自管辖界内分别悬挂不同国家的国旗。强令中国居民拿着某某国"顺民"的旗子,或是在上千个门脸前装饰上"日本帝国顺民"等字样的标语。联军在各自管界内设"理事官",或组织"安民公所"维持社会治安。不久,又成立"北京管理委员会",由俄、英、日、美、法五国各派一员组成,负责"管理民事"。在辖区分界处,设有许多路栅,每晚7时后禁止通行。组织巡捕队和夜巡队,稽查户口,以缉捕"匪徒"。

紫禁城和坛庙、园苑洋人随意进出,大批官府衙门和王公府第被侵略军占据。不少街道还被重新命名,诸如瓦德西街、克林德街、沙飞路、司徒瓦特路等。更有甚者,8月28日各国军队联合在紫禁城举行了阅兵式。

上述事实表明,北京在一段时间内被置于列强的殖民统治之下。1901年(光绪二十七年)9月7日,清政府被迫与英、美、俄、德、日、法、奥、意、西、荷、比十一个国家的代表签订《辛丑条约》。《辛丑条约》的签订,使得帝国主义列强对中国的政治、经济、财政、军事、教育等方面得以全面控制。中国完全沦为半殖民地半封建国家,而北京则成为半殖民地半封建国家的政治中心。

二、戊戌维新运动和义和团运动

"公车上书"和"百日维新"

19世纪90年代发生的维新变法运动是我国近代历史上的重大政治事件。这次运动的起点——"公车上书"和运动的高潮——"百日维新"均发生在北京。

1895年(光绪二十一年)3月,中日《马关条约》签订,日本不但攫取了巨额赔款和经济特权,而且割占了辽东半岛和台湾岛。消息传到国内,举国哗然,京城反应尤其强烈。

这年春,正逢会试,各省举人集聚在北京。康有为和他的弟子梁启超也同来京城应试。4月15日(阴历三月二十一日),马关签约的电文传至北京,康有为得知此讯后,遂联合十八省举人共同行动。4月30日和5月1日,各省举人一千五百余名在宣武门外达智桥松筠庵集会,商议联衔上书。康有为代表大家草拟奏章,他用一天两夜的时间写出一份万言书,即康有为的《上清帝第二书》。在万言书中他提出为解救国家危亡,皇上应下诏迁都、练兵、变法。他还提出了富国、养民、教民、改制等一系列改良方案,向朝廷要求民人参政的权利。5月2日,以康、梁为首的举人将《上清帝书》呈交到都察院,请求代呈光绪皇帝,结果被军机大臣孙毓汶无理拒绝。这次行动史称"公车上书"。

以公车上书为开端,维新运动逐渐在京师兴起。其活动主要有:第一,创办刊物。1895年8月,康有为、梁启超等创办《万国公报》(后改《中外纪闻》),它是维新派创办的第一份报刊。第二,组织学会。1895年11月中旬,在城南后孙公园的安徽会馆成立了第一个资产阶级早期政治团体——强学会。1898年(光绪二十四年),在帝国主义掀起瓜分中国狂潮的形势下,维新派发起组织保国会,先后在粤东会馆、松筠庵和贵州会馆召开三次会议,要求变法图强。那时,挽救民族危亡的呼声日渐高涨。第三,组织新式学堂。1897年(光绪二十三年),刑部主事张元济等人在琉璃厂创设通艺学堂,"专讲泰西诸科实学",聘请严复至学堂讲《西学门径功用》课程。第四,上书言事。维新派代表人物上书言事是京师维新变法运动中特有的活动内容。除了上面提到的康有为上清帝书,从1897年12月到第二年的1—2月间,康有为又连续上书三次(即上清帝第五、第六、第七书)。这七次上书,全面论述了变法的必要性和迫切性,提出了变法维新的纲领和措施。"以君权变法"是维新派的基本主张,是维新派与帝党结合的政治基础。

其实,甲午战败议和对光绪帝刺激很大。他斥责李鸿章身为国家重臣,将台湾省割让日本,是"失民心,伤国体",并且明言表示:"台割则天下人心皆去,朕何以为天下主?"这件事促使光绪帝下决心利用维新派力量,通过改革,从后党手中夺权。从而使甲午战争后的维新变法运动形成了高潮。

1898年6月11日(光绪二十四年四月二十三日),光绪帝颁布《明定国是诏》,指出:"维国是不定,则号令不行。"特明白宣示:"中外大小诸臣,自王公以及士庶,各宜努力向上,发愤为雄。以圣贤义理之学植其根本,又须博采各学之切于时务者实力讲求,以救空疏迂谬之弊。"自即日起至9月21日,在短短的三个多月时间内,颁布了一系列除旧与布新的诏谕,包括政治、经济、军事、文教四个方面。其中涉及京师的有关内容,政治方面:命各部院衙门删去旧例,另定简明则例;裁詹事府、通政司、光禄寺、鸿胪寺、太常寺、太仆寺、大理寺等衙门,一切事宜归并六部;诏选宗室王公游历各国;允许士民上书言事等。经济方面:京师设矿务铁路总局、农工商总局、邮政局等。军事方面:采用新法练军。文教方面:变通科举,停止朝考;创设京师大学堂、中小学堂;开经济特科;设报馆等。从上述内容看来,新政主要是改革弊政,发展民族工商业,加强武备,培养新的人才,其目的在于救亡图存。新政并没有超出维新派的上书内容,更没有触及政体问题,即设议院,开国会,制定宪法等。

6月16日,光绪帝破例在颐和园仁寿殿召见了工部主事康有为,由于顽固派的阻挠,光绪帝没能重用他,只任命康有为到总理衙门任职,专门拟写变法奏折,提出改良措施。又赏梁启超六品衔,负责办理译书局事务。9月5日,赏谭嗣同、杨锐、刘光第、林旭4人四品卿衔,到军机处和总理衙门参与新政事宜,史称"军机四卿"。在此前一天,将拖延维新的礼部尚书怀塔布、许应骙等6人革职。这些人事方面的变动与安排,旨在消除后党势力,使维新派参预新政。

然而,在旧体制下进行维新、改良和变法必然要触动保守势力的既得利益。慈禧太后在1889年(光绪十五年)光绪皇帝19岁时已经宣布撤帝归政。在维新初期,她迫于形势,只好做出姿态,对光绪帝颁行新政表示任其"自酌",但在暗地里部署破坏新政。在《定国是诏》颁行后的第四天,慈禧就强迫光绪帝连下三道谕旨:将光绪帝老师、帝党魁首翁同龢革职,逐回原籍;二品以上大臣授新职,须到太后面前谢恩;命荣禄署理直隶总督,统率董福祥(甘军)、聂士成(武毅军)和袁世凯(新建陆军)三军。怀塔布等6人被革职后,直接触及了后党的利益,于是加紧部署政变。

光绪闻讯,恐帝位不保,连发两次"密诏",命康有为"妥速筹商"。康有为等束手无策,最后寄希望于掌握新建陆军的袁世凯。9月16日,光绪在颐和园玉澜堂召见袁世凯,赏侍郎候补衔,责成其专办练兵事务,企图利用袁世凯的力量与荣禄抗衡。惯耍两面派的袁世凯表示感恩。18日晚,谭嗣同到法华寺袁世凯的寓所,劝说其支持帝党,在光绪和慈禧到天津阅兵时一举诛杀后党。袁世凯表面应允,但是他深知没有实权的光绪帝不会成功,于是在20日赶赴天津向荣禄告密。荣禄于当晚入京,直赴颐和园向慈禧太后报告。9月21日,慈禧回宫,幽禁光绪帝于瀛台,对外宣布皇帝病重,由太后临朝"训政"。推行103天的维新就此告终。

政变发生后,慈禧太后下令捕杀维新派首领与维新志士。9月21日,步军统领崇礼带领300名禁军包围南海会馆,但是康有为已于头天离京,乘轮船转赴香港。22日,梁启超乘日轮东渡日本。有人劝"军机四卿"之一的谭嗣同避难外逃,谭谢绝说:"不有行者,谁图将来;不有死者,谁鼓士气?自古至今,地球万国,为民变法,必先流血。我国二百年来,未有为民变法流血者,流血请自谭嗣同始。"9月24日遭捕。在此前后,杨深秀、林旭、杨锐、刘光第及康有为之弟康广仁等五人亦被捕。

谭嗣同等6人被关押在刑部监狱,原定9月26日由军机大臣会同刑部、都察院官员审讯。实际上,未经审讯,就于9月28日押赴菜市口刑场处决。临刑前,六位维新志士大义凛然,谭嗣同吟唱"有心杀贼,无力回天;死得其所,快哉快哉"绝命辞,康广仁慷慨而言:"若死而中国能强,死亦何妨。"六位志士为变法维新献出了生命,史称"戊戌六君子"。

戊戌维新运动的失败,清楚地表明在半殖民地半封建的旧中国,依靠君权,通过自上而下的改良,走资本主义道路使中国独立富强,只不过是一种幻想。然而这次运动由于发生在清朝的政治中心北京,是对封建专制集权统治的一次直接冲击,又对旧教育进行了批判,这无疑对人们,尤其是对知识分子具有一种启蒙作用。

京师义和团运动

戊戌变法失败后,帝国主义列强瓜分中国的野心更加嚣张。除了军事上的行动外,自第二次鸦片战争以来,尤其打着传教的名义,进行侵略中国主权的罪恶活动。到处建立教堂,网罗地痞、无赖等入教成为"教民"。京师地区的情况也非常严重,1886年(光绪十二年)建立的西什库教堂,是天主教直隶北境的总堂,下属教民有四万余人,所属住堂二十九座,其中京城有五座,其他分布在顺天府州县和直隶北部各府,下属分设会所五百余座及大堂、公堂、小堂若干。外国传教士依仗种种特权,霸占房屋、山林和田产。教民无赖则横行乡里,危害百姓,而地方官府往往"抑民佑教"。于是加深了"民"、"教"之间的矛盾。为了对抗洋教,在华北地区被清政府长期禁止的秘密结社也逐渐复兴。

源于白莲教的义和团,又名义和拳、梅花会、大刀会、红灯会等,利用宗教迷信激发民众的反帝排外情绪,与列强侵入华北乡村的各类教会展开积极的斗争。

早在1899年(光绪二十五年)秋,京城内外就有一些青少年于早晚在僻静处练习拳棒,动辄数十人。1900年春,直隶义和团的势力扩展至京师。4、5月间,义和团已布满京城内外。

6月上旬,大批义和团众由京郊州县涌入京城,他们三五十人结队,不分昼夜,鱼贯而入,相继而来,日以千计,至6月中旬就达到万人之多。义和团在京城遍设坛场,城区非仅一街一坛,甚至一街数坛,至郊区偏远山地亦设坛场。京城第一个坛场设在于谦祠堂(今东城区西裱褙胡同内)。加入义和团者上自王公卿相,下至倡优隶卒,几乎没有不参加的,甚至还包括皇宫里的太监、宫女,连守卫京师的满汉各营士兵,如神机营、虎神营,董福祥率领的武卫后军的士兵大多也加入了义和团。

当时,可以说在一定程度上义和团控制了北京的局势。京城内外各城门、重要交通路口、清政府各衙门、亲贵王公大臣的住宅,多数由义和团众把守监视,日夜盘查形迹可疑之人。义和团打击的目标主要是帝国主义侵略势力,在京城的洋人个个失魂落魄,惶惶不可终日。

　　西方列强极端仇视义和团。自5月以来,各国以保护使馆为名,先后有400余名士兵进京入驻东交民巷,修筑防卫工事。强入京城的侵略军时常向团民和清军寻衅,无辜枪杀团民。1900年(光绪二十六年)6月14日,德国公使克林德命令德国士兵枪杀义和团团民二十余人,成为义和团与列强交战的导火索。第二天,愤怒的义和团民众开始围攻外国军队盘据的西什库教堂。6月19日,克林德在前往总理各国事务衙门途中,路过东单牌楼时遇到清军的阻拦。克林德首先举枪射击,清军回击,当场打死了这个不可一世的德国公使。6月20日,数千名义和团和清军包围了东交民巷使馆区,向使馆发动进攻。6月21日,清廷下诏向各国宣战。(图5-2)

图5-2　扶清灭洋旗帜

　　在以后的近两个月的时间里,义和团员手持大刀、长矛,以血肉之躯对西什库教堂和东交民巷使馆区发动攻击。虽给洋人以沉重打击,如义和团采取火攻战术,将火炬、火药包用传统的抛石车掷入东交民巷,将比、奥、荷、意四国使馆烧毁。还用挖地道的方式,炸毁了法国使馆,并一度攻入德国使馆。但最终没有攻破西什库教堂和东交民巷使馆区。8月14日,八国联军攻占北京,京师义和团运动遭到惨重失败。

　　1901年(光绪二十七年)9月以后,八国联军陆续从北京城撤出。光绪皇帝和慈禧太后也从西安回到北京,恢复了清王朝的统治。不久即着手推行所谓的新政和"预备立宪",企图维持摇摇欲坠的满族贵族政权。1908年(光绪三十四年)11月14、15日,光绪皇帝和慈禧太后相差不到一天,相继死去。不满三岁的溥仪继承皇位,溥仪的父亲、25岁的醇亲王载沣摄政监国,成为大清帝国最后的执政者。1908年12月2日,小皇帝溥仪登基,改元宣统。在百官朝贺的时候,小皇帝却吓得啼哭不止。载沣在旁哄劝道:"快完了,快完了",似乎预示了清王朝的末日来临。

1911年10月10日,武昌首义成功。京畿地区的革命党人也发动了一系列起义,如北京起义、通州起义等,但都遭到袁世凯的残酷镇压。

北京的革命党人还采取暗杀的斗争手段,其中张先培等1912年1月16日谋刺袁世凯事件和1912年1月26日彭家珍刺杀良弼事件影响颇大。

京师革命党人酝酿、发动的一系列暗杀、起义虽然多未成功,但因其发生在清王朝统治的心腹之地,直接打击了清朝统治者,加速了清王朝的覆灭。

三、民国政治风云

宣统退位

1912年1月1日,中华民国临时政府宣告成立,孙中山在南京就任临时大总统,出现了资产阶级政权与封建清王朝南北对峙的局面。

但是这种局面维持的时间不长,已完全掌握清廷大权的袁世凯看到时机已经成熟,决定依靠帝国主义的支持,逼迫清帝退位,向他交出最高统治权力。1912年2月12日,6岁的小皇帝溥仪颁布了《退位诏书》,清王朝从此寿终正寝。在中国存在了两千多年的封建君主专制制度,至此宣告结束。

诏书是在袁世凯主持下拟定的,他为了窃取国家最高权力,在诏书中硬加进这样一句话:"当兹新旧代谢之际,宜有南北统一之方,即由袁世凯以全权组织临时共和政府",与南京临时政府似乎没有了关系。2月13日,袁世凯通电赞成共和。2月14日,孙中山向南京临时政府参议院提出辞职。次日,临时参议院17省代表一致推举袁世凯为中华民国临时大总统,黎元洪为副总统。

3月10日,袁世凯在北京东城铁狮子胡同原海军部大楼前宣誓就任临时大总统。4月2日,南京临时参议院议决,将临时政府迁往北京。北京成为北洋军阀政府的所在地,一直延续到1928年6月。

在地方行政方面,民国期间,基本上为省、道、县三级制。具体到北京,1912年4月迁都北京后,仍称京师,下设顺天府,辖24县,归直隶省管辖。1914年10月4日,北洋政府改称顺天府为"京兆地方",简称"京兆",为特别行政区,直隶中央政府。

由于辛亥革命未能消除君主专制存在的社会基础,民初,在北京发生了两次复辟事件。

"洪宪"帝制

袁世凯本有称帝的野心,但碍于时机不成熟,才选择先窃权后称帝之策。1913～1915年间着手从多方面进行复辟帝制的准备。

第一,通过"合法"形式,进一步确立和巩固其专制独裁的政治地位。如1913年10月,采取收买和威逼手段,利用国会选举袁世凯为正式大总统。

第二,直接控制军权。1914年5月,袁世凯下令成立总统府陆海军大元帅统率办事处,集陆、海军和参谋三部统筹军事,一切军事要政由大总统掌管。

第三,祭天祀孔,思想复古。袁世凯为了恢复帝制,宣扬"天命",宣传孔子的纲常名教。1914年9月28日颁令恢复"祀孔典礼",亲自来到北城的孔庙,仿照皇帝的样子祭孔。12月23日冬至这天,袁世凯又来到天坛"祭天",恢复封建时代的祭天制度,借神权以震慑民心。

第四,出卖主权,换取帝国主义国家的支持。1914年8月第一次世界大战爆发后,日本乘欧洲列强无暇东顾之机,以支持袁氏称帝为诱饵,企图独霸中国。1915年1月18日,日本驻华公使日置益不顾外交惯例,直接向大总统袁世凯提出"二十一条"交涉,旨在把中国置于其附属国的地位。5月9日,袁世凯不顾全国人民的反对,接受了日本企图灭亡中国的条款。此后,袁世凯专倚日本支持,加快复辟帝制活动。

1915年12月12日,袁世凯宣布废除共和,恢复帝制。13日在居仁堂接受百官朝贺,大加封赏。值得注意的是,袁世凯的嫡系部属段祺瑞和冯国璋都称病不到,表示出对袁氏复辟的不满。12月31日,袁世凯下令自1916年元旦起改元"洪宪",改国号为"中华帝国"。复辟帝制达到了高潮。

然而,正当袁世凯做着登基当皇帝的美梦时,全国也掀起反袁怒潮。具有民主思想的爱国将领蔡锷将军秘密出京,取道日本,返回云南,发动了护国战争。袁世凯的亲信部下、地方实力派军阀纷纷宣布独立,使袁世凯处于四面楚歌、众叛亲离的境地。这时英、日等国家感到继续支持袁氏称帝已失去了意义,随之也抛弃了他。袁世凯内外交困,被迫一再延期登基,最后无可奈何地在1916年3月22日宣布撤销帝制,恢复共和体制,为时83天的皇帝梦彻底破灭。但全国倒袁运动依然不能平息,1916年6月6日,袁世凯在全国人民嘲讽唾骂声中在北京病死,终年57岁。

张勋复辟

张勋属于北洋系军阀,此人历来效忠清王室。民国建立后,他拒绝剪掉辫子,以示怀念旧主。他统率的一支两万多人的军队也人人保留发辫,被称为"辫子军",主要盘踞在徐州、兖州一带。清帝溥仪逊位后,社会上各种反动势力纠合在一起,伺机进行复辟活动。1917年初,北洋政府总统黎元洪与国务总理段祺瑞在是否对德宣战的问题上发生激烈矛盾,形成所谓的"府院之争"。张勋以调停为名,乘机带兵入京,拥溥仪复帝位。

1917年6月14日,张勋率三千余名辫子军入京。7月1日,与康有为带领三百余名遗老遗少进入紫禁城,拥立12岁的溥仪恢复帝位。宣布即日起改中华民国六年为"宣统九年"。

张勋、康有为的复辟丑剧根本不得民心。消息传出后立即遇到全国各阶层人民的强烈反对。北京城里许多百姓拒绝悬挂龙旗。复辟当天北京十几家报纸停刊,以示抗议。孙中山得知清帝复辟消息后,立即召集会议,制定兴师北伐的军事计划。

这时,原先暗中表示支持张勋的段祺瑞,见自己的政敌黎元洪已倒,决定利用人民反复辟的声势讨伐张勋。他以共和讨逆军总司令的身份,发布《讨逆告国人书》。7月3日共和讨逆军在马厂誓师,向北京进军。7月12日3时许,讨逆军由广安门入城,战斗至午后4时左右,定武辫子军溃败投降。"辫帅"张勋被迫逃往荷兰使馆,康有为逃到美国使馆。溥仪仅仅当了12天皇帝,又被赶下了台,短命的复辟闹剧以失败告终。

巴黎和会和五四爱国运动

1917年8月14日,在段祺瑞的操纵下,北京政府正式对德宣战。1918年11月11日,德国战败,第一次世界大战结束。1919年1月18日,来自美、英、法、意、日、中等20多个战胜国的代表在巴黎凡尔赛宫召开会议,史称"巴黎和会"。作为战胜国之一的中国,不论是政府还是民间,都对巴黎和会充满幻想,认为可以一洗鸦片战争以来的外交耻辱,废止列强们强加的各种不平等条约。而实际情况却完全不是那么一回事。

1月27日,日本代表向和会提出德国在山东所有权利都应当无条件转让日本。第二天的会议上,中国代表对山东的历史、地理、政权状况作出说明,提出青岛完全为中国领土,胶州湾及胶州铁路等利益应当直接交还中国。4月29、30日的会议上,最终确定将德国在山东的一切权利及附属设施,甚至档案文件等也无条件地由日本取得。

巴黎和会的结果通过电波传到北京。5月2日,首先在《晨报》上全面披露,立刻在社会各界中引起强烈震动。5月4日下午一时,在邓中夏、傅斯年、罗家伦等学生领袖的领导下,北大学生队伍突破教育部代表及京师警察的阻拦,与来自北京高等师范学校、工业学校等校的千余名学生汇集到天安门城楼前。(图5-3)

天安门前的集会演讲之后,学生队伍向东交民巷使馆区进发。受到中国守卫警察和外国巡捕的拦阻,便由天安门东侧的富贵街转向东长安街,经外交部所在的东堂子胡同,来到卖国贼曹汝霖的住宅

图 5-3　五四运动(油画)

赵家楼。几个胆大的学生翻墙进入宅院,打开大门,大队学生一拥而入,在宅院里寻找曹汝霖。曹汝霖匆忙躲避起来,而正在曹宅的前驻日公使章宗祥被学生找到后痛打一顿。随后激愤的学生放火引燃了曹宅部分房屋,火起半小时后,大批警察赶到,逮捕了尚在现场的北大学生许德珩等 32 人。曹汝霖、章宗祥等人则在警察保护下逃入六国饭店。

5 月 5 日上午,北京各校学生代表再次集会,决定即日起全体罢课,通电全国各界,要求政府当局对内要释放被捕学生,罢免曹汝霖、章宗祥、陆宗舆等卖国贼,对外要在山东问题上据理力争。

在爱国运动的压力下,6 月 28 日参加巴黎和会的中国代表发布了一份会外宣言,指出《巴黎和约》实在有悖正义公道,中国不能签字实出于不得已。

从 5 月 2 日北京学生示威游行到 6 月 28 日中国代表拒签《巴黎和约》,五四爱国运动取得了胜利。这场运动标志着中国资产阶级旧民主主义革命的终结和无产阶级新民主主义革命的开始,青年学生和先进的工人阶级开始登上革命的舞台。

"三一八"惨案和李大钊遇难

1926年3月初,日舰袭击大沽口炮台,冯玉祥统率的国民军被迫还击。日本无理向北洋政府提出最后通牒,限定国民军在3月18日之前撤除大沽炮台等地的防卫。激起极大义愤的爱国民众,于3月18日在北京举行抗议示威游行。当天上午,在中共北方区委领导下,在天安门召开国民大会,会后组织示威游行。示威群众在铁狮子胡同执政府门前(今张自忠路3号)交涉时,惨遭段祺瑞卫队的屠杀,站在前列的女师大学生刘和珍、杨德群,北大学生张仲超等人当场中弹倒下。执政府门前的屠杀历时半个小时之久,当场有26人死亡,20人以后因伤势过重死亡,有二百余人负伤。这一天成为"民国以来最黑暗的一天"[①],被称为"三一八"惨案。

"三一八"惨案发生后,李大钊等共产党人和国民党左派人士,遭到奉系反动政府的通缉,被迫转移东交民巷苏联大使馆秘密坚持工作。1927年4月6日,北洋政府不顾国际公法,悍然包围、查抄苏联大使馆,逮捕了李大钊、范鸿劼等共产党员及邓文辉、张挹兰等国民党左派,共计五十余人。4月28日,奉系军阀政府设立的军事法庭判决李大钊等20人绞刑,押往西交民巷京师看守所刑场,于下午2时处决。李大钊临危不惧,第一个走上绞刑台,牺牲时年仅38岁。后安葬在香山的万安公墓,1983年建成李大钊烈士陵园。

1927年4月12日,作为国民革命军总司令的蒋介石在上海发动反革命叛变,夺取国民党和中华民国政府最高领导权,4月18日在南京成立蒋氏"国民政府"。后决定迁都南京。盘踞北方的北洋军阀集团的奉系成为国民革命军进攻的目标。

1928年4月,在美英支持下,由蒋(介石)、冯(玉祥)、阎(锡山)、桂(李宗仁、白崇禧)四系结成军事联盟,分路出兵二次北伐,与张作霖展开争夺全国统治权的战争。四路集团军于5月28日发起总攻,6月2日张作霖出京,撤回关外,北洋军阀统治最终结束。

6月8日,国民革命军进入北京。6月28日,国民政府废除京兆

---

① 鲁迅:《无花的蔷薇之二》,《语丝》周刊第72期,1926年3月29日。

地方,改北京为北平,设立特别市,直隶南京国民政府行政院。

四、卢沟桥浴血抗战

"七七"卢沟桥事变

1937年"七七"事变前,驻卢沟桥地区的日军日夜进行军事训练,中国驻防此地的29军多次提出抗议。7月7日夜11时许,日本驻卢沟桥一带侵略军以一名演习士兵"失踪"为由,向地方当局提出交涉,要求进宛平县城"搜索"。29军副军长、北平市长秦德纯电话指示宛平县长王冷斋进行切实查询,"未发现有所谓失踪日兵的踪迹"。就在双方"交涉"期间,日军在当夜发炮攻击宛平县城,第一炮就将专署大厅打垮,这足以证实日军的攻击是事先进行周密部署和调查测量的。接着日方从丰台调动300名侵略军到卢沟桥,强占宛平县城东北的沙岗。8日清晨,又向宛平县城发炮轰击。当日下午日方无理提出,晚8时前,中国守军撤至永定河西岸。并于6时开炮攻城。中国守军忍无可忍,予以回击。(图5-4)

图5-4 卢沟桥上的中国守军

8日,日军占领军事要地永定河沿岸的回龙庙和铁路桥。当晚219团吉星文团长率部从长辛店向北,何基沣旅长从八宝山率部向南,合攻日军。营长金振中率领士兵夜袭卢沟桥畔侵略军。战士们手持大刀、手榴弹,与敌人展开肉搏战,终于夺回了回龙庙与铁路桥。中国守军连日打退敌军的进攻,迫使敌军以"和平谈判"为缓兵之计,从各地紧急调遣部队增援。

25日至26日,敌军强占平津间要地廊坊,并且向北平外城广安门发动进攻,守城的27旅刘汝珍团予以自卫还击,敌军溃逃。28日,敌机轰炸南苑,敌步、炮、骑兵联合发起进攻,南苑失守,29军副军长佟麟阁、师长赵登禹率军坚持苦战,壮烈殉国。当日晚,军长宋哲元奉令率29军退至保定。

7月29日北平沦陷,这是近代以来,继第二次鸦片战争和八国联军战争之后,外国军事力量第三次侵占北京。8月8日,日军两千余人从永定门入城,全面接管北平防务,北平开始为期八年的日伪殖民统治时期。

日军在占领北平后,扶植了以江朝宗为首的汉奸傀儡政权,先建立"北平地方维护持会",后改建为伪北平政府,江朝宗任市长,1938年改称北平市公署。1937年12月14日,在日寇华北方面军司令部的策划下,以大汉奸王克敏、王揖唐为首,建立起华北地区伪政权——"中华民国临时政府"。伪临时政府盗用"中华民国"的国号,以"五色旗"为国旗。北平名义上成为伪政府的首都,但伪临时政府实际辖区仅包括华北晋、冀、鲁、豫四省和京、津、青岛三市,北平只能算是日伪在华北的统治中心。1938年4月7日,伪临时政府将北平改称北京。1940年3月30日,南京以汪精卫为首的伪"国民政府"成立。北京的伪临时政府改为"华北政务委员会",王克敏任委员长,名义上隶属于南京汪伪政权。北京失去伪政府"首都"的地位,成为名副其实的日伪在华北的统治中心。同年7月1日,汪伪政权在北京设置伪河北省燕京道,辖通县、大兴等15县,但日伪政权并未完全控制这些县地。在中国共产党领导下,平郊四周先后开辟了平西、冀东、平北抗日根据地,建立起抗日民主政权,与日伪政权展开殊死的斗争。

1945年8月15日,日本天皇向全世界广播,宣告无条件投降。中国人民经过艰苦卓绝的八年抗战,终于迎来了历史性的胜利。10月10日,在北平故宫太和殿举行受降仪式,日本华北方面军司令官根本博中将向第十一战区司令长官孙连仲将军递交了投降书。10月18日,负责北平地区受降的第九十二军军长侯镜如到达北平,20日接管了城内防务。

五、北平和平解放

北平的爱国民主运动

抗战胜利后,国民党政府在美国帮助下抢夺抗战果实。1945年8、9月间,国民党军、政接收大员陆续抵达北平。9月,恢复了北平市的名称,废除了燕京道的建置。

在抗战之后短短的三年内,北平政治形势的变化,对于全国革命的进程具有重大的影响。战后不久,在北平就发生了持续不断的爱国民主运动,主要有反甄审斗争、抗暴运动、反饥饿、反内战、反迫害运动等等,均以学生运动为主体。

以"沈崇事件"为导火线的抗暴斗争是运动高潮的起点。1946年12月24日晚,美海军陆战队皮尔森在东单广场的美军兵营附近强奸北京大学女生沈崇。消息传出,立即引起强烈反响,12月30日,北京大学、清华大学、燕京大学等校学生举行万人大游行。这一抗议美军暴行的正义行动得到全国人民的响应,形成了解放战争时期爱国民主运动的第一个高潮。

以1947年"五二〇"游行和1948年"四月风暴"为标志的反饥饿、反内战、反迫害斗争是爱国民主运动的高峰。蒋介石国民党政府完全陷于孤立。

平津战役和北平和平解放

自从1946年6月蒋介石发动内战以来,人民解放军经过八个月的艰苦作战,粉碎了国民党军队向解放区的全面进攻,并于1947年

7月开始转入战略反攻。

1948年11月底,东北野战军从古北口、喜峰口和山海关迅速隐蔽入关。12月5日,与华北野战军联合发动平津战役。从12月上旬起,人民解放军先后攻克了密云、怀柔、顺义、昌平、通县、石景山、门头沟、大兴等县城和地区,中旬完成了对北平城区的包围。北平解放已指日可待了。

但北平是一座文化古城,有众多的历史文物,还有密集的200万市区人口。为了保护古城的历史文化遗产和人民的生命财产,根据中共中央军委的指示精神,解放北平立足于军事进攻的胜利,但是尽可能地争取用和平的方式解决。

当时重点是争取傅作义起义。经过三次艰苦的谈判,1949年1月19日,解放军平津前线司令部作战处处长苏静同傅作义代表王克俊、崔载之、阎又文等草拟和平解放北平的协议。协议书内容规定:1月22日上午10时起双方休战;双方派员成立联合办事机构,处理有关军政事宜;城内部队开到指定驻地实行整编,解放军入城接管等。为了消除国民党部队与机关人员心理上的疑虑,之前还特地制定《入城纪律守则十四条》,由中共中央军委批准发布。随后由解放军一方叶剑英(主任)、陶铸、戎子和、徐冰和傅作义一方3人组成联合办事机构。1月22日,华北"剿总"司令傅作义最终在《关于和平解决北平问题的协议书》上正式签字。随后驻北平的国民党军华北"剿匪"总部2个步兵团、8个军部、25个师,连同其他国民党部队共约二十余万人接受和平条件,出城改编为人民解放军。1949年1月31日,北平宣告和平解放,这座驰名中外的文化古城完整无损地回到了人民的手中。

自 学 指 导

教学要求:

通过本讲的学习,要求学生从整体上了解1860年第二次鸦片战争到1949年北平和平解放期间北京地区历史发展的概况。在这近百年的历史进程中,北京走过了一条由封建帝都逐步成为半殖民地半封建国家的统治中心,继而又一度降为北方的政治、军事中心的历程。同时,各阶层民众为拯救民族的危亡,发动了一系列声势浩大的民族、民主运动,沉重地打击了中外反动势力。穿过黎明前的黑暗,古老的北京终于迎来了新曙光。

重点难点提示:

本讲重点内容为外国军事力量三次侵入和占领北京,使北京一步步沦为半殖民地、殖民地化城市;以及人民大众为反抗中外反动势力而爆发的一系列爱国的民族、民主运动。其中1860年英法联军攻入北京;1895年至1898年戊戌维新运动;1900年义和团运动和八国联军侵占北京;1912年宣统退位及北洋军阀政府建立;1916年袁世凯称帝;1917年张勋复辟;1919年五四运动;1937年"七七"卢沟桥事变;1949年北平和平解放等,是这个时期发生的具有重大影响的事件。难点内容包括:1.中外政权在北京地区设置的半殖民地、殖民地化性质的行政区划和机构;2.代表着各派政治势力的政权频繁更替;3.外国军事力量三次侵占北京的过程及其后果;4.五四运动及其意义;5.旧民主主义革命和新民主主义革命的区别和评价。

名词解释:

英法联军攻占北京 辛酉政变 东交民巷使馆区 公车上书 百日维新 戊戌政变 京师义和团运动 八国联军攻占北京 宣统退位 洪宪帝制 张勋复辟 五四运动 三一八惨案 李大钊 卢沟桥抗战 宋哲元 平郊抗日根据地 傅作义 北平和平解放

思考题:

1. 北京半殖民地、殖民地化的演变过程。
2. 戊戌维新运动在京师的开展及其影响。
3. 京师义和团运动的爆发及后果。
4. "五四"运动及其意义。
5. 北平地区抗日斗争的基本内容。

6. 实现北平和平解放的目的、可能性及其历史意义。

参 考 文 献

王均著:《清末民初北京的政治风云》,北京出版社,2000年。
张宗平著:《浴血卢沟桥》,北京出版社,2000年。
尹钧科著:《北平的和平解放》,北京出版社,2000年。
北京大学历史系《北京史》编写组:《北京史》(增订版),北京出版社,1999年。

第六讲 北京的宫殿、园林

一、故　宫

　　北京故宫又称紫禁城,是明清两代封建王朝的皇宫,位于今北京市旧城的中心。它始建于明永乐四年(1406年),建成于永乐十八年(1420年),距今已有600年的历史。它是现在中国以及世界上规模最大、保存最完整的帝王宫殿建筑群,1961年国务院公布为全国重点文物保护单位,1987年联合国教科文组织列入世界文化遗产的名录。

　　故宫紫禁城占地七十二万平方米,殿宇房屋九千余间,建筑面积约十五万平方米,紫禁城城墙周长三千四百余米,并有宽五十二米的护城河(俗称筒子河)环护,构成了一个坚固严密的防御体系。高大的城墙、雄伟壮观的城门城楼、玲珑精巧的角楼,使这一紫禁宫墙更加壮丽。

　　在介绍这一壮丽的故宫建筑之前,先简略回顾一下我国宫殿发展的历史。

　　宫殿是我国古代建筑中最高级、最豪华、艺术表现最高的一种类型。它们是历代奴隶主和封建帝王把大量的财富、最好的建筑材料、最高级的匠师、最精湛的技艺集中起来修造的,代表了当时建筑技术与艺术的最高水平。根据历史文献记载,大约在公元前20世纪,奴隶主即开始为自己修筑了宫殿,《史记·夏本纪》记载,禹"卑宫室,致费于沟洫",可知在此时已有了相对较高级的宫室出现。但由于当时限于生产力和技术艺术的水平,从今天的眼光看,其规模和艺术是十分简陋的。到了殷代末年(公元前12世纪)殷纣王大修宫苑,据史书记载:"南距朝歌,北据邯郸及沙丘,皆为离宫别馆",规模之大可以想见。朝歌即河南安阳殷墟,这处宫殿遗址曾经在数十年前进行过发掘,其中有不少土筑殿基,上置大卵石柱础,排列成行。柱础之上,有的还覆以铜"质"（即垫板）。除此之外，在中华人民共和国成立之后，又发现了不少殷和早周时期的宫殿建筑遗址，如湖北武汉盘龙城殷代宫殿遗址，陕西扶风、岐山早周（公元前11世纪）宫殿遗址等等。其院落式组合的平面布局与台基立柱等之构架，已奠定了后来宫殿建筑之基础。

春秋战国时期，由奴隶社会转入封建社会，社会生产力进一步提高。在诸侯竞相争霸的同时，对宫室的营建也不遗余力，并以此为夸耀。所谓的"高台树榭、美宫室"成了一时之风气。《史记·秦本纪》记载：别人看了秦穆公豪华、壮丽的宫室，慨叹说："使鬼为之，则劳神矣！使民为之，亦苦民矣！"现在这一时期的宫殿如齐临淄、赵邯郸、燕下都等处的遗址仍然历历可寻。

秦始皇统一六国后，大修宫殿，出现了历史上规模宏大的阿房宫，据《史记·始皇本纪》记载："三十五年，始皇以为咸阳人多，先王之宫廷小……乃作朝宫渭南上林苑中。先作前殿阿房，东西五百步，南北五十丈，上可以坐万人，下可以建五丈旗，周施为阁道，有殿直抵南山，表南山之巅以为阙。"由于前殿之宏伟，加之始皇之帝业，此后凡帝王之居皆称之为宫殿。"宫"指一组宫殿之全部，"殿"则指宫中的重要建筑。此后，汉长安之长乐宫、未央宫、建章宫，洛阳之北宫、南宫，殿阁楼台，离宫别馆，组成了规模宏大的帝王宫苑。再后自三国、魏、晋、南北朝迄于隋唐，帝王宫殿踵事增华；隋之仁寿宫，唐之大明宫、兴庆宫，北宋东京大内，辽、金、元之燕都宫殿，无不日益豪华壮丽。然而这些帝王宫殿，都在改朝换代的战火中付之一炬，或在王朝更替中毁坏。其原因是因为帝王宫殿乃王朝政权之象征，不毁去前朝宫殿不足以显示新王朝之威势。所以当元朝统治者自大都败逃之后，大都宫殿虽还完整无损，但明朝并不保存它。朱元璋特地派了工部侍郎萧洵前来北京拆毁大都元代宫殿。当时这位工部侍郎来到大都之后看到完整的宫殿时还十分欣赏，但又不能不把它拆毁。于是他专门写了一本《故宫遗录》来记录其盛况，成了今天研究元代宫殿的重要资料。

现在保存下来完整的帝王宫殿，仅仅有两处，一是北京的明、清故宫，二是沈阳的清故宫。北京的明代故宫是非常幸运才未被焚毁或拆毁的,主要是清王朝灭明以后采取了一个十分明智而又巧妙的办法,才得以保存的。当明朝末年农民起义军攻进北京,崇祯皇帝吊死煤山(今景山)的时候,宫中的后妃、太监、臣僚或降或逃或死,而全部的建筑却完整地保存了下来。清兵入关,攻下北京时,见巍峨的宫殿十分壮丽,起初也有拆毁之念,但经过慎重考虑之后,感到毁之可惜,非数十年工夫和大量的财力重建不起来,于是想出了一个妙法,即把原来建筑物上的匾额取下来换上一个新的就行了。例如把原来的皇城头道门大明门换成了大清门,把原来的承天门换成了天安门,把原来的奉天、华盖、谨身三大殿改成了太和、中和、保和三大殿。一座明王朝的皇宫顷刻间变成了清王朝的皇宫,免去了历代的焚烧拆毁,可称得上是一次极大的创举。另一处是沈阳故宫,它原是清朝入关以前的政权的宫殿。由于它本是清王朝"发祥"之地,当其统一了全国之后,自然很好的把它保存了下来,并且还增修了不少殿阁楼台等建筑。

北京明清故宫(紫禁城),四周有高大的城墙和护城河。自明永乐十八年(1420年)建成后,至今已有五百八十多年的历史。其间经过了明清两代24个皇帝的统治和居住。直到1924年末代皇帝溥仪出宫,才结束了作为帝王禁城的历史,并于1925年成立了故宫博物院。故宫建筑布局继承了古代帝王宫殿前朝后寝的传统格局,分作"前朝"和"内廷"两部分。外朝以太和、中和、保和三大殿为中心,东西分列文华、武英两殿是皇帝日常朝会召见群臣和举行庆典的地方。内廷以乾清宫、交泰殿、坤宁宫为中心,两旁分列东西六宫,其后又有御花园,为皇帝处理日常"政务"和后妃、皇子们居住、游乐、礼敬神佛之处。在中轴线的两侧,慈宁宫、寿安宫、皇极殿、养心殿等是专为皇太后、太上皇等养老的宫殿。整个禁城的建筑,金碧辉煌,灿烂绚丽。

沈阳故宫,原称盛京宫阙,始建于后金天命十年(1625年),崇德元年(1636年)基本建成,清顺治元年(1644年)世祖在此称帝。清朝入关占领明代宫殿之后,称作奉天行宫,乾隆、嘉庆时又增建了部分建筑。沈阳故宫占地六万多平方米,有房屋三百余间。沈阳故宫的建筑布局分为中、东、西三个部分。中路称作大内宫殿,仍继承了前朝后寝的制度,前面崇政殿为主体,是皇太极处理军政要务,接待使尼宾客、臣僚之所。前为大清门，左右有飞龙、翔凤二阁和廊庑对峙。殿后自凤凰楼以后为寝宫，以清宁宫为主，两旁有关雎宫、永福宫、麟趾宫和衍庆宫等宫殿建筑。东路是沈阳故宫中独具风格的部分，其布局与中原传统的层层院落方式迥然异趣。后部正中是一座八角形的大政殿，其前左右分列共十个方亭，为八旗军兵制度八旗大臣和左、右两翼王办公议事之所，反映了早清王朝的政治军事制度情况。西路则是乾隆时期所修建，主要建筑有文溯阁、仰熙斋、嘉荫堂和戏台，是专为收藏《四库全书》和清帝们来盛京(沈阳)时读书看戏之所。沈阳故宫建筑，不仅在建筑布局上有其特点，而且在彩画、雕刻等方面都有浓厚的东北地区的地方风格，反映了我国多民族建筑文化的特点。

现将北京明清故宫的主要情况作一简要介绍。

明清北京故宫是三千年王城帝京规划理论完整保存的孑存实例

距今三千年，我国就有了城市规划的理论，《周礼·考工记》上记载的匠人营国(国即都城)"面朝后市、左祖右社"的制度在两千多年的帝都王城规划中，不断经营实践。元大都彻底遵循古制加以实现，到了明朝就更加完善了。现在元代宫殿遗址都已不存，而明清故宫则与宗庙、社稷完整地保存了下来，实在难得。孑存三千年帝都规划发展的实例极为可贵，在世界上也是绝无仅有的。

明清北京宫殿是北京帝都规划的中心，全国最高权力的集中点

中国古代社会的发展进程中，到了封建社会，权力高度集中。表现在城市规划和建筑上，都把统治者的宫殿衙署布置在最显要最中心的位置，以体现其权力的最高点。整个北京城的规划充分体现了这一思想。南北和东西两条中轴线，相交于紫禁城外围墙皇城的正门(天安门)前，外城、内城、皇城、紫禁城四重高大坚固的围墙把宫殿重重保卫起来。一座规模宏大、布局严整的宫殿建筑群端庄稳坐在南北长达7.8公里的中轴线核心位置之上。因此，在谈到故宫的时

候,不能把它与整个北京城分割开来。特别是皇城实际上就是故宫紫禁城的外院墙,也应是紫禁城宫殿的一部分。皇城内的西苑(北海、中海、南海)是禁苑,帝王后妃们专用的游乐之地,景山、大高玄殿也都是宫中祭祀敬神的庙观,皇史宬则是皇家档案库,太庙、社稷坛更是皇家祭拜祖先和社稷最为尊贵之所。此外还有众多的寺观庙宇和专为供应内廷的作坊、局、库等等也都在皇城之内。因此,紫禁城原来就离不开皇城,现在也不应与之分割。

因此在介绍紫禁城故宫之前,先介绍上面两点情况。

紫禁城宫殿的功能和建筑布局

任何一座建筑,都是根据它们的使用功能和需要而安排布局,并按照建造者当时的经济基础与建筑材料以及科技水平而兴造的。故宫当时的主要功能大要有三:一是全国统治的中心;二是皇权的象征;三是帝王之家,帝后嫔妃和王子王孙们以及服务人员等居住生活的地方。整座紫禁城宫殿的平面布局、建筑形式、建筑结构、内外装修、陈设以及砖木石雕、彩画裱糊等等莫不以满足全国统治核心、皇权至高无上和帝王之居的生活、享用而规划设计。这里贯穿了一个统治思想核心内容的"礼"——君臣父子、老幼尊卑封建社会的秩序。这种封建社会中等级观念的思想随处可以看到。例如在故宫中管理国家军机大事和行政大事的军机处与九卿房,都是最高官员办最重要事情办事的地方,然而它们的建筑位置和建筑体量的规格却是那样的矮小,与太和殿、乾清宫等比较起来真是天渊之别。这正是以建筑来体现帝王之尊,皇权至高无上的手法。其他像各种建筑的体量大小、屋顶形式、琉璃瓦饰、彩画制度、室内外装修陈设等等,也都体现出在紫禁城内等级森严的制度,就连帝王家族本身的后妃、王子们也不能逾越的。

关于紫禁城内建筑的具体布局情况,按照礼制传统和功能要求,可分为两个方面:

1. 前朝三大殿

在城市规划上,面朝后市的制度已相传了三千年,采用前朝后寝的宫殿布局时间可能更早。这是由于传统的生活习惯逐步形成的,就连宅第民居也是如此,前部是迎客礼宾和应对活动的地方,后部是家庭眷属起居生活的地方。故宫建筑正是这一悠久传统的最高体现。

故宫建筑除了以皇城正门天安门经端门到午门的前导系列恢宏高楼广场之外,自午门内开始,分为前三殿(前朝)和后三宫(后寝)两大主体部分,在它们的周围又有许多陪衬、关联的大小建筑群和单体建筑物,都是以上朝听政和起居生活功能来安排的。

前三殿即太和、中和、保和三大殿,位居紫禁城故宫的中心轴线上,是故宫中位置最为突出,体量最大,建筑规制最高的建筑组合体。三大殿前后分立于高大的工字形汉白玉石台基的中央,白石栏杆层层环绕在台基的周围,衬托着朱柱红墙,金碧彩画,琉璃屋顶的大殿,不仅雄伟壮观的建筑艺术达到了高潮,皇权象征也达到了顶峰。

这里还要注意的是,进了午门之后,又以一个广阔的广场作为前奏引向紫禁城建筑的高峰——皇权象征高点的三大殿。

太和殿(明代称奉天殿)(图6-1)是三大殿的主殿。面宽十一间,是故宫中规制最高,体量最大的单体建筑,而且在全国古建筑大殿中也是第一。太和殿明代称奉天殿,是举行朝贺大典的地方,礼仪

图6-1　太和殿

十分隆重,先要把宝座、御案、香案、乐器、卤簿仪仗等摆好,届时击鼓、鸣鞭、奏中和之乐,然后进表、宣表、致词……跪拜、三呼万岁,最后皇帝降座回銮(中和殿)。

太和殿的内部,高大雄伟,金碧辉煌。正中高台上安放着金漆蟠龙宝座和金漆雕龙围屏,大殿正中六根巨大的沥粉贴金的金柱支撑着大殿中心,围护着宝座周围,构成了皇权至高无上的交点。宝座顶上的巨大金漆雕龙悬珠藻井构成了与宝座上下辉映的亮点。在宝座前面的两旁,还有鼎式香炉、神鸟异兽、仿古彝器等等吉祥长寿、国泰民安的陈设。所有高贵华丽的建筑、装饰与陈设都为太和殿和宝座这一至高无上皇权的交点而极尽能事。

在太和殿的外面,有一个宽广的大月台,谓之丹墀,上面陈列着日晷、嘉量、铜鼎、铜龟、铜鹤等等象征着江山永固、皇帝万寿无疆的寓意。每当大典之时,鼓乐齐鸣,铜铸香炉龟、鹤之内喷发出的香烟缭绕,一片天上人间的神秘景象。

在太和殿的台阶之下,是一片宽阔的广场,这里又是一番显示至高无上皇权尊严的壮观景象。每当举行大典时,文武百官都要在广场上集合,按照摆好的铜铸"品级山"的标志,分正一品、从一品至九品十八班依次站好,然后进行典礼仪式。

中和殿(明代称华盖殿)为三大殿的中殿,是在太和殿举行大典时作准备过渡的地方。建筑体量虽小,但在形制上却采用了四角攒尖顶的形式,使三大殿的立体形象发生了艺术的变化,甚为可贵。

保和殿(明代称谨身殿)是三大殿的后殿。面宽九间重檐歇山顶,曾作过除夕、元宵宴请外藩、王公贵族、文武百官和殿试之用。这里最出名的是殿后下台阶的一块长16.57米,宽3.07米,厚1.7米,重约250吨的"九龙瑞云,寿比福海"大陛石。用整块汉白玉雕成,极为壮观。在故宫、在全国都是绝无仅有。(图6-2)

在太和殿的东西两侧还有两组重要的建筑群,东面为文华殿,西面为武英殿。文华、武英两组建筑均为工字形平面,四周红墙围护。文华殿为经筵讲学之地,清乾隆时编纂的四库全书第一套就藏在专门为之修建的文渊阁里。文渊阁的周围布置着假山、水池,古木参天,环境极佳。武英殿曾经作过修书印书的场所,在武英殿东侧有一

图 6-2 保和殿后大陛石

座跨于内金水河上的断虹桥,还是明代初期的建筑,在故宫中已不多见。

2. 内廷后三宫

从三大殿高大白石台基之后下来,有一个东西宽广的庭院,这里即是前朝和内廷的分界处。后三宫主体建筑为乾清宫、交泰殿和坤宁宫。在它们的东西两侧又有东西各六个宫院相连,因而被称为三宫六院。

乾清宫 是后三宫的主殿,其前的乾清门是一个非常重要的地方,既是前朝与内廷分隔的地方,又是国家军机、行政要事与皇帝等候决策之处,军机处和九卿房的低矮房屋就在门前东西红墙下。进乾清门后一条石栏甬道通向乾清宫大殿。乾清宫虽然是后宫,但其重要性在实质上不亚于太和殿,它是皇帝居住和日常处理政务的地方,宫内宝座上方悬挂一块"正大光明"匾额,曾经是皇帝立储君选择接位人的地方。在乾清宫大殿左右两侧台基下,陈设了两个雕刻十分精致,工艺非常精美的石座金亭"江山"、"社稷",象征国家疆土与政权的巩固。在乾清宫里,明清两代王朝多少兴衰成败的大事在这里发生过,明朝末代皇帝崇祯就是从这里出逃到煤山(景山)上吊自尽的。

交泰殿 是后三宫的中殿,清代封皇后的礼仪在此举行,这里保存了25颗代表皇权的印玺,还有铜壶滴漏和自鸣钟等珍贵文物。

坤宁宫 为内廷后三宫的后殿,明代为皇后居住之处,崇祯吊死煤山,皇后亦自缢于此。清朝康熙、同治、光绪的大婚之礼都在此举行。

在内廷三宫的东西两侧分列着由十二个院落组成的东西六宫,是嫔妃们居住的地方,有的皇后(如慈禧)也居住过。东六宫为钟粹、承乾、景仁、景阳、永和、延禧,西六宫为储秀、体和、翊坤、咸福、长春。

在乾清宫的两侧还有一处非常重要的建筑养心殿,始建于明代,清康熙把它作为书房,雍正以后历代皇帝都常在此居住,并处理日常政务。很多军政大事在此讨论。慈禧太后在此垂帘听政。这里还有"三希堂",是乾隆得到王羲之、王献之、王珣三件书法珍品收藏的地方。

3. 帝后退位养老宫殿

在紫禁城宫殿中有一批太后、太妃、太嫔们养老的建筑。在制度上,皇帝驾崩后,后妃们都退位,需要养老,因而需要有住所,占了不少面积。惟一的特例是乾隆本人不是驾崩而是自己预先就准备退位,他精心准备了养老之处,修建了宁寿宫,占了紫禁城中一大片面积,也是现存故宫中一处重要的宫殿建筑群。

4. 紫禁城宫殿花园

历代帝王无不重视游赏玩乐之事。从殷周秦皇汉武到唐宗宋祖莫不如此,他们不仅建了许多离宫别馆,而且在宫中也分别建了许多御苑园林。在故宫中有四处较大的园林,它们是御花园、慈宁宫花园、福建宫花园和宁寿宫花园(乾隆花园)。文渊阁旁边也布置了水池山石,林木葱葱,独具一格。在各个宫院之内也多布置一些露陈、盆栽花木等以美化宫院环境。(图6-3)

图 6-3 千秋亭

5. 供神敬佛之宫观佛堂

历代封建帝王为了祈求神仙佛力的保佑,除了利用神佛教义进行统治之外,他们自己也要求神灵的保佑。他们不仅在全国名山大川敕建许多佛寺道观,而且在宫中也修建宫观佛寺佛堂。在故宫中最重要的是御花园中的钦安殿,也是故宫中惟一保存最大最完整的明代建筑。慈宁宫的大佛堂保存了一套完整的元代粗品佛菩萨像。大佛堂之后的雨花阁,三层楼四角攒尖金龙爬脊顶,高出于宫院群中,为紫禁城内增添了一处造型独特艺术形象突出的美景。

6. 紫禁城四门及四角楼与护城河

安全保卫是所有的古代州郡府县、王侯封藩政权机关至为重视的,天子帝王更是如此。北京帝王之居除了修筑内城、外城、皇城予以层层设防之外,还特别修筑了工程质量最佳的紫禁城城墙和深宽的护城河保护起来。护城河(筒子河)周长 3800 米,宽 52 米。紫禁城城有四门,南面正门名午门、北门名神武门(原名玄武门)、东名东华、西名西华。四门之上均有高大的城楼,极为壮观。最为精巧的是紫禁城四角的角楼,九梁十八柱七十二条脊十字屋脊溜金宝顶,金碧彩画,黄琉璃瓦,白石台基,高耸城角之上,使这一紫禁高墙增添了玲珑壮丽的形象。四门中尤以午门的体量最大,形象最为壮观,由五个屋顶与楼屋相结合组成,平面呈倒"凹"形,俗呼之为五凤楼。每逢朝会大典均要在楼上鸣钟击鼓,以壮声威。每逢战胜班师回朝,皇帝都要在正楼上行受俘礼。此外还有许多重要仪式也都在此举行。

在紫禁城中还有许多重要的建筑,限于篇幅在此不能一一列举。

二、西苑三海

北海

北海位于北京城内故宫和景山的西面,是北京城内最为精美的一处帝王宫苑,也是我国现在保存历史最长的一处规模宏扩、布置精美的古代园林杰作。它不仅表现了我国古代造园艺术和建筑艺术的成就,而且也已经成了今天北京广大劳动人民和许多国内外来宾游览参观休息娱乐的好地方。

北海公园有着非常优越的自然条件和许多精美的建筑文物,这是800年来历代的劳动工匠们用辛勤的劳动和卓越的智慧逐步创造起来的。但是在过去漫长的年代里,一直被封建统治者所占据,成为"禁苑"的一部分。直到辛亥革命,推翻了封建统治者才公开开放,让人游览。

1. 北海的历史

北海的历史可以溯源到九百多年前的辽、金时代,从那个时候起,它即成了帝王宫苑的一部分。辽、金时代,这里尚在当时都城的东北郊外;到了元代,始以这里为中心营建大都,称作万寿山太液池;明、清两朝,这里属于西苑的一部分。北海这个名称是因为与中海、南海三海分称而得名,乾隆时期御制《悦心殿漫题》云:"液池只是一湖水,明季相沿三海分。"可知在明代即已有三海的分称了。

10世纪初,西辽河上的契丹族占据了唐代的蓟城,定为陪都,称作南京(或燕京),那时南京城的位置还在今北京城的西南角上。北海这里由于有小山、水池等自然条件,已被辽代的封建统治者选择为游玩的地方了,称之为瑶屿,传说岛屿之巅曾有辽太后的梳妆台。但是,当时这里很可能还只是一处位于郊外自然风景较好的地点,人工建筑与设施还是比较少的。由于历史文献不多,遗迹久已不存,当时的情况已不容易查考了。

　　金代的琼华岛　1153年,金代统治者完颜亮正式建都"中都",都城的位置差不多在辽南京的位置上。由于琼华岛的自然条件和辽代的基础,同时又在中都近郊,便于游览享乐,统治者们于是便大事经营,建筑了精美的离宫别馆。金代的历史文献上记载:"京城北离宫有大宁宫,大定十九年(1179年)建,后更为宁寿宫,又更为寿安。"(《金史·世宗本纪》)明昌二年(1191年)更为万宁宫,京城北离宫有琼林苑,有横翠殿、宁德宫,西园有瑶光台,又有琼华岛,又有瑶光楼。(《金史·地理志》)从这些记载上得知,在金代,北海已经成了封建统治者的离宫,宫殿、园苑等建筑不少,其布置情况当以琼华岛为中心,围绕海子建造离宫别馆。金代对于琼华岛的布置修建已经进行了不少工作,由于北方缺乏太湖山石,传说还特别去汴京拆除了宋徽宗所营筑的万寿山艮岳的太湖山石,运到这里来布置琼华岛。并且还有这样一个传说:金代统治者当时迫使南方和中原地区的人民把粮食缴运到中都,但是为了拆运汴京艮岳山石,可以折合粮食,因此,人们把琼华岛这种山石称之为"折粮石"。由此可以想见金代统治者大力经营琼华岛的情况。

　　元代的万寿山太液池　1215年,元代统治者攻陷了金王朝的中都,到忽必烈至元四年(1267年),由于全国逐步统一,便决定在金中都的东北郊重建新的都城,命名为大都。大都的规划与建设即是以金的琼华岛海子为中心,在它的东西修建大内与许多宫殿。于是这里便由辽金时代的郊外苑囿,变成了包围在城市中心宫殿内部的一座封建帝王的禁苑,称之为"上苑"。至正八年(1348年)赐名万寿山(亦有称万岁山的),池名太液池。关于元代万岁山、太液池的情况已有不少详细的记载,而且有实物为证,比较容易了解当时布局的情况了。

　　关于元代太液池、万岁山的情况,陶宗仪在《辍耕录》中描写得比较详细：万岁山在大内（即今故宫位置）的西北，太液池的南面，其山皆用玲珑石作成，峰峦隐映，松桧隆郁，秀若天成。并且把金水河的水引到山后，转机运戽斗，汲水至山顶，从石龙嘴流出，注入方池，伏流至仁智殿后，水从昂首石刻蟠龙的嘴中喷出（即人工的喷泉），然后再从东西两面流入太液池内，山顶上有广寒殿七间，山半有仁智殿三间，山前有白玉石桥长二百余尺，直达仪天殿（即今团城）的后面。桥北有玲珑山石，拥木门五道，门皆为石色，门内有平地，对立日月石，西有石棋枰，又有石坐床。平地的左右两面皆有登山路径，萦纡万石中，出入于洞府，宛转相迷。山上的一殿一亭都自各构成了美景。山之东有石桥长 76 尺，阔 41 尺半，桥上有石渠，即是用以载金水而流至山后以汲于山顶的桥。又东为灵囿（《金鳌退食笔记》称即今景山），奇兽珍禽在焉。

万岁山上的建筑很多，广寒殿在山顶，面宽 7 间，东西 120 尺，进深 62 尺，高 50 尺，重阿（重檐）藻井，文石甃地，四面琐窗，室内板壁满以金红云装饰，蟠龙矫鬈于丹楹之上，殿中还有小玉殿，里面设金嵌玉龙御榻，左右列从臣坐床，前面架设一个巨大的黑色玉酒瓮，玉瓮上有白色斑纹，随着斑纹刻作鱼兽出没于波涛之状，其大可贮酒三十余坛。殿的西北有侧堂一间，东有金露亭，亭为圆形，高 24 尺，尖顶，顶上安置琉璃宝顶。西有玉虹亭，形状与金露亭相同。在金露亭的前面，有复道（即爬山走廊之类）可登上荷叶殿、方壶亭。又有线珠亭、瀛洲亭在温石峪室的后面，形制与方壶亭、玉虹亭相同。在荷叶殿的西面有胭粉亭，为后妃添妆之所。

仁智殿在半山之上，3 间，其东有介福殿，亦是 3 间，东西 41 尺，高 25 尺。仁智殿的西北尚有延和殿，形状与介福殿相同。介福殿前即是马重室，为牧人的住所。延和殿前有庖室 3 间；马重室前东侧为浴室。万岁山东西山脚平地上为更衣殿，3 间两夹室，为帝后来此登山更衣之所。万岁山元代布局的情况大致就是如此。

从以上的记载中可以看出元代北海的布局情况，即是以琼华岛为中心，布置各种建筑物。除太液池的北岸建筑物较少，尚具自然成分较大外，基本上已与现在的情况差不多了。

明、清的西苑 三海因为在明、清两代王朝的皇宫之西，故称西苑,北海为西苑的一部分。明代初期的建筑布局仍然与元代相去不远。永乐十五年(1417年)改建皇城,将元代的故宫包括于内,于是西苑即成了皇城的西半部了。明代初期对西苑的修缮仍然大多是就原有建筑物加以修理使用。如《宣宗实录》中有宣德八年(1433年)对琼华岛广寒殿、清暑殿施工的记载:"今修葺广寒、清暑二殿及琼华岛。"《宣宗万岁山记》一文中也说:当年他在永乐年间随太宗文皇帝来登万岁山,永乐帝曾经告诫他利用旧物,不要大事兴建,此次"比登兹山,顾视殿宇岁久而弛,遂命工修葺"的。到了英宗天顺年间,遂逐渐大加修缮,如天顺四年(1460年)即在琼华岛、太液池内新添了许多建筑。《英宗实录》说:"天顺四年九月丁丑,新作西苑殿、亭、轩、馆成。苑中旧有太液池,池有蓬莱山(即琼岛),山巅有广寒殿,金所筑也。……上命即太液池东西作行殿三,池东向西者曰凝合,池西向东对蓬莱山者曰迎翠,池西南向以草缮之而饰以垩曰太素……有亭六,曰飞香、拥翠、澄波、岁寒、会景、映晖。轩一,曰远轵。馆一,曰保和。至是始成。"到了这个时候,北海的太液池东、西、北岸的建筑逐渐增多起来,明代西苑北半部的规模到这时已经形成了。这时北海的情况可从明李贤、韩雍《赐游西苑记》得知一般。李贤《赐游西苑记》中写道:"天顺己卯(1459年)首夏月吉日……过石桥而北曰万岁山,怪石参差,为门三,自东西而入,有殿倚山,左右立石为峰以次对峙。两腋迭石为磴,崎岖折转而上,崖洞非一,山畔并列三殿,中曰仁智,左曰介福,右曰延和,至其顶有殿当中,栋宇宏伟,檐楹翚飞,高插于层霄之上,殿内清凉,寒气逼人……曰广寒。左右四亭在谷峰之顶,曰方壶、瀛洲、玉虹、金露,其中可庋而息,前崖后壁夹道而入,壁间四孔以纵观览,而宫阙峥嵘,风景佳丽,宛如图画。下过东桥,有殿临池,曰凝和,二亭临水曰拥翠、飞香;北至艮隅,见池之源,云是西山玉泉逶迤而来,流入宫墙,分派入池;西至乾隅,有殿用草,曰太素,后草亭,画松竹梅于上,曰岁寒门。左有轩临水曰远趣,轩前草亭曰会景;循池西岸南行数弓许有殿临池,曰迎翠,有亭临水曰澄波。东望山峰倒醮于太液波光之中,黛色岚光,可掬可挹,烟霭云涛,朝暮万状。"(按:此游记年月早于《英宗实录》所记一年,而其中所提主要殿宇已经有之,可能系前一年已经大部完成,后一年始全部完成予以实录的。）

从上面的记载中可以看出明代盛时北海的建筑情况，琼华岛的建筑大致仍与元代万岁山差不多，但在东西北岸已增添了不少的建筑物，池的沿岸得到了很大的发展。

清代的北海，较之明代在总的范围上虽然仍旧规模，但在建筑物方面却有了比较大的变化。最显著的变化有两次，一次是顺治八年（1651年）将琼华岛山顶的主要建筑广寒殿和四周的亭子等拆除，建筑了一个巨大的喇嘛塔（即今天北海的白塔）和寺庙，并将万岁山称作白塔山。另外一次大的变化即是乾隆年间的增建，特别是在琼华岛的北山和北海东北岸，添建了许多建筑物，又增添了不少内容。关于白塔山的建筑情况，在永安寺天王殿后现存乾隆年间所刻白塔山总记和塔山四面记中已记述得非常详细，北海东北岸的建筑情况在《日下旧闻考》中已有记录，从现在北海建筑的情况看来，可以说绝大部分还是乾隆时代扩建后的规模，因此也可以说现在的北海除部分改变之外（如阐福寺和小西天部分建筑被毁，先蚕坛已改变等），绝大部分还保存着清代盛时规模。

辛亥革命以后，封建统治者虽然被推翻，但是北海仍然被军阀所占据，经过了五六次的筹划开放，历时六七年，至民国十一年（1922年）十一月始行公开开放。但是园内建筑物处处都是破壁颓垣，荒凉满目。直到1949年北京解放，北海才真正回到人民的手中，人民政府立即对污积了一百多年的海底污泥垃圾进行了疏浚清理，使海水清澈流畅，并逐年对琼华岛和沿岸的许多古建筑进行修整，培植了树木花草。现在，每当春日，园内百花盛开，满园春色，游人络绎不绝；夏秋，游船如织；冬日，在园内辟有冰场。每逢节日还在海面流放荷灯，举行盛大的游园晚会，一年四季接待着千千万万的游人，北海公园已成了北京城内最大的一处劳动人民游览休息的场所。

2. 北海的园林布局与重要建筑物

北海与中南海一起共同组成了北京城内最大的一处风景地区，其中琼岛的历史最为悠久，更是三海中的重点。北海历辽、金、元、明、清数代，皆为帝王宫苑所在，着意经营，在园林布局上有很大的成就。这里具备有很好的自然条件：北海正处于燕山西北环抱的一块平原的中心，从西山、玉泉山的金水河流到这里形成了一个较大的湖泊。在这个平原上有了这一块巨大的水面，湖中又有小山，是很难得的造园条件，而且又离辽代南京和金中都城的东北不远，所以在九百多年前辽金时代就被选作郊外的离宫了。元代的统治者对这里更加重视，觉得在郊外还不能充分利用这个地方，就把首都搬到这里来，皇宫的布局即以太液池为中心。明清两代仍然是宫中的禁苑。历代之所以这样重视这里，正是因为有了这样一片水面和小山的缘故。因为中国园林中如果没有水和山是无法布置的，山还可以人工堆筑，而要较大的水，在古代则是人工难以办到的。古代造园建筑匠师们充分地利用了这样有利的自然条件，精心布局，经过了许多代劳动人民的辛勤劳动才完成了今天北海公园园林的规模。因此，这处园林也可以说是几百年造园经验积累的成果。

北海园林总的布局继承了我国古代造园艺术中的在水中布置岛屿，沿着池岸布置建筑物和风景点的传统手法。全园面积共70多万平方米，水面占了一半以上，眼界开阔，这是城市内部园林很难有的条件。琼岛耸立于水面南部，以高耸的白塔、玲珑的山石和各种建筑物组成一个整体。东、南两面用石桥与岸边有机地联系在一起，并且还与东面的景山、故宫互相辉映，构成了一大片壮丽景色。明人的游记中就曾写道："东望山峰倒影于太液波光之中，黛色岚光，可掬可挹。"我们今天站在北海的西岸向东南望去，的确可见远处的景山五亭倒影水中，若飘若动，更增添了北海的景色，这也是我国古代造园艺术中借用外围景色的传统手法之一。

至于沿岸的建筑，则有濠濮涧、画舫斋、镜清斋、天王殿、五龙亭、小西天等，或断或续，有的隐蔽于翠绿林中自成一个格局，有的面临池面，有的突出于水中。建筑的形式有亭、台、楼、阁、水榭、游廊，变化不一，而且互相联系搭配，充分显示了中国古代建筑与园林布局相结合相互增辉的成就。

北海公园主要的园林建筑点有如下几处：

琼岛

琼岛即是辽代的瑶屿，金代的琼华岛，元代的万岁山（或称万寿山）。明、清时期，琼华岛、万岁山间或并称，自顺治八年（1651年）建造了白塔之后始有白塔山的名称。各时期的建筑情况在上面已经简略谈到，现在所存建筑的布局大要如下：

琼岛现存建筑大约可分为东南西北四面，其布局与乾隆《塔山四面记》中所述基本一致，南面是一组佛教寺院永安寺，作为中心建筑，过堆云积翠桥从山麓至山顶主要殿宇有法轮殿、正觉殿、普安殿和配殿、廊庑、钟楼、鼓楼等，均为清代建筑。寺的平面布局依着山形分为两段，中间以石磴道相连，在石磴道两侧布置山洞、隧道、假山、独石和碑楼、碑亭等，使寺庙建筑与园林密切地结合起来。永安寺的两旁自山麓均有爬山磴道迂回曲折而上，东侧有振芳（已毁）、慧日亭，西侧有一组较大的建筑悦心殿、庆霄楼，为封建统治者来此"理事引见"和观看风景的地方。南面山麓临水有双虹榭等建筑。从整个布局来看，琼岛的南面虽然建筑较多，但中心被永安寺占去，显得比较谨严，缺乏灵活感。

琼岛的西面自悦心殿而下，山势较陡，布置了一组琳光殿建筑，两旁山路曲折，间之以围墙圆门等，使整个气氛较富变化。在琳光殿的左面还引水布置一个小池，两岸山石嶙峋，山路环绕，但又与外面相联系。这里就是所说的"石桥锁其口，波与太液通"的地方。自琳光殿而右，沿山麓有半圆形围楼一座，即阅古楼，内部嵌存乾隆时模刻故宫中三希堂所藏自魏、晋以来著名的法帖碑版，阅古楼之后假山曲径与北山相连，又成一个风格。

琼岛的北山为假山和各种装饰点缀建筑物集中之处，怪石嶙峋，崖洞幽邃，忽而爬升山半，忽而直下山底，人行其间倍觉清凉幽静。北山建筑可分为临水与山崖两部分。临水建筑是以一带长廊和三组突出的楼阁为主，东自漪晴楼起，西至分凉阁止，沿着海岸建筑了一排双层的临水游廊，正中还以远帆阁（后为道宁斋），碧照楼（漪澜堂）和戏楼三组高起的楼阁作为中心，使游廊更富有变化。山崖部分的布置主要以假山为主，其间点缀着许多装饰建筑。西面自分凉阁而上有邀山亭、酣古堂、写妙石室、盘岚精舍、一壶天地、扇面房等，又有仙人承露盘耸立于假山之间，又有得性楼、延佳精舍、抱冲室等等楼阁台亭和各种形状不同的建筑物，这些建筑均与假山隧洞密切配合成为一个整体。根据历史发展的情况看，琼岛北山在早期的建筑物比较少,自然景色较多,现在这些假山和建筑物应是明清以后,特别是乾隆以后才布置完成的。

琼岛东山也是风景较佳之处。自金代即传称的燕京八景中的"琼岛春荫"即在山的东面,有乾隆时重写的"琼岛春荫"碑一通,栏干石座及碑首雕刻均极精美。沿着碑旁小路可上登至看画廊,游廊依山而筑,曲折萦回,人行其间观看周围景色,如在观看极为优美的图画一般。此外还有智珠殿、半月城和其他一些亭阁建筑。

塔山四面均有石梯山路可以通达山顶,山顶正中建喇嘛塔一座,由山麓至顶共高 628 米。塔的南面有琉璃小阁座,名为善因殿,左右有石梯上达殿前,可凭栏远眺故宫、景山、中南海的景色。远处的天安门广场、人民大会堂和许多高耸云端的新建高楼大厦与许多古老的建筑物交织成了一幅伟大首都的壮丽景色。白塔的后面则俯望广阔的海面,游船如织,波光云影上下流动,五龙亭、小西天、阐福寺天王殿等黄色琉璃瓦顶与古柏苍松和沿岸垂柳交相辉映,远处燕山如黛,又是一番美妙的景色。

沿岸的园林布局与建筑

北海沿岸的园林建筑布局在辽、金时代的情况已无从查考,估计当时的情况可能没有什么建筑。元代西岸是宫殿区,东岸与灵圃(今景山)相连,太液池中遍植芙蓉。明代则已有了许多临水亭殿了。现在的建筑大都为乾隆时期所留下的。其布局大体可分为两类:一类是临水的建筑,一类是隐蔽于岸边的小型建筑群。临水建筑又有伸入水中的(如像船坞、五龙亭等)和临水的建筑群(如天王殿、阐福寺、澂观堂、镜清斋等)。这些建筑虽然各抱地势,但彼此均有呼应。而海的东岸则采取了隐蔽的方式,把建筑物隐藏在土山、丛林之内,自成一个小区域,如濠濮涧、画舫斋等即是,但是这些地方处处又有路可通海岸,不是隔绝而是有联系的整体。

北海沿岸的主要建筑

濠濮涧 自琼岛东山过陟山桥往北,一带土岗自南而北伸展,濠濮涧即位于土山之后。涧系由海的东北角引水辗转经蚕坛、画舫斋而来,到这里成为一个内部水池,沿岸假山叠石非常玲珑秀丽,一道弯曲石梁横跨水面，桥北头还饰以石坊，桥南建临水轩室，旧额称为"壶中云石"。水轩内有游廊曲折而上，经山顶转至南面而下，非常幽静有致，尚有崇椒、岫云等堂殿与之相结合。游人从岸边辗转来到濠濮涧，好似另有一番境地，也可说是园中有园的一种表现方式。而其成功之处，不在于用围墙建筑隔开，而是以土岗、假山、树木等作为间隔的。（图6-4）

图6-4 濠濮涧

画舫斋 自濠濮涧而北，转过土山又有一组隐蔽于土山林木之间的建筑，即是画舫斋。前为春雨淋塘殿，四周廊屋环绕正中为一方形水池，画舫斋即为正面的一座临池殿阁。此外还有观妙、镜香、古柯庭、得性轩等建筑物，组成一个完整的院落。

出画舫斋而北，旧有蚕坛，因原来建筑早已不全，现已改观。沿海东岸建筑大体如此。

镜清斋 在北海的最北部，民国二年（公元1913年）始改称为静心斋，是北海公园中一处精美的园中小园。其前门正对着琼岛的中心，四周有墙围绕，而南面围墙用透空花墙使内外景色尚可隐约联系。墙外有鲜碧亭，亭紧贴墙上，实际乃为装点围墙之用的。镜清斋内部的园林布局亦是以水池、石桥、假山和亭、阁、堂、室所组成,建筑布局看去是互相间隔,但是有着明确的中轴线与分射点。西部进门为水池,对面有沁泉廊,贴墙回廊缘山而上,再从北面绕到东部而下,尚有鼍画轩、枕峦亭、画峰室等建筑。自假山之上俯览池中曲桥、回廊、亭、榭建筑与池水相映照,自是一番优美景色。

西天梵境 又称作天王殿,是一组精美的佛寺,面临北海正对琼岛。前有一精美的"须弥春"琉璃牌坊,后有三道琉璃门墙,进门有天王殿、大慈真如宝殿及琉璃阁等建筑物,大慈真如宝殿全部用楠木建成,琉璃阁为发券无梁殿结构,外面嵌砌五彩琉璃花饰与佛像,备极精美。

西天梵境的西面原来尚有一座建筑,但早已毁去,现在仅存五彩琉璃照壁一座,即是北海有名的九龙壁。九龙壁高 6.9 米,长 25.52 米,厚 1.42 米,全部用琉璃砖刻作烧制,两面刻九条五彩大龙,飞舞腾翔于波涛云气之间,非常生动优美,特别是色彩极为鲜艳,是我国琉璃工艺建筑中的珍贵作品。(图 6-5)

图 6-5 九龙壁

九龙壁之西有澂观堂、浴兰轩、快雪堂,再西即阐福寺,寺的大殿于民国初被烧毁,寺前即五龙亭。

五龙亭共有五个亭子,中为龙泽亭,东为澄祥亭,再次为滋香亭,西为涌瑞亭,再次为浮翠亭。龙泽亭为重檐圆顶,余四亭皆方顶。五亭互相有石桥相接,石桥婉转相连,跨于水面好似游龙行动。

在五龙亭西北的观音殿、万佛楼等组成一组宏壮的佛寺。观音殿为一巨大的四方形攒尖顶大殿,其四周引水为池,跨小桥于上,每面有琉璃牌楼一座,联以短墙,墙的四隅又有小亭各一,原来在观音殿内有八百罗汉山和仙山悬塑。观音殿之后的正殿已毁。

自观音殿南行,沿北海的西岸现在已无建筑保存了,但是在西岸观看东北岸的琼岛却是好的处所,远处的钟鼓楼和景山亭子均好像在岸边,增色不少。原来明代这里尚有迎翠殿、澄波亭,但现在早已不存在了。

中南海

中南海是中海、南海的通称,与北海同为明清皇家园林西苑的一部分。辽、金、元时期中海与北海同为太液池的范围。中海以金鳌玉蝀桥(即今北海桥)与北海为界,南海以蜈蚣桥与中海为界,水域均相通。

中海著名的景点有蕉园(图 6-6)、万善殿、紫光阁、水云榭等等。

图 6-6 中海蕉园

紫光阁位于中海的西北,明清帝王曾在此演武和宴请功臣百官。蕉园和万善殿均在中海的东北岸,每年农历七月十五在此举办"盂兰盆会",施放荷花灯。万善殿的东西两侧还有朗心楼、迎祥馆、悦心楼、集瑞馆等。在万善殿西门外水中有一个出水凌空的亭子式建筑水云榭,内立一块乾隆所书的"太液秋风"的石碑,为金代相传下的燕京八景之一的标志。

南海部分是明代增扩太液池而成,为明、清西苑三海中非常重要的景区。南门宝月楼(今新华门)面临长安街,最著名的景点为瀛台。东南西三面环水是南海的中心,四周波光云影岛上古木参天,有如海上蓬瀛,所以名之为瀛台。(图6-7)台的大门北向,有石拱长桥通向岸边。正门为翔鸾阁,重楼五间周回廊,甚是壮丽,门内为勤政殿及景星、庆云殿和绮思、藻韵楼,康熙、乾隆诸帝居园时常在此听政。岛上还有蓬莱阁、丰泽园、迎薰亭、八音克谐台等景点建筑。戊戌变法后,光绪皇帝被慈禧太后囚禁在瀛台,就居住在绮思、藻韵楼院内,十年后光绪帝就死在这里。在南海的东、西、北侧还有千尺雪、怀仁堂、海宴堂、石室等建筑和景点。尤以静谷之中的假山、铺路和亭轩建筑布局甚佳,特别是假山叠石水平甚高,尚是康熙时期原状,非常可贵。

图6-7 中南海瀛台

团城

团城在北海公园南门的西侧,位于北海、中海、金鳌玉蝀桥与故宫、景山之间,与这些宫殿园林互相联系,共同构成了北京城内最为优美的风景地区。

1. 团城的历史

远在八九百年前,团城与北海同时被辽金时代的统治者占为"御园"了,此时,它是琼华岛前面水中的一个小屿。当时的情况没有详细的记载,可能只有一些树木和小型的建筑物。到了元代,团城的记载已经比较详细,不但它的位置和形状,而且上面的建筑物的大小尺度也都有了记载。当时称作圆坻(即小岛),岛上主要建筑为仪天殿。小岛四周环水,东西有木桥与岸相连,陶宗仪《辍耕录》记载说:"仪天殿在池中圆坻上,当万寿山,十一瀛,高三十五尺,围七十尺,重檐圆盖,顶圆,台址瓷以文石,藉以花茵,中设御榻,周辟琐窗,东西门各一间,西北侧堂一间,台西向,列甓砖龛,以居宿卫之士。东为木桥长一百二十尺,阔二十二尺,通大内之夹垣。西为木吊桥,长四百七十尺,阔如东桥,中阙之,立柱架梁于二舟,以当其空,至车驾行上都,留守官则移舟断桥,以禁往来,是桥通兴圣宫前之夹垣,后有白玉石桥,乃万寿山之道也。"

从这段记载中,可以很清楚地了解元代仪天殿的情况。与现在比较,得知当时西部尚是水面,水上有木桥,东面现在金鳌玉蝀桥的位置是木吊桥,当时还没有城墙、垛口。仪天殿与今天的承光殿不同,是重檐圆顶的。

明代团城的情况与元代相较有了很大的改变,主要的变化是把西面原来通宫中的木桥填为平地,重修仪天殿并改名为承光殿,并且把岛屿周围用砖筑成圆形城墙,基本上已形成了今天团城的局势,但承光殿尚是圆形的,在明代韩雍的《赐游西苑记》、清初的《金鳌退食笔记》和其他许多文献中已有记载。韩雍的《赐游西苑记》说:"园殿观灯之所也,殿台临池,环以云城,历阶而登,殿之基与睥睨平,古松数株,耸拔参天。"

清代团城的情况在清初大部分保留了明代的样子,康熙七、八年间承光殿倒塌,康熙二十九年(1890年)重建承光殿,并且把圆殿改成了十字形平面的重檐四面歇山式的建筑,乾隆年间又进行了较大的修建之后,即成了现存的情况,在乾隆《日下旧闻考》中已有明确的记载。

2. 团城的建筑布局

团城为一近似圆形的城台,周围用砖垒砌,城面边缘砌作城堞垛口,东西两面辟门,有磴道上下,东为昭景门,西为衍祥门。城高5米余,全部面积约四五千平方米。

由昭景门或衍祥门进入,沿回旋砖磴道上升,可达于城面。磴道出口处有罩门各一间,单檐庑殿顶。城面正中即为承光殿,殿前有玉瓮亭一座,即乾隆十四年(1749年)所建以存玉瓮者。承光殿东西两侧有门楼两座即昭景、衍祥门楼。衍祥门在庚子八国联军侵入北京时为侵略军所毁,1953年由文化部照原样恢复,梁柱以钢筋混凝土代之,脊下有郑振铎所书重建题字。殿侧有东西庑各7间,殿后东为古籁堂、西为余清斋,均为3间单檐硬山式。余清斋西有回廊与沁香亭相通。殿后有沿着团城的边缘环列廊屋15间,名为敬跻堂。堂的东西因地势堆置假山,山上建亭,东为朵云亭,西为镜澜亭。廊屋、亭子、假山组成一组环状的园林景色,与琼华岛上的山石建筑遥相辉映。

承光殿　承光殿是团城的主要建筑。它的平面,正中为一正方形,在四面正中推出抱厦一间,因此便成了富有变化的十字形平面。南面正中有月台一座,三面均有阶梯可以上下。其余殿的东、西、北三面亦设阶梯,殿的月台周围及阶梯两旁砌以黄绿琉璃瓦宇墙以代石栏。殿的外观,正中为一重檐歇山大殿,抱厦单檐卷棚式,复以黄琉璃瓦绿剪边。瓦顶飞檐翘角,极富变化,与故宫紫禁城角楼的形式相似,为古代建筑中不多见的优美造型。殿的内部中央立四根巨大井口柱以穿插抹角梁与四周柱子相联系,上下檐内外均施斗拱,整个建筑构造尚为清康熙年间的法式。(图6-8)

玉瓮　玉瓮本是北海琼岛顶上(今白塔位置)广寒殿中之物,径4.5尺、高2尺、围15尺,不但体积巨大,雕刻精美,而且由于它有早期的明确记载,是研究北京历史的重要文物。玉瓮的制作年代据《元史·世祖纪》"至元二年(1265年)十二月渎山玉海成,敕置广寒殿。"

图 6-8　承光殿

在《辍耕录》中更清楚地描述了玉瓮在广寒殿中的位置和它的形象。这个玉瓮经元、明两代的变乱也曾流失于外,据《金鳌退食笔记》所记:"广寒殿中有小玉殿……前架黑玉酒瓮一,玉有白章……其大可贮酒三十担,今在西华门真武庙中道人作菜瓮。"乾隆时始收回,置于承光殿前,并建亭以贮之,乾隆自作玉瓮歌刻于其内,并命词臣 48 人应制作玉瓮诗各一首刻在石柱亭上。(图 6-9)

图 6-9　团城玉瓮

玉佛 佛在承光殿内,坐像,高约1.5米,全身为一整块白玉石作成,洁白无瑕,光泽清润,头顶及衣裙嵌以红绿宝石。此佛传说是清光绪时自缅甸送来,其雕刻风格亦属缅甸风格,当无疑问。今玉佛左臂上有刀痕一块,系八国联军帝国主义侵略者所砍伤。

古树 在承光殿东侧有栝子松一棵,顶圆如盖,姿态苍劲,传为金代所植,为北京最老而又有记载的古树。另有白皮松两棵,探海松一棵,都是数百年前古树。封建帝王封这几棵树的官爵为:栝子松曰遮荫侯,白皮松曰白袍将军,探海松曰探海侯。承光殿前数十株古柏,树色苍翠,也都有数百年了,古柏植种得疏密相间,配合得宜,更加衬托出团城和承光殿的幽静景色。特别是树下的砖砌浅池,按树的疏密,作不同形式的穿插连接布置,既富于变化而又适应需要,显得非常朴质大方。

北海及团城在我国的古代园林建筑史造园艺术上有着重大的价值,而且在研究北京发展史上也是极为重要的实物,1961年已与北海一起被国务院公布为第一批全国重点保护单位。

三、三山五园

颐和园——中国古典园林建筑的珍贵遗产

中国园林建筑艺术有悠久的传统,在世界造园艺术中,独树一帜。几千年来我国古代造园工匠,以他们辛勤的劳动和智慧,创造了许多具有高度艺术成就的园林,颐和园仅是千千万万个园林中保留下来的一个。

颐和园在北京的西郊,距城十多公里。它是我国现在保存规模宏大而又完整的一处古代封建帝王的宫苑。由于它园林建筑艺术的优美,是国内外游人所向往的游览胜地。

在介绍颐和园之前,有必要先把我国造园的历史作一简略的回顾。

相传在殷代,奴隶主就迫使奴隶为他们建造了规模宏大的园林。远在3000年前的周代,就已有了描写园林情况的作品。如《诗经》说:"王在灵囿,麀鹿悠伏。麀鹿濯濯,白鸟鹤鹤。王在灵沼,於牣鱼跃。"诗中所写的灵囿,就是养有禽兽的动物园。灵沼就是饲养鱼类的池沼。诗中还描述了园中鸟兽鱼类活泼驯服的景色。

《周礼·地官》还记载周代已设专人管理园囿的事:"囿人:中士四人,下士八人,府二人,胥八人,徒八十人。"从这一记载中我们可以看出,当时已经有了管理园囿事务和饲养鸟兽、鱼类的人员,并且有了园艺工匠。当时对园林的经营管理已经有了一定的制度。

《述异记》记载,吴王夫差修筑姑苏台,三年才建成。园林建筑周旋诘曲,横亘五里,崇饰土木,殚耗人力不知多少。又在宫里修建海灵馆、馆娃阁,铜勾玉槛,建筑物上用珠玉来装饰。园林规模的宏大和建筑的华丽,可以想见。

秦始皇统一中国,在咸阳大兴土木,建筑了规模宏大的上林苑,在苑里修建了阿房宫,把宫殿和园林更加密切地结合在一起。汉武帝更扩大了上林苑的规模,园的周围达三百多里,离宫七十多所;又建甘泉苑,周围五百多里,宫殿台阁一百多所。开凿了巨大的昆明池和昆灵池。文献记载:"宫内聚土为山,十里九坡。种奇树,育麋鹿、麂鹿,鸟兽百种。激上河水,铜龙吐水,铜仙人承水下注。"可知当时已有了人造假山和人工压水的设施,园中的花木禽兽已经非常丰富了。除了封建帝王之外,当时许多财主豪绅也大造园林。

汉以后园林更加发展起来,帝王宫苑和私家园林规模之大,数目之多,不可胜计。比较著名的如三国时候魏文帝的铜雀台,隋炀帝所营西苑,唐代的禁苑、骊山华清宫等等。宋徽宗所营万寿山艮岳,从政和到靖康(1111~1126年)经过了十多年的经营,楼台亭阁,假山叠石荟集园内,把"四方的怪竹奇石悉聚于斯",成了一处具有高度艺术价值的帝王宫苑。在建造这处精美园林的时候,宋代统治者对人民进行了十分残酷的剥削和压迫。这个万寿山艮岳在当时的首都东京(今开封),而堆叠假山用的山石却要从江苏太湖采取。高广几丈的大块太湖石,用大船载着,上千人拉船,沿途强迫老百姓为他们服役,供应食用。不但挖河拆桥,而且把塘堰水闸都拆毁了。这座园林的建成,不知凝聚了多少劳动人民的血和汗。

辽、金、元、明、清各代的统治者,在他们的首都(今北京)城里城外经营了许许多多宫苑园林,今天还保存的北海、中南海、颐和园以及西山诸园就是这些朝代经营修缮的部分遗物。特别是清代所谓的康熙、乾隆盛世,北京西郊的园林,盛况空前,在几百平方里以内楼阁连云,遮天蔽日。非常令人可恨的是北京西郊许多规模宏大的帝王宫苑和私家园林,在1860年英法联军入侵和1900年八国联军入侵的时候,被野蛮地烧毁劫掠了。

颐和园所处地点被封建帝王占作宫苑,是从800年前的金代开始的。金章宗曾经在这里建立行宫,是西山八院之一的"金水院"。颐和园主要由万寿山和昆明湖两大部分组成。万寿山金元以来曾有金山、瓮山等名称,昆明湖曾称作金水、瓮山泊、大湖泊、金海、西湖等。明代在瓮山上建圆静寺,园名好山园。

到了1750年,清代乾隆帝在圆静寺的基础上,修建了一个大报恩延寿寺为他的母亲祝寿,才把瓮山改名万寿山。并且把金海大加疏浚,改名昆明湖,整个园林名叫清漪园。经过1860年侵略军的破坏,清漪园的木构建筑已荡然无存。1888年慈禧太后为了满足她的奢侈享乐生活,不顾国家的垂危和列强的侵略,挪用海军建设费和其他款项三千多万两,在清漪园的旧有基础上进行修复,改名颐和园。现存园林就是这次修复的。

颐和园的园林建筑,继承了我国古代园林艺术的传统特点和造园手法,并且有所发展。

清漪园园林布局的第一个特点是以水取胜。广阔的昆明湖水面,是园林布置极好的基础。园的周围共有13里,全园面积四千三百多亩,其中陆地面积仅占1/4,在当时北京诸园中是水面最大的一个。设计人抓住了这一特点,以水面为主来设计布置。主要建筑和风景点都面临湖水,或是俯览湖面。当时取名"清漪园",也就是清波满园的意思。

湖山结合,是颐和园的又一特点。位于广阔的昆明湖北岸,有一座高达58米的万寿山,好像一座翠屏峙立在北面。清澈的湖水好像一面镜子,把万寿山映衬得分外秀丽。湖山景色密切结合成为一个整体。古代的造园艺术家和工匠们,在设计和建造这座园林的时候,充分利用了这一湖山相连的优越自然条件,适当地布置园林建筑和风景点。如抱山环湖的长廊和石栏,把湖和山明显地分清而又紧密地连接在一起。伸入湖中的知春亭,临湖映水的什景花窗,建造在湖边山麓的石舫等等,都巧妙地把湖山结合在一起。(图6-10)

图6-10 颐和园——佛香阁

鲜明对比的手法,是颐和园园林布局的另一特点。我们在颐和园中,不仅可以看到有建筑壮丽、金碧辉煌的前山,还可以看到建筑隐蔽、风景幽静的后山;不仅可以俯览浩荡的昆明湖,还可以漫步恬静的苏州河(后湖);不仅有建筑密集的东宫门,还有景物旷野的西堤和堤西区。处处有阴阳转换,时时有矛盾开展,才觉山穷水尽,忽又柳暗花明,使游人的心情随之抑扬顿挫。

颐和园中布置了许多风景点,处处景色都不相同。这些风景点,用楼、台、亭、阁、斋、堂、轩、馆以及曲槛回廊等建筑物和假山花木等组合而成。值得注意的是这些风景点之间有明显的分隔,而又有有机的联系。从这个风景点看那个风景点,彼此构成一幅图画。当人们行走在长廊里或是谐趣园的时候,走几步,周围的景色就有变化,这就是古代园林布置中所谓的"景随步转"。也就是风景点彼此之间互相转移变化的布置手法。

"借景"的造园技法，是我国古代造园工匠多年积累的经验，在颐和园的设计中得到了充分的运用。设计时不仅考虑到园里建筑和风景点互相配合借用，而且把四周的自然环境、附近的园林以及其他建筑物，也一并考虑在内。当我们转过仁寿殿来到昆明湖东岸的时候，西山的峰峦、西堤的烟柳、玉泉山的塔影，好像都结合在一起，也成了颐和园中的景色。这种不仅园里有景而且园外也有景的"借景"手法，使园的范围更加扩大，景物也更加丰富。

"园中有园"是颐和园设计布置园里风景时，继承传统，利用自然地形的很好例子。在颐和园万寿山东麓，原来就有一处地势较低、聚水成池的地方。造园工匠们就利用了这一地形，布置了一处自成格局的小园"谐趣园"。当人们从万寿山东麓的密集宫殿区或是从后山的弯曲山路来到这里的时候，进入园门，好像又来到一处新的园林中，建筑气氛、风景面貌给人焕然一新的感觉。这种"园中有园"的设计布局增加了园林的变化，丰富了园林的内容。

颐和园水中布置岛屿，也是继承了我国两千多年前的传统手法。用长堤把湖面划分为几个区域，还在昆明湖中布置了凤凰墩、治镜阁、藻鉴堂等孤立湖心的岛屿，象征传说中的蓬莱、方丈、瀛洲的海上三神山。它的实际作用是打破广阔的昆明湖面的单调气氛，增加湖中的景色。

"集景模写"是我国古代园林设计中的一种传统手法，清代北京西郊诸园和承德避暑山庄，运用这个手法特别突出。在清漪园建造之初，就派出许多画师和工匠，到全国各地去参观和模写有名的风景和建筑物，把它们仿造在园里。颐和园中的景色，可说是汇集各地有名建筑和胜景而成。但是，设计人和造园工匠们绝非生搬照抄，而只是仿其风格而已。如谐趣园和无锡惠山园神同形异，涵虚堂、景明楼也和黄鹤楼、岳阳楼不完全一样，园里的苏州街和江南苏州的市街更相去很远。这说明我国古代建筑工匠在参考借鉴的时候，绝不生搬硬套，很注意创新。

"虽由人造，宛自天成"，这是我国园林艺术和技巧中的又一传统经验。如颐和园后湖的风景，虽然是人工所造，但是宛如江南水乡一样。园中许多风景、林木，也力求达到宛如自然景色的效果。

颐和园的布局，大体可以分做东宫门和东山、前山、后山、昆明湖几个部分。

第一，东宫门和东山区：颐和园原有水旱13门，主要入口是东宫门，其次是北宫门。因此在东宫门里布置了许多组重要的建筑物。一进东宫门是仁寿殿，清代的最高统治者，夏天住在园中就在这里"听政"。在仁寿殿前陈设着雕刻精美的铜龙、铜鹤，院中山石挺秀。绕过仁寿殿，面临昆明湖，到了这里使人心胸顿开，只见万寿山雄峙北岸，知春亭伸入湖中，昆明湖碧水连天，连西山景色都一概映入眼帘，可说是进颐和园的第一处壮观景色。

仁寿殿北面的德和园颐乐殿，是帝后群臣观剧之处。院中大戏台，分上中下三层，可同时演出。这个戏台建筑宏大，设计周密，是我国现存古代戏台中的重要遗物。自德和园往北是景福阁、乐农轩。由此下山往东，因地形布置了一个精美的小园"谐趣园"。上面说过，它是依照无锡有名的惠山园建造的，以一个水池为中心，四周环绕布置了涵远堂、湛清轩、知春堂、瞩新楼等建筑，更有小桥、亭棚、游廊曲槛等，自成一个园林格局。到这里好像进入另一个园中，是一种"园中有园"的布局。

在仁寿殿之后，临水布置了乐寿堂、萱芸馆、夕佳楼、藕香榭等建筑。临湖石栏曲折，在临水墙壁上开了各式各样的什景漏窗，窗里晚间点上灯火，倒映水面，又增一番景色。

第二，前山区：前山是全园的中心，正中是一组巨大的建筑群，自山顶的智慧海而下是佛香阁、德辉殿、排云殿、排云门、云辉玉宇坊以达湖面，构成一条显明的中轴线。琉璃砖瓦的无梁殿（智慧海）和高达41米的佛香阁，气势雄伟，色彩鲜丽。

在这组中轴线的两旁，布置了许多陪衬的建筑物，东边以转轮藏为中心，西边以宝云阁（铜亭）为中心，顺山势而下，按地形而建筑，并有许多大型的假山隧洞，上下穿行，人行其中别觉清凉幽邃。人们登上佛香阁或智慧海，回首下望，只见山下一片金黄色的琉璃瓦顶殿宇，金光灿烂；昆明湖水宽广异常，波光云影上下流动辉映。南湖中的十七孔桥，横卧波心，西堤六桥伏压水面，远望西山如黛。在雨后晴天，连北京城里的白塔、景山以及八里庄慈寿寺塔，广安门外天宁寺塔都齐集眼底,构成一幅宏阔的图画。

前山的东西两面,随山势上下,布置了许多点景建筑物。东边有重翠亭、千峰彩翠、意在云迟、无尽意、写秋轩、含新亭、养云轩等;西边有邵窝、云松巢、山色湖光共一楼、湖山真意、画中游、听鹂馆、延清赏楼、小有天、清宴舫(石舫)、澄怀堂、迎旭楼等等。这些建筑的形式多样,色彩丰富,各抱地势,相互争辉。但是更加壮丽的是前山脚下环湖一抹276间的长廊,自东迤西,全长755米,它依山带水,好像万寿山的一条项链。

第三,后山区:后山以曲折幽静著称。山路在山腰盘绕,路旁古松丫槎,有如图画。山脚是一条曲折的苏州河(也称后湖),时而山穷水尽,忽又柳暗花明,真有江南风景的意味。

在后山的正中,原来有一组仿西藏式的庙宇建筑,叫"须弥灵镜",也称后大庙,主要建筑已被帝国主义侵略军焚毁,现在只存残迹。后山东部林木葱郁。山腰有一座多宝琉璃塔突兀半山,原来和花承阁是一组建筑,其他建筑已被侵略军所毁,由于它是砖石琉璃所建,才幸存了下来。

后山山下是幽静的苏州河,自清琴峡起,向西到北宫门一带,都是土山林木。再自北宫门往西,沿着苏州河两岸,原来建有苏州街、买卖街,古时茶楼酒肆,以至古玩商店,无不具备。这些临河街市,曾被侵略军所毁,只有一些遗迹可寻了。后按原状进行了修复。(图6-11)

此外,在后山还有清河轩、赅春园、留云、构虚轩、会芳堂、停鹤、绮望轩、贝阙、寅辉等建筑,点缀山间,相互呼应。

第四,昆明湖区:颐和园的北部万寿山耸立如翠屏,各种建筑物和风景点布满其间,而南部却是碧波粼粼的昆明湖。湖中有几处岛屿浮现水面,又以长堤、石桥加以联系。西堤六桥是依照杭州西湖中的苏堤修筑的,垂杨拂水,碧柳含烟,人们漫步堤上,胸襟倍觉轻松舒畅。

在西堤上有两座洁白石拱桥,俗称罗锅桥,它们是昆明湖的出入水口。北头的入水口叫玉带桥,南头的出水口叫绣漪桥。桥面陡峻,桥拱高耸,洁白石桥映衬着碧柳垂杨,分外明媚。

图 6-11　颐和园苏州街

在堤西的昆明湖心,有一个湖中岛屿,因为上面有一座龙王庙,所以俗称龙王庙岛。上有龙王庙和月波楼、鉴远堂、涵虚堂等建筑群。涵虚堂(已毁)仿武昌黄鹤楼修建。龙王庙之东有一座雄壮的十七孔石桥,从岛上通向湖岸,桥长一百五十多米,宽八米,是仿照有名的卢沟桥建造的。桥东头岸上有一座铜牛守望湖心,和长桥、岛屿、廓如亭等共同构成一幅绚丽的景色。

颐和园还是一百多年来帝国主义侵略罪行的见证。园中处处留下了侵略军烧毁破坏的痕迹。特别是万寿山后山和后湖,到处残垣断壁,许多建筑现在只留下了基址。

解放后,劳动人民创造的颐和园,终于回到了人民的手里,颐和园成了全国各族人民游览的胜地。来北京访问的国际友人,也必来这里游览。

颐和园的园林艺术,有很高的成就。但是,它毕竟是封建剥削社会的产物,就是在成功的艺术手法上也还包含了不少封建迷信糟粕。我们必须以"古为今用"的原则,取其精华,去其糟粕,使这座古典园林能在今后新的园林设计和造园艺术上有所借鉴,推陈出新。

玉泉山静明园

玉泉山静明园,是北京西郊三山五园中以泉水称胜的园林。这里清泉密布晶莹如玉,汇为泉池,因而山与园都以这一泉水而为名。"玉泉垂虹"久已成为燕京八景之一,清乾隆皇帝将其改为"玉泉趵突"并亲自题辞刻碑立于泉边,现在还保存着。

静明园有悠久的历史,辽代就曾是帝王的避暑行宫,金代又建芙蓉殿行宫于此,相传金章宗曾经在此避暑。元世祖在这里建了昭化寺,明英宗时又添建了华严寺。到了清代得到了很大的发展,康熙、乾隆时添建了许多寺塔、楼阁亭台,康熙三十一年(1692年)改名为静明园,成为西山著名的一处宫苑。园内旧有康熙十六景、乾隆十六景,如廓然大公、芙蓉晴照、圣英综绘、溪田课耕、峡雪晴音、华滋馆、观音洞、延绿亭、罗汉洞等等,其中尤以玉泉趵突闻名。英法联军和八国联军侵略时遭到了极大的破坏,现存玉峰塔、华藏塔、华严洞等还是当时原物。(图6-12)

图6-12 玉峰塔 香烟寺 普门观

香山静宜园

香山静宜园,是清代康乾盛世京郊著名的三山五园皇家园林之一。现为香山公园,占地一百五十多公顷,三面环山,层峦叠翠,清泉绕流,树木成荫,秋来红叶满山,冬日西山晴雪,是一处自然生态和人文景观最佳的环境。香山主峰香炉山有两块巨石形似香炉,相传香山由此得名。

香山园林历史悠久,远在金大定二十九年(1186年)就在这里修建了香山寺和行宫。明昌年间又增建了会景楼、祭星台,元、明两代也都有修建。清康熙十六年(1745年)建香山行宫,乾隆十年(1645年)大兴土木,修建了许多寺庙和台榭亭阁并修建了专供听政的宫殿,并定名为静宜园。主要景点有勤政殿、丽瞩楼、绿云舫、虚朗斋、璎珞岩、翠微亭、青未了、驯鹿坡、蟾蜍峰、栖云楼、知乐濠、香山寺、听法松、来青轩、唳霜皋、香嵓室、霞标磴、玉乳泉、绚秋林、雨香馆、晞阳洞、芙蓉坪、香雾窟、栖月崖、重翠崦、玉仙岫、森玉笏、隔云钟等二十八景。著名的乾隆所题燕京八景碑"西山晴雪"立于香雾窟景点处。

香山静宜园同样遭到1860年和1900年英法联军和八国联军的野蛮破坏,大多数古建筑和文物被烧毁洗劫。虽经近代屡加修复,但许多老景点已经难以再现了。现在保存原貌和最近修复的几处景点有:

见心斋　位于香山公园北门内,是一处经过修整、保存原貌的独具特色的古典园林。始建于明嘉靖年间,但现存的已是乾隆时期重建的了。园林依山蓄池,池为半圆形,延池修建回廊,依山傍水建楼台轩榭,后部山石嶙峋,松柏森森,庭院清幽雅洁。相传嘉庆皇帝对此园特别欣赏,来游时曾写了"虚檐流水息尘襟,静觉澄明妙悟深。山鸟自啼花自落,循环无已见天心"的诗句,见心斋的匾也是他所书。(图6-13)

昭庙　全称为"宗镜大昭之庙",乾隆四十五年(1780年)为接待西藏班禅来京"祝厘"(祝寿)而建,庙的形式仿西藏建筑形式高台、厚墙、平顶、围房、密窗。此庙虽经八国联军焚烧,但高台厚墙尚存,整个布局还在,特别是庙后的一座彩色琉璃宝塔依然未能烧毁,保存了下来,幸甚幸甚。

图 6-13　静宜园见心斋

勤政殿　这是香山静宜园的主要宫殿,为乾隆皇帝来此时的听政之处,表示他勤政,即便在游园时也要勤于政务。英法联军和八国联军彻底烧毁了此殿。为了展现这一园林的重要景点,香山公园和主管部门经过周密考察,精心设计并进行专家论证,已于 2003 年在科学依据充分的条件下,按乾隆时期的旧貌恢复了原状,为香山静宜园增添了重要的文化内涵。(图 6-14)

图 6-14　静宜园勤政殿

圆明园遗址

圆明园位于北京海淀区,是我国几千年皇家园林后期造园高峰康雍乾盛世所营造的皇家园林的杰作。由于它修建时间之长、造园艺术水平之高和历史文化艺术内涵之丰富,在世界造园史上享有很高的声誉,被称为"万园之园"。

圆明园原为明代故园,规模不大,占地仅 300 亩。康熙四十八年(1700 年)将其赐给雍亲王胤禛,雍正即位后,大加扩建,占地 3000 亩,造景 28 处。乾隆即位后,又大加扩建,到 1745 年又造景 40 处,并亲自为 40 景题诗。1749~1751 年,又于圆明园东建长春园,1760 年又在长春园之北,按欧洲巴洛克形式建成大水法十景,俗称西洋楼。1772 年又将长春园以南一些私家园林建成了绮春园(后改为万春园)。嘉庆十四年(1809 年)又收西路几个赐园,建成 30 景,至此,历时一百多年,圆明三园的营建基本完成。

图 6-15 圆明园乾隆四十景彩色画

圆明园(包括长春、万春)的园墙周长约 10 公里,占地 5200 亩,园内建筑面积达十六万多平方米,比故宫还多。各种木石桥梁一百多座,景区景点一百四十多处。园内宫殿、坛庙、寺观、楼、台、亭、阁、斋、堂、轩、馆、榭、廊庑等各种建筑类型无所不有。其造园手法集我国几千年造园艺术之精华,并集我国江南和全国各地自然与人工胜景于园内,而且还移植与借鉴了欧洲建筑艺术,独成格局,万园之园当之无愧。(图6-15)

在圆明三园逐步建成、增扩的一百多年间,清朝几代皇帝都以"避喧听政"的名义在园内建有外朝与内廷的宫廷建筑部分,经常在此听政游乐,并在园中保存了罕见的珍宝、文物、图书,价值极高。园中的一处藏书楼——文源阁就是乾隆保存四库全书的七阁之一。

十分痛心的是这一中华民族的瑰宝,万园之园的无比杰作,在1860年英法联军和1900年八国联军的野蛮侵略之中,被焚烧殆尽,化为废墟。(图6-16)为了永远不忘国耻,进行爱国主义教育,国务院将圆明园遗址公园公布为全国重点文物保护单位,北京市人民政府定为圆明园遗址公园,并设立了专门保护管理机构,制定了保护维修整治的规划,保存清理出遗址和复建部分建筑,分期完成,向国内外开放。

图6-16 圆明园未烧毁前的楼阁

目前已清理出一处规模较大的含经堂遗址,正在整理山形水系。

(本讲照片由作者提供)

自学指导

教学要求:

本讲主要介绍了北京现存的皇家宫殿(故宫)、园林(西苑三海和三山五园)的历史沿革及现状。同学们通过本讲的学习,应基本了解故宫、西苑三海和三山五园建造的概况,尤其是明清两代营建这些宫殿、园林的历史。另外,建议通过参观,实地考察欣赏这些皇家宫殿、园林的杰作。

重点难点提示:

北京自辽代开始成为陪都,金代升为首都,元、明、清三代更成为全国的都城,因此供皇帝、后妃们居住游玩的宫殿、园林的建造几乎贯穿五朝始终,当然北京历史上许多重大的事件也肇始于兹,终结于兹。所以,皇家宫殿、园林的历史也是北京历史的重要组成部分。本讲的重点内容为明、清时期皇家宫殿、园林的营建,其中位于城中皇城范围内的紫禁城(故宫)、西苑三海主要建造于明代,位于城西郊的三山五园则主要建造于清代,这些皇家的宫殿、园林代表了中国古典园林建造的最高成就。难点内容包括:1. 故宫营建中体现出的皇权至高无上的规划理念;2. 故宫、西苑三海和三山五园反映出的皇家生活、工作、娱乐的完整功能布局;3. 故宫、西苑三海和三山五园建筑的不同特色;4. 故宫、西苑三海和三山五园与辽、金、元、明、清北京历史的关系;5. 故宫、西苑三海和三山五园的兴废与保护。

名词解释:

《故宫遗录》　紫禁城　前三殿　后三宫　乾隆花园　角楼　西苑三海　琼华岛　九龙壁　瀛台团城　渎山玉海　颐和园　万寿山　静明园　静宜园　圆明园

思考题:

1. 明清北京故宫如何体现三千年王城帝京规划营建的理论。
2. 简述紫禁城宫殿的功能和建筑布局。
3. 北海的园林布局及重要建筑物的特点。
4. 为什么说颐和园是中国古典园林建筑的珍贵遗产。
5. 从圆明园的被焚毁看北京近代历史的变迁。

参 考 文 献

清·孙承泽纂:《天府广记》,北京古籍出版社,1985年。
窦光鼐等:《日下旧闻考》,北京古籍出版社,1983年。
刘敦桢主编:《中国古代建筑史》,中国建筑工业出版社,1980年。
于倬云主编:《紫禁城宫殿》,商务印书馆,1982年。
罗哲文著:《中国古园林》,中国建筑工业出版社,1999年。
张恩荫著:《三山五园史略》,同心出版社,2003年。

第七讲　北京的城墙与城门

　　北京有三千多年的建城史,城墙与城门遗迹丰富。通过考古勘测,北京目前发现最早的城墙遗址在房山区琉璃河镇董家林村,城址东西长八百多米,南北长七百多米。从远处观看,整块地势高出地面,古城遗迹仍在。作为在古代蓟城成长起来的辽南京城、金中都城不仅有城门名称、地名留下,还有珍贵的城墙遗迹,例如,在今天丰台区凤凰嘴村的土城遗址和玉林小区的水关遗址等,就是金中都的城墙遗存。元代在金中都城东北方向重新规划建设了元大都城,它的城墙、城门为明清北京城墙与城门的发展奠定了基础。元大都的城墙遗迹东起北京服装学院东墙,向西一直延长至海淀区学院路,再向南到明光村,现在成为元大都遗址公园,对外开放。至于不同历史时期建造的一些小城就更多了,例如,在京昌高速路沙河镇保留有明代的巩华城,不仅有城墙遗存,连东、南、西、北四座城门都基本保存。另外,还有房山区西南与河北省涞水县交界处的蔡庄古城遗址、房山

图7-1　紫禁城墙顶部及城楼(罗哲文摄)

区芦村城址、房山长沟城址、良乡西汉城址、良乡广阳城址等。

本篇所讲的是明清北京城墙与城门,也就是北京老一辈人记忆中的城墙与城门,它与我们的现实生活更紧密。我们不仅能看到一些城墙城门的遗存,甚至一些城墙、城门留下的名称作为地名我们仍然使用,其历史文化内涵也在发挥着作用。明清北京城墙与城门修建始于明代,清朝基本上保持了明北京城的建筑。明北京城墙与城门分四个方面:宫城(紫禁城)、皇城、内城和外城。(图 7-1)

一、明北京内城的修建

明北京内城是在元大都城的基础上修建的。内城修建主要经历有三次:

一是洪武元年(1368 年)八月二日(公历 9 月 12 日),征虏大将军徐达攻陷元大都城齐化门(朝阳门),占据大都城,命令指挥华云龙"经理故元都,新筑城垣,南北取径直,东西长一千八百九十丈"。[①] 这次筑城墙,是为了防止元朝势力反扑。因为在明军破城前,元顺帝已于五天前开健德门,走居庸关,逃到蒙古高原。为防止元朝势力的反扑,明军将士及京城百姓迅速在大都北城墙向南约五里的地区筑起一道新的城墙。新城墙仍开两门,左面命名为"安定门",右面命名为"德胜门"。这道新城墙就是明北京内城的北城墙,其位置在今北二环路。

二是永乐四年到十七年(1406~1419 年),由于准备迁都到北京,大规模修筑北京城开始。其中,"永乐十七年十一月甲子,拓北京南城,计二千七百余丈"。[②] 之前,南城墙在今长安街一线,因新修建的皇城、宫城均向南移,还要将五府六部的衙署摆在皇城前面,城南空间就显得太狭小了,不符合大都市的气魄和发展的要求。为此,将南城墙向南拓展二里,到今崇文门、前门、宣武门一线。东、西城墙也同时向南延长(现存的西便门地区残城墙就是这一时期修建的西城墙南段)。修建后对部分城门名称作了调整,新拓展的南城墙城门仍

[①] 《明太祖实录》卷三十。
[②] 《明成祖实录》卷四十五。

依原城门名称,正中称丽正门,左称文明门,右称顺承门;东城墙北面的崇仁门和西城墙北面的和义门因瓮城为直角,改称东直门和西直门,其余城门名称未作改动。

三是正统元年至十年(1436～1445年),加固了城墙,完善了城门楼建制。如正统元年十月辛卯,"命太监阮安、都督同知沈青、少保工部尚书吴中,率军夫数万人修筑京师九门城楼"。正统三年(1438年)正月辛亥,"拨五军、神机等营官军一万四千修缮京师朝阳等门城楼"。正统四年四月丙午,"修造京师门楼、城壕、闸桥完。正阳门正楼一,月城中左右楼各一;崇文、宣武、朝阳、阜成、东直、西直、安定、德胜八门各正楼一,月城楼一。各门外立牌楼。城四隅立角楼。又深其濠,两涯悉甃以砖石。九门旧有木桥,今悉撤之,易以石。两桥之间各有水闸。濠水自城西北隅,环城而东,历九桥九闸,从城东南隅流出大通桥而去"。正统十年六月戊辰,"京师城垣其外旧固以砖石,向内惟土筑,遇雨辄颓毁,至是命太监阮安、成国公朱勇、修武伯沈荣、尚书王卺、侍郎王佑督工修甓(指砖)之"。①

由上述文献我们得知这样一些信息:①继永乐年间改东直门、西直门名称后,在正统四年(1439年)又将南城垣的丽正门、文明门、顺承门分别改称正阳门、崇文门、宣武门;将东城垣齐化门改称朝阳门,将西城垣平则门改称阜成门。这样北京内城九门名称在明正统年间得以最后确定下来。②建角楼。在古代城墙上建角楼是城墙防御的重要组成部分。(图7-2)③用砖包砌城墙。元大都曾议过用砖包砌城墙,但终元一代未能实现。有人认为,这是与蒙古游牧民族的审美和性格有关,喜欢土城墙。而明代陆续用砖包砌城墙,目的是加固城墙,增强防御能力。正统年间包砌城墙不仅规模大,而且是城墙里外包砌,统一用大城砖。④护城河上撤吊桥改建石桥。元大都护城河上是吊桥,为木制,明代初期沿用。这次修建改为固定的大石桥建筑,不仅使城与河在建筑上有了更加紧密的结合,也使城池为一体,防御更为坚固。⑤完善护城河水系。明北京城的护城河不仅河

---

① 赵其昌编:《明实录北京史料》二册,北京古籍出版社,1995年12月,第73页,第155页。

面宽,河水深,而且,我们还清楚地知道河水的来源和流向。⑥建牌楼,各城门前均建有牌楼,其中前门外牌楼是内城九门前最大的牌楼,俗称"五牌楼"。明正统年间北京城墙城门的改造,不仅使北京内城城墙城门建筑达到尽善尽美,城防也达到固若金汤。可以说,正统年间对北京城的修建是北京城修建中重要的一笔。

图 7-2 内城角楼

明、清两朝对北京内城城墙城门的修缮从未停止过。在拆除北京内城墙过程中,人们发现了大量修缮题记,记载了明朝各个时期对城墙、城门的修缮,以及使用的砖石。修缮北京城的城砖主要来源于山东临清,这一地区泥土质量好,烧出的砖坚固耐用,又因靠近运河,便于运输。

据文物专家勘测,内城城墙周长近 2.4 万米(文献记载为 40 里),其中,北城墙建造最早,也是最高最厚的城墙,还是携带历史文化信息最多的城墙。1968 年拆除北城墙时,发现在城墙的夯土层中,有大量元代砖石瓦块,还有寺庙的石碑及旗杆。特别是在城基,发现了比较完整的元代民居院落和房屋遗迹。这表明城墙是在紧急情况下修建的,而且是就近取材,连扒倒的房屋都未来得及清理。这些重要的历史信息使北城墙的历史文化价值大大提高。

北城墙建于明洪武元年,城墙长 6790 米,基宽平均 24.5 米,顶宽平均 18.5 米，外侧高平均 12 米。南城墙建于明永乐十七年（1419年），正统元年（1436 年）加砌砖石，长 6690 米，基宽平均 19.5 米，顶平均宽 15.5 米，外侧平均高 11.6 米。东、西城墙有共同特点，均是在明洪武元年利用元大都旧城墙，永乐十七年同时向南延长二里，修了新城墙。东城墙长 5330 米，基平均宽 17.5 米，顶平均宽 11.8 米，外侧平均高 11.3 米。西城墙长 4910 米，基平均宽 15.6 米，顶平均宽 12.75 米，外侧平均高 10.65 米。瑞典人奥斯伍尔德·喜仁龙著述了一本书，书名《北京的城墙和城门》（北京燕山出版社 1985 年 8 月翻译出版），对北京城墙城门作了详细考察并有考察后的记录。

二、明北京外城的修建

外城的修建时间在明朝嘉靖年间。起因有两个：

一是自古以来，讲究有城必有郭。即在城的外围再套建一圈城墙，称"外罗城"。古人云："三里之城，五里之郭"，就是说郭大于城，并包于城。明朝初年，朱元璋在南京建都城时，就建有很大的外城。据史书记载，"其外郭洪武二十三年四月建，周一百八十里，门有十六"。[①]同时，我们还得知，南京城的外郭是土城墙。史书记载："太祖肇建南京，京城外复筑土城以卫民，诚万世之业。"[②]

二是北京城防卫的需要。从明初开始，北京城就成北方游牧民族南下的军事要冲。到嘉靖年间又发生了"庚戌之变"，对修建北京外城起到了促进作用。嘉靖二十九年（1550 年）秋八月，蒙古鞑靼部俺答汗率军南下，由古北口进入京畿，一支 700 人的先锋队直抵安定门外校场，骑兵部队在京郊进行劫掠，引起京城朝野震动。这次蒙古部落的入侵发生在农历庚戌年，史称"庚戌之变"。面对北方蒙古部族不断南下骚扰，特别是围攻京城，明朝政府中的官吏越来越感到有修建外罗城的需要。

"城以卫民，城以盛民"，这是古代城市的基本功能。到明嘉靖年

[①] 见《明史·地理志》。
[②] 见《明史·蒋瑶传》。

间,正阳门外商贸发展,居民增多,以及皇家祭坛(天坛、先农坛)的修建,也需要修建外城。在这方面,北京市文物局资料中陈晓苏(《北京文博》编辑部主任)作过专题研究。①

"庚戌之变"后,兵部尚书聂豹等上书给嘉靖皇帝,提出了具体修建外城的方案。这个方案是"相度京城外,四周宜筑外城约七十余里"。其中,南面十八里,北面十八里,东、西两面各十七里。其中北面可利用元大都土城墙,西南可利用辽金故城土城墙。如果这一方案实现,北京城将成为"回"字型。遗憾的是这一方案未能实现。

设计中的外城城墙为土城,规格比内城低。其中城墙厚二丈,上收口为一丈二尺;高一丈八尺,再加墙垛口五尺,总计二丈三尺;垛口用砖砌。筑城就近取土,取土处为濠(护城河)。计划开城门十一座,即南面与崇文门、正阳门、宣武门相对应开三门;北面与安定门、德胜门相对应开两门;东面与朝阳门、东直门相对应开两门,再在大通桥处开一门;西面与阜成门、西直门相对应开两门,再在原彰义门处开一门。城门楼面阔五开间,进深三开间。城四角设角楼。(图7-3)

图 7-3 外城角楼

① 参见"从明代北京的经济发展看北京外城的修建"一文,《北京文物与考古》(第二辑),北京燕山出版社,1991年2月,16开本,第280~287页。

嘉靖三十二年(1553年)闰三月十九日,修筑外城几经周折,终于开始动工。按预定方案,先修南面,然后修东面,再修北面和西面。到四月,嘉靖皇帝谕令大学士严嵩,认为城墙下面只用夯土,上面用砖石,恐不能长久,应该一律用砖石包砌。这道命令使外城墙比原来设计的更加坚固了,但同时出现了工程量增加,尤其用砖量很大,无法按期完工的局面。于是,嘉靖皇帝又下谕令,先筑南外城,完工后再量情决定。到年底,外城南部筑成,国库已经枯竭,工程只好告一段落。由此,北京内城和外城组合成"凸"字型。

建成的外城城墙周长14409米,其中南城墙7854米,外侧高6.18米,基宽11.8,顶宽9.9米;东城墙长2800米,外侧高7.15米,基宽13.3米,顶宽10.4米;西城墙长2750米,外侧高7.68米,基宽7.8米,顶宽4.48米;北城墙分东、西两段,东段长510米,西段长495米,外侧高均为7.15米。北城墙东段与西段基宽不一样,东段基宽13.3米,顶宽10.4米,与东城墙一样;西段基宽15米,顶宽11米。整体上看,外城城墙是西高东低。城墙无论在建筑高度和厚度上都无法和内城城墙相比。有人作过大致比较,认为内城城墙平均高11米,外城城墙平均高7米,相差4米左右;内城城墙平均厚16米,外城城墙平均厚11米,相差5米。

关于外城城墙比内城城墙(包括城楼)规格低,人们多把原因都归结为明嘉靖年间大兴土木建筑,如修天坛、地坛、日坛、月坛、大高玄殿、太庙等,使国库空虚,所以外城城墙矮,城楼建制低。实际上这不是主要原因。国库空虚,只是影响了整个外城工程的完成,而外城城墙,包括城门楼、瓮城以及箭楼的建制低于内城,是由于古代人们对帝王都城和外城营造规制所决定的。自古以来封建的等级观念就认为"城"与"郭"在建制上是有区别的。城为主,郭为辅,郭的建制不能超过城的建制,这才是主要原因。北京的外城在修建过程中实际上有些地方比原设计方案还提高了一些,如城墙用砖包砌,个别城楼在复建过程中加高了主体建筑等。但是,明、清两代总体上还是把握住了内城与外城在规制上的区别,没有因为国库丰盈而乱了规矩。例如,外城修建后,各城门前只有瓮城,并无箭楼。证据是乾隆十五年(1750年)绘制的《乾隆京城全图》中外城各城门只绘瓮城,无箭楼。一般认为,箭楼是在清乾隆十五年以后修建的。而这一时期正是社会稳定、经济发展时期,外城的箭楼在修建时仍小于内城箭楼,这就是传统和规制。

外城共开七城门。南面三门,正中为永定门,东面是左安门,西面是右安门;东面正中一门,称广渠门,老百姓俗称"沙窝门";西面正中一门,称广宁门,人们又称"彰仪门"(这是延续金中都城西门的旧称)。在外城与内城连接处,各开一门,东边的称东便门,西边的称西便门。外城城门的命名,体现出明朝统治者希望天下安定、百姓安居乐业,有一种宁静的生活。到清道光年间,因道光皇帝名字忌讳"宁"字,将广宁门改为"广安门"。

永定门城楼始建于明嘉靖三十二年(1553年),为重檐歇山顶,灰筒瓦,楼阁式建筑,是外城最重要的城门。由于永定门城楼的修建,使北京城市中轴线南端从正阳门又向南延长到永定门,永定门成为北京城南的标志性建筑,进北京城的第一道大门。由此,清乾隆三十一年(1766年)决定重建永定门。

清乾隆年间重建永定门时,乾隆皇帝对永定门的地位十分重视,曾颁诏要求提高永定门的规制。新建的永定门城楼为重檐歇山顶,灰筒瓦绿琉璃瓦剪边,饰琉璃脊兽;城楼面阔七间,进深三间,楼阁连城台通高26米,是城南最突出建筑(高度相当天坛祈年殿)。整座城楼建筑接近内城城楼。同时,在瓮城前建箭楼。箭楼为单檐歇山顶,灰筒瓦,面阔三间,进深一间。箭楼高8米,连城台通高15.85米,楼南面辟箭窗两排,每排7个箭窗孔,东、西两侧还各有箭窗两排,每排3个箭窗孔,总计26个箭窗孔。箭楼同城楼相比,规制小;箭楼同内城箭楼相比较,体现出外城的规制。

清朝末年,八国联军进北京,永定门城墙遭到破坏。据《庚子记事》(仲芳氏)记载,"昨出永定门,见印度兵将城楼以西城墙拆通一段,铁路接轨进城。"这是北京城第一次被扒开豁口,也是八国联军从马家堡(火车站)接铁轨到天坛的记录。八国联军接铁轨,既是运输军需品的需要,也有运走掠夺北京财富的需要。慈禧太后一直是反对修铁路进城的,此时远在西安,也管不了了,她从西安回来时,思想却开了窍,乘坐火车到了马家堡,然后与光绪皇帝乘龙车凤辇进永定门,再到正阳门,然后回皇城和紫禁城。

永定门城楼、箭楼于1957年被拆除。

三、明北京皇城的修建

皇城位于内城南部正中。皇城墙于明永乐四年(1406年)下诏修建。永乐十五年至十八年为大规模营建皇城和宫城时期,皇城墙也就是在这一时期完工的。皇城墙是在元皇城区域规划建设的,并有所扩大(只沿用了元皇城西墙,南墙向南拓展一里,东墙于宣德间由御河西移到河东,北面也向北有所拓展)。明皇城墙继承了元皇城"红门拦马墙"这一传统,既突出是皇家院墙,又体现是皇家禁地。墙为砖砌,墙身红色,顶为黄色琉璃瓦。根据实测,皇城墙基宽六尺(约二米)顶宽五尺二寸,可见墙身收口不大。墙高一丈八尺。在今北京地安门东大街与霞光街交汇处的明皇城遗址公园北段,复建一段皇城墙,对墙的构造可一目了然。明皇城墙经实测周长1.8万米,东西宽2500米,南北长2750米,西南角向内收缩,呈不规则的方形。

皇城门历来说法不一,有四门说、六门说,还有七门说和八门说。八门说是指大明门(清称大清门,民国后称中华门)、长安左门、长安右门、天安门、端门、东安门、西安门、地安门。(见《话说前门》,王永斌著,北京市崇文区档案馆编,北京燕山出版社,1994年8月)由此,大明门是皇城正门,还是天安门是皇城正门,各种书籍表述也不一样。

其实,这个问题只要了解皇城和天安门修建的历史,就不难弄清楚。明代编纂的《大明会典》介绍皇城门为六门,即"皇城起大明门,长安左右门,历东安、西安、北安三门"。可见在明朝初年作为皇城的门还是以城墙开门来认定的,没有提到天安门,自然也提不到端门,天安门也不是皇城的正门,而是皇城内的建筑。从皇城坐北朝南的格局来看,大明门是皇城正门无疑。天安门修建的历史也印证了这种观点。天安门最初称"承天门",是仿照应天(即南京)承天门建造的。建筑本身还是一种象征性建筑,表现新生的皇权是"承天启运"和"受命于天"。在建筑形式上是一座"黄瓦飞檐的牌楼"。这座牌楼为木制，五开间，三层楼式，四面透风。这种形式后来发生了变化。明大顺元年（1475年），也就是明英宗复辟皇位的那一年，承天门遭遇火灾，牌楼式建筑被烧毁。当时人们认为这是上天的警告，牌楼没有修复。到明宪宗成化元年（1465年），新皇帝登基，委派工部尚书白圭主持重建承天门。重修承天门时建筑样式作了改动，既为防火需要，也为了有新的气象，突出皇权的庄严与神圣，扩大了承天门建筑规模。新建筑改为城台楼阁形式，下面有高大的城台，台上为九开间的宫殿，这就是我们今天看到的样式。因新建的承天门是城楼式，与皇城墙相连接，使皇城内又多了一座名副其实的城门。而且，由于它位于中轴线上，位置突出而重要，使人感到它是皇城的大门。承天门真正取代大明门，成为皇城正门是在清朝初年。明崇祯十七年（1644年），李自成率大顺军进北京城时，曾向承天门射了一箭，说明当时承天门还未被毁，但在大顺军撤离后，承天门遭毁坏。据史书描述，清顺治皇帝进北京时，承天门只剩下光秃秃的城基和五个门洞，台基上的大殿已焚毁。到清顺治八年（1651年），清世祖福临下诏，重修承天门。竣工后，改承天门为天安门，同时将皇城后门——北安门改为地安门，表明大清王朝希望天下安定。由此，天安门完全具备了皇城正门的地位和作用。随着天安门地位的上升，大明门在顺治元年（1644年）改为大清门后，与长安左门、长安右门形成了天安门前的罩门。这种变化在乾隆二十五年（1760年）编纂的《大清会典》中就体现出来。该书是这样描述的："正阳门之内为大清门，三阙，上为飞檐崇脊。门前地正方，绕以石阑，左右石狮各一，下马石碑各一。门之内千步廊，东西向，各百有十间，又折而北向，各三十四间，皆联檐通脊，东接长安左门，西接长安右门，门各三阙，东西向。两门之中南向者天安门，为皇城正门。"根据这一变化，到嘉庆朝编纂的《大清会典》就更明确"皇城，其门七"。七门自然是增加了天安门。

说皇城四门，是在清朝改承天门为天安门以后的提法。清乾隆七年（1742年）编修的《国朝宫室》是这样记载，皇城"有天安、地安、东安、西安四门"。这种说法显然与明朝说法不一样，是在维护顺治年间改承天门为天安门，改北安门为地安门的思想和初衷，更加明确和突出天安门的地位。

有关天安门的建筑特色和历史文化内涵,因已经有不少专著问世,本文不再展开叙述。

皇城城墙城门遗存丰富。除了我们熟悉的天安门,还有天安门两侧的红墙。另外,在皇城东城墙一线,已经修建了"皇城根遗址公园",对东安门遗址,作了妥善保护。游人在东安门遗址,不仅能见到城门的基址,还能见到皇城墙基址和门内一座桥的桥翅。在平安大街扩建工程中,还发现了皇城北城墙地基(在北海后门)。在地安门东侧找到了东不压桥遗址,在北海后门找到了西压桥遗址等。对地安门,也有专家学者呼吁复建。

四、明北京宫城的修建

明北京宫城即紫禁城。为何称紫禁城,核心的思想还是要突出"皇权天授"。古代人对宇宙的认识远不如今天。他们对天是崇拜的,但不能科学地解释天象。于是,古人把天也分为东、西、南、北、中五个区域,传说中间的区域为紫微垣,是天帝的住所。由此,天帝居中,人间的皇帝也要居住在城市中间,天帝住所称紫微垣,人间的皇帝住所就称"紫禁城"。从古至今的都城营造多是宫城在城市的中间,明北京城在规划设计上也不例外,只是沿着这种思想更加完善了这一传统,把紫禁城的规划建造推向中国宫城建造的顶峰,以至清朝定都北京后,感觉没有必要再重建宫城。

紫禁城于明永乐四年(1406年)开始规划建设,永乐十八年(1420年)建成,是在元朝大内(宫城)基址上扩建的,而宫阙建制则是以南京的宫殿为蓝图,同时也作了扩充。这种扩充,使北京的宫城比南京的宫城规模更加宏伟,布局更加对称、严整。紫禁城东、西城墙基本与元代宫城东、西墙在一条线上,南、北城墙同元代宫城相比,向南移动近1里(500米)。紫禁城周长3400米,是规矩的长方形,其中南北城墙长960米,东西城墙长760米,墙均高10米。整座城池建筑精致,砖石都是特制的,而且是磨砖对缝垒砌。尤其是城墙地基,总共用了十五层灰土砸坚,灰土用江米汁加石灰水搅拌,被称为"雪花浆"。然后,再用砖石与灰浆粘合在一起,使城墙地基坚如磐石。

　　根据防御的需要，人们创造了城与池。自古以来两者就紧密相联。但也有有城墙没有护城河的现象。例如，元大都的宫城经考古勘测，就没有发现护城河的遗迹。到明北京城有了变化，皇城依旧没有完整的护城河，宫城却有非常完整的护城河，而且形成了完美的城池结合体系。同时，宫城护城河的设计还与景山有密切联系。过去，人们一直认为京城的制高点景山是为皇宫烧煤而形成的煤山，甚至还有民间传言景山里面堆放的全是煤。由此老百姓又称景山为"煤山"。经考古勘测，景山下面没有煤，土层是挖河堆积的泥土。从景山形成的时间看，正是在修建宫城的时候。由此，可以断言，挖护城河与堆积景山是一个完整的设计，以至到今天还有人推崇这一手法。例如，在国家奥林匹克公园的设计上，北京大学历史地理学教授侯仁之先生在接受新华社记者采访时提出："能否借鉴明代挖掘紫禁城护城河并以其土堆景山的方式设计中轴线末端？"（见《北京日报》，2002年7月29日，第9版）

　　紫禁城护城河俗称"筒子河"，这是因为河围绕城墙，河道是直的，像直筒子。筒子河环绕于城，既是城的一道防御工事，又像一条蓝色项链环绕紫禁城，使紫禁城更加安全、神圣、美丽。据考古人员测定，筒子河总长3300米，河宽52米，深约4米。河水入口在西北角，源于北海之水。河水出水口在东南角，注入太庙内河道。在河的四周，砖石垒砌的河床均为房山开采的大条石。河沿上还用大城砖砌有矮墙，俗称"河墙"，作为护栏。护栏设计简朴，却能映衬出紫禁城的壮丽。曾有人问为什么不用汉白玉护栏。这就是古人对古建筑整体环境色调追求，不是天子脚下随便每一处都是汉白玉加琉璃饰品，就像颐和园内也有苏式彩画的长廊一样。

　　紫禁城护城河上的桥也有特点。北京老百姓把这种特点归纳为："后门有桥不见洞，前门有洞没有桥，东西两桥更蹊跷，有桥有洞没桥栏。"

　　"后门有桥不见洞"是说神武门前的大石桥不像一般桥有明显的桥洞。这是为什么？历史文献没有记载。据传说，永乐皇帝在当燕王（藩王）时，遇到侄子建文皇帝"削藩"，于是，燕王朱棣就发兵攻打建文皇帝。攻打皇帝名声不好,何况是叔叔发兵打侄子。于是,朱棣就提出"清君侧"的口号,史称"靖难"。但在朱棣军队攻入南京皇宫时,却没有找到建文皇帝。后经了解才知道,南京皇宫在朱元璋当皇帝时就建有地道。地道从皇宫一直通向城外。于是,永乐皇帝在修北京皇宫时,也记住了这个经验教训,修建紫禁城时也要求建有地道。可地道从皇宫出紫禁城后门时遇到护城河,怎么办?于是高明的设计者就把地洞设计在桥身上通过,这样,地洞就显得更加神秘,外人又看不出来。为了不影响流水,地洞设计成波浪式,在波浪低处留出小的出水孔。这就是有桥没有洞的一种解释。对此,笔者在前几年筒子河清淤修缮时,特别留心观察,发现河水退下后,桥下果然没有桥洞,只有小的流水洞孔。当然,这种解释还是一种传说,为什么桥身修成这样,也许还有其他说法,更有赖于考古勘测的结果。

"前门有洞没有桥"比较好理解,这是因为午门前需要一个比较宽阔的广场,来衬托午门的高大、雄伟,特别是午门与端门的联系不能中断,要成为一个整体,将河水变成暗河就全解决了。据说,在夜晚宁静时,如果趴在午门前的广场上,还能听到底下的流水声。

在东华门、西华门外的石桥上,确实是没有桥栏和桥翅。现有的矮墙,是辛亥革命后修建的。为什么没有桥栏呢?据传说,原来桥是有桥栏的,只是因为乾隆皇帝给母亲做寿时,母亲坐的"万寿金辇"太大,出进紫禁城时桥栏碍事,才将桥栏撤去。

紫禁城开四门,正南居中为午门,也称"五凤楼";正北居中为玄武门(清朝改称神武门);东为东华门,西为西华门。

紫禁城最值得讲述的是午门,它是北京城门中等级最高、文化含量最厚重的城门。午门始建于明永乐十八年(1420年),平面呈倒"凹"形,这是中国帝王宫城的典型特征,它源于古代的"阙"与城楼的结合,唐朝大明宫含元殿、宋朝宫城正门——丹凤门、元朝宫城正门崇天门等都沿用这种形制。午门下面建有高大的城台,高12米(与天安、端门同等高),正中开三门,两侧还各开一门,称左掖门、右掖门。午门从正面看是三个门,从后面看,是五个门,这就是人们常说的"明三暗五"。城台上是城楼,正中为重檐庑殿顶,九开间,红墙身黄琉璃瓦,门前左设嘉量,右设日晷,为古代建筑最高等级规制。大殿两翼各有廊庑 13 间，象征 13 太保。廊庑两端各建有重檐攒尖顶方亭，在大殿两侧的方亭内，左悬钟，右置鼓，重大庆典时钟鼓齐鸣，十分壮观。（图 7-4）

图 7-4　午门

　　午门还被称为"五凤楼"或"朱雀门"，这也是中国的传统文化。青龙、朱鸟、白虎、玄武是中国古代先民崇拜的神物，后来被确定为东、南、西、北四个方位神。《礼记·曲礼》曰："行，前朱鸟而后玄武，左青龙而右白虎。"由此，宫城正门是朱鸟的象征，也是南方神的象征。紫禁城北门在明代叫"玄武门"，只是因为清朝皇帝康熙名"玄烨"，才将玄武门改为神武门。"玄武"为北方太阴之神，其形为蛇龟相交；"神武"也是北方之神，还是宫城御林军后军之称。至于左青龙、右白虎，分别代表东方神和西方神，表现在建筑上就是左边"文"，右边"武"。如故宫午门内，东有文华殿，西有武英殿。北京内城南城垣也是：东有崇文门，西有宣武门，正中为正阳门。北京城的设计思想就是：在正阳天气里（正阳门），天下安定（天安门），朱鸟展翅飞翔（午门），后有玄武（神武门）保护，这是多么美好的寓意啊！

　　午门还是"天子五门"形制中最核心的一座城门。根据《周礼》规定，周朝宫室外部作为防御和揭示政令的阙（城门）有五重，是为"天子五门"形制。这五门分别为：皋门、庙门、库门、应门、雉门。皋，取其远，在最外；庙，取其大，门在二重；库，取其藏，门在三重；应，取其治，门在四重；雉，取其文明，门在最内。明朝无论在南京建都，还是定鼎北京，都认为自己是汉文化正宗。由此，在规划皇城和宫城时，完全吸收了《周礼》的思想,对应"皋门",在最外面设置了大明门;对应"庙门",设置了承天门;对应"库门",设置了端门;对应"应门",设置了午门;对应"雉门",设置了太和门。大明门在"丁"字型广场最南端,有远的意境;承天门与天相连,有大的意境;端门在天安门后面,有藏的意境;午门是皇权的象征,是颁朔、宣旨的地方,有治理天下的意境;太和门在太和殿前,不仅是皇帝接见大臣的地方,还是大臣朝见皇帝的大门,是最讲礼仪之处,有文明的含义。不少北京人不知道端门是干什么用的,从字面上理解,"端"为礼仪,是礼仪之门。什么"礼"?从"天子五门"形制,我们可以了解到,这个"礼"就是周礼。端门在古代皇城和宫城建造中是不可缺少的一座门。

在宫城城墙与城门中,紫禁城的角楼是历代城池角楼建筑中最辉煌的建筑,也是北京城古代建筑的精华。据《辍耕录》记载,元大都宫城四角建有角楼,角楼琉璃瓦饰檐脊。紫禁城的角楼建筑是继承了元大都宫城角楼建筑的造型,是对南京宫城角楼的模仿,也是一种创新,前者因历史文献和实物缺乏,无法作对比。但民间传说更倾向是一种创新。(图7-5)

图7-5 宫城角楼

例如,在北京流传这样一个故事。在建造紫禁城时,永乐皇帝专门下圣旨,要求管理工程的大臣在宫城四角分别建四座九梁十八柱七十二条脊的角楼。如果建不好,就要以违旨论罪,管工大臣和施工设计者都有被杀头的危险。这一下可难住了管工大臣和施工设计者,因为谁也没有见过九梁十八柱七十二条脊的角楼。就在人们一筹莫展的时候,奇迹出现了。在一个早晨,天刚蒙蒙亮,一个卖蝈蝈的老人来到工地上,让负责设计角楼的师傅买蝈蝈,并赠送一个大蝈蝈笼子。当工匠们围过来一看,只见笼子层层叠叠,十分奇特,细心人一数,笼子的结构正好是九梁十八柱七十二条脊。这时人们恍然大悟,知道是有高人指点。此时,再找卖蝈蝈老人,人已经不见了。于是,人们就认定老人是鲁班显世。负责设计的师傅根据笼子的结构,很快就设计出九梁十八柱七十二条脊的宫城角楼。

这个传说故事,反映出人们对北京宫城建筑经典设计的赞美。而实际上,在宫城修建过程中确实出现过鲁班式的人物。被誉为鲁班的人叫蒯祥,是明朝苏州府吴县香山人。永乐初年,明朝政府征调各地工匠到北京修建皇宫,年少的蒯祥与父亲一起来到北京。在修建皇宫过程中,蒯祥等香山人的建筑设计和木工技艺被称为一绝。以至在后来,流传有"江南木工巧匠皆出香山"之说。蒯祥在永乐年间修建皇宫时,经父亲的熏陶,已经能独立主持大的工程了。史书记载,30岁的蒯祥"能主大营缮"。到永乐十八年(1420年)皇宫落成时,蒯祥已经被提升为工部营缮所丞。尤其是到明宪宗成化元年(1465年)重建承天门时,蒯祥已经是近七十岁的老人,仍被请出来参与设计。此时他的技艺已经达到炉火纯青地步,修建宫殿时,他只需要略加计算,便能画出图纸,施工时建筑与设计能分毫不差。据史书《宪宗实录》记载:"凡殿阁楼榭,以至回廊曲宇,随手图之,无不称上意。""凡百营造,祥无不与。"他的神奇技艺,连宪宗皇帝都不得不敬重,被誉为"蒯鲁班"。蒯祥生于明洪武初年,死于明成化十七年(1481年),终年84岁。

我们再来看紫禁城角楼建筑,应该说紫禁城的角楼与内、外城角楼是一样的,功能都源于城墙防御的需要,是城楼的一种形式,只是根据城池等级的提升,对角楼的形制要求越来越高。宫城是皇帝居住的地方,设计上自然要体现皇权的庄严与神秘,紫禁城的角楼造型和装饰必然要达到最高标准。

讲到角楼,北京城最具有代表性。北京外城角楼设计最简单,为单檐；内城角楼排第二，讲究高大、雄伟，设计为重檐；皇城没有角楼，也是一种变化的追求；宫城最讲究，角楼设计也是最复杂。这就像正阳门前的狮子与天安门前的狮子、太和殿前的狮子、乾清宫门前的狮子是不能一样的，随着建筑等级的提升，装饰品位也要层层提升。

紫禁城的角楼是多角、多檐、多山花、多屋脊。而且檐角起翘，参差错落，层层叠高，成为北京城中最复杂的古代建筑杰作。（图7-6）

图7-6　宫城角楼

紫禁城角楼建筑在高大的城楼上，为黄琉璃瓦红门窗，十分华丽。古建专家认为，整个建筑形式是几个歇山式屋顶与一个四角攒尖顶的巧妙结合。这种做法，既继承了唐宋以来宫殿建筑的传统，又有创新。例如，宋代的黄鹤楼就是几种屋脊建筑形式的组合，元大都宫城角楼根据文献记载，也有十字脊、四面显山的形式。但将十字脊、四面显山之中，又结合四角攒尖顶，再安放铜镀金宝鼎实属创新。这种创新形式结构精巧，以至后人修缮角楼时都要格外小心，否则，就有可能拆下来容易，修上难。据传说，紫禁城角楼最讲究的就是木工技艺，整座角楼没有用一颗钉子，完全靠木榫咬合。

紫禁城保存完整，现今为北京故宫博物院，对外开放。

五、内城城门的历史文化与功能

老北京的城门有"内九外七皇城四"之说。内九指内城有九座城门,外城有七座城门,皇城有四座门。其中,内城九门历来有说法。民间依据各门实际功能增加了专称。例如,崇文门称"税门",正阳门称"国门",宣武门称"刑门",阜成门称"煤门",西直门称"水门",德胜门称"出兵门",安定门称"进兵门",东直门称"砖瓦门",朝阳门称"粮食门"。这是因为:

正阳门是北京城正门,中间门洞只有举行国家大事和皇帝出行才开启,故称"国门"。据说每年皇帝去天坛祭天就要开启正阳门,皇帝大婚也要开启正阳门。

崇文门是税收管理部门所在地,管理前三门外市场税收,故称"税门"。崇文门原名"文明门",俗称"哈德门"、"海岱门"。正统四年(1439年)正式改称崇文门,至今已有五百六十余年。在明成化二十一年(1485年)颁布了"令崇文门课司商税"的规定,自此奠定了京师皆有课税,而统一崇文一司的地位。到民国十九年(1930年)税关才撤销,历时四百余年。1968年崇文门城楼被拆除。

宣武门是行刑送葬必经之门,清代杀人多在宣武门外菜市口,故称"刑门"。

阜成门外对着西山,西山骆驼运煤进此门,故称"煤门"。

西直门外对着玉泉山,玉泉山泉水水质清澈、甘甜,堪称"天下第一泉",每日清晨,给皇宫运水的大马车进西直门,故称"水门"。

德胜门是出兵征战要走的门,出此门预示打胜仗,以威德治天下,故称"出兵门"或"兵门"。

安定门是得胜班师的军队回城要走的门,故称"进兵门"。

东直门是运送砖瓦进京城的专用城门。京城所用青砖多来自山东,由运粮船捎带,自运河到通州,再经通惠河、护城河抵达东直门,故称"砖瓦门"。

朝阳门是经大运河运粮进京城的主要城门。元、明、清京城粮食主要靠漕运,粮食来自南方产粮地区,漕粮到通州,再经通惠河、护城河,入朝阳门存入粮仓。由此,朝阳门内多粮仓,有海运仓、东门仓等,故称"粮食门"。

根据上述特征,在内城九门中的一些城门上还刻有门徽或安放有镇物(也有称吉祥物的)。如宣武门城楼上有铁炮,每天中午十二点鸣炮报时,铁炮为镇物,老百姓称"宣武午炮"。朝阳门瓮城门洞上刻有谷穗一束,被称为"朝阳谷穗",是门徽。阜成门瓮城门洞内刻有梅花一束,是因为"煤"与"梅"谐音,有"梅花盛开"之意,暗示冬季梅花开,正是煤业兴旺时。梅花为门徽。西直门瓮城门洞里,有水纹石雕一块,是吉祥物。

内城城门与元大都一些城门有继承关系,有的就是在原城门位置上建的新城门,文化上既有渊源,又有区别。特别是在明、清时期,老百姓,包括一些官方的文书,仍旧用元大都城门旧名。由此,元代城门的一些说法也值得一叙。如:阜成门位置是元大都的平则门,称"平门",是市民平静生活之门,后因皇帝书经常出此门,传诏马队常常打破平静,老百姓又称此门为"惊门"。西直门位置是元大都的和义门,称"开门",是皇帝晓谕之门。德胜门源于元大都健德门,称"修门",是弘扬品德高尚之门。安定门源于元大都安贞门,称"生门",《易经》上讲,安贞,吉祥,是五谷丰裕、万物生长之门。东直门位置是元大都崇仁门,称"商门",是商贾交易之门。朝阳门的位置是元大都的齐化门,称"杜门",是休憩之门。崇文门源于元大都文明门,称"明门",也有书称"景门",是光明昌盛之门。正阳门源于元大都丽正门,称"国门",是皇帝行走之门。宣武门源于元大都顺承门,称"死门",是不幸枯竭之门。

北京老百姓根据生活体验,又把北京城门的功能归纳为:正阳门走"宫车",是说皇帝乘龙辇走前门大门洞;崇文门走"酒车",是说北京南郊有烧锅制酒业,烧好的酒从崇文门运进北京城;宣武门走"囚车",是说被判死刑的罪人要坐囚车,出宣武门,到菜市口被行刑;朝阳门走"粮车",是说朝阳门内粮仓多,从运河运到京城的粮食先到通州,然后用马车转运进朝阳门入仓;东直门走"木车",是说京城所需木材经运河运到通州后,存于京东皇木厂(也称大木厂、神木厂),经过加工,从东直门运进京城所需工地,同时也包括居民烧火所需的劈柴;安定门走"粪车",是说在安定门外有粪厂,尤其在地坛周边空地,粪霸雇人将城内居民厕所的粪便用手推车装好,出安定门运到粪厂,晒干后再卖给农民作肥料;德胜门走"兵车",是说皇帝出征,或派大将外出征战,军车上满载着士兵和军用物资,要出德胜门;西直门走"水车",是说京城皇宫喝的水来源于西山泉水,这种水被称为"御水",每天天刚蒙蒙亮,水车就要进西直门;阜成门走"煤车",是说京城所烧的煤主要来源于门头沟煤矿,运煤车进阜成门是最近的城门。

清王朝灭亡后,北京城又开了三个城门,即和平门、复兴门、建国门。其中,和平门开于1926年,原称"新华门",因与中南海新华门重名,改名为"和平门"。复兴门、建国门开于20世纪40年代初,是在日伪政权统治下的北京城,为了便于交通,在城东开了一门,称启明门;在城西开了一门称长安门。抗战胜利之后,对日伪时期命名的城门,人们感到有改名的必要。于是,根据当时流行于校园的歌曲"建国一定成功,民族必定复兴,中华康乐无穷",取其"建国"和"复兴"之词,称东城墙新开的城门为建国门,西城墙新开的城门为复兴门。要说明的是,两座城门名曰城门,只是在城墙间开了券洞,并无城楼。

六、内城城墙城门遗存与历史风云

内城城墙城门遗存主要有四处:①正阳门城楼、箭楼(图7-7);②德胜门箭楼;③明城墙遗址公园(包括从崇文门到东南角楼近

图7-7　正阳门箭楼

1500米的城墙、东南角楼);④内城西城墙南段遗迹(位于今西便门地区)。

正阳门城楼、箭楼

正阳门俗称"前门"、"大前门",是说这座城门是北京内城九座城门的正南门,因在皇城前面,是皇城前面的门。正阳门始建于明永乐十七年(1419年),原名"丽正门"(承元大都城南正门名称)。到明正统二年(1437年)改名正阳门。正统四年(1439年)修建箭楼及瓮城。这座城门无论从位置,还是建筑形制都是北京内城中规制最高大的城门。又因其历经沧桑,历史文化厚重,被保存下来。

现存正阳门城楼为1906年重建,基本保留了明代建筑原样。城楼通高40.36米,通宽41米,进深21米,城楼面阔七间,进深五间,歇山顶灰筒瓦绿琉璃瓦剪边,朱红梁柱上饰金花彩云,为三重檐楼阁式建筑。箭楼也是1906年重建,通高38米,通宽62米,进深32米,面阔七间,东、南、西三面各有四层箭窗,总计94个箭窗孔。整体建筑为后出抱厦五间,歇山顶灰筒瓦绿琉璃瓦剪边,重檐堡垒式建筑。城台设券门与城门相对,券门内建有千斤闸(内城九门中只有正阳门箭楼设券门,其他箭楼正面无门,只是在瓮城一侧设闸门)。正阳门箭楼设券门是为了皇帝出入。民国后,大门洞作为交通要道,一般平民百姓也可以通行了。而在明、清时期,一般百姓通行只能走瓮城东、西两侧的闸门。在闸门上也建有闸楼。闸楼为歇山小式屋顶,外侧有两排箭窗,总计12个箭窗孔。闸楼内有兵丁把守。闸楼在内城九门瓮城中都有。只有正阳门瓮城东、西墙开两个闸门,其余只开一个闸门。开闸门也注重防卫。崇文门闸门在瓮城西侧,面向正阳门瓮城;宣武门闸门在瓮城东侧,面向正阳门瓮城。其他城门也是一样,朝阳门闸门与东直门闸门相对,阜成门闸门与西直门闸门相对,德胜门闸门与安定门闸门相对。

在正阳门瓮城内城楼前坐北朝南建有两座小庙,庙始建于明代,当时内城九门瓮城修建后,均在瓮城中建有庙宇。只是在正阳门瓮城内建有两座,其他瓮城内只有一座。正阳门内庙宇东为观音庙,西为关帝庙。在其他瓮城中,德胜门、安定门为真武庙,其余均为关帝庙。说明庙与城在文化上是有联系的,人们希望关老爷能保佑城池安全,吓退攻城敌人。值得一提的是,在正阳门关帝庙内有三宝:一是关羽的画像,栩栩如生;二是青龙偃月刀,刀锋寒冷;三是白石马,洁白如玉。据老北京人传说,白石马是明成祖朱棣北征时遇见的神马。当北征大军在沙漠中迷失方向时,雾霭中军士们看见关帝骑着白马在前面引路。后来,人们就在关帝庙前立白石马祭祀。老北京人还有一种传说,说正阳门前的白石马与后门桥下的褐色石鼠是构成北京城市子午线(中轴线)的标记。石马与石鼠是子午线的两端(在十二生肖中,子鼠,午马;中午十二点也是子午时刻,太阳照射物体的影子正好是在一条正南至正北的直线上,也称子午线)。据老北京人回忆,白马大约在清末民国初年丢失。

正阳门作为"国门",明、清两代有过多次修缮。特别是1900年,八国联军用炮火轰毁了正阳门城楼、箭楼。1902年1月,慈禧"西巡"回銮时,正阳门箭楼、城墙还是光秃秃的,只有残败的城台基。1906年参照崇文门城楼建筑形式,修建了正阳门城楼,重建了箭楼。1915年,为缓解正阳门外交通,拆除了瓮城,并请德国工程师设计了箭楼平台上的汉白玉栏杆和突出的眺台,在箭窗上修建了白色弧形华盖。我们今天见到的箭楼就保留了改装后的样式。

1949年1月,北平和平解放,2月3日,解放军正式入城,进入正阳门,林彪、叶剑英、聂荣臻等领导人就是在箭楼月台上检阅了入城部队。

德胜门箭楼

德胜门城楼建于明洪武元年(1368年),箭楼建于明正统四年(1439年)。箭楼距今有六百多年的历史,同时,作为老北京内城很有特色的城门建筑保留至今,十分难得。

德胜门箭楼面北,楼台通高31.9米,建在高大的城台上的箭楼面阔七间,重檐歇山顶,前楼后厦,上下四层,开箭窗82个,昔日与城楼、瓮城形成保卫北京城的坚固堡垒。在瓮城内,原有一座小庙,为真武庙,被毁,1993年复建了真武庙,作为北京古代钱币博物馆对外开放。(图7-8)

图 7-8　德胜门箭楼

北京有句老话:"先有德胜门,后有北京城。"这是说德胜门修建时,刚刚诞生的明王朝政府还没有建立北京城的计划,只是把明军占领下的元大都城作为一个军事重镇。从明洪武元年(1368年)将大都城北缩5里,到永乐元年(1403年)改北平为北京,正式定都,这中间大约有35年。

关于德胜门、安定门城门命名与元大都城门命名在文化渊源上已经有所不同。元大都城门是根据《周易》八卦方位来命名的。而在明朝取代元朝的战争还未完全结束时,城门的命名在指导思想上是比较务实的。据说在明军占领大都城后,在今北二环路一线筑新城墙,并将北面两座新城门命名为安定门、德胜门,寓意是安定人心,颂扬明军旗开得胜,更表明新开国的大明王朝以德治天下。

德胜门作为北京城的"兵门"或"军门"还记录着历史上的战争风云。比较著名的战役有:

① 明正统十四年(1449年),蒙古瓦剌军包围了京师,兵部尚书于谦率领一支军队,在德胜门外驻扎,与来犯的瓦剌军展开激战。据说战斗持续七天七夜,重创入侵之敌,解除了京师危机。在战斗中,坚固的德胜门箭楼起了重要防御作用。

② 明崇祯二年(1629年)十二月,后金(清军)军队突破明朝长城防线,大军直逼京师,北京城告急,崇祯皇帝更像热锅上的蚂蚁,坐立不安。此时,袁崇焕从山海关率大军回师京城,从德胜门进城,迅速加强全城布防,并与敌军激战于广渠门外。同时,宣府总兵侯世禄、大同总兵满桂奉诏,率援兵守卫德胜门。德胜门保卫战于崇祯三年(1630年)开始。在这次战斗中,后金皇太极亲自指挥,先是猛烈的炮火轰击,然后是八旗兵轮番冲杀,战斗异常激烈。战斗中,满桂负伤,率余兵在德胜门瓮城中死守。最终,守卫住德胜门,迫使敌军退走。

③ 明崇祯十七年(1644年)三月十五日,李自成率农民起义军进抵居庸关,占领昌平。十七日起义军到达北京城下,同时摧毁明军在城外盘踞的三大军营。十八日开始,起义军向北京各城门发起攻击,城西面几个城门(德胜门、西直门、阜成门、广宁门)外大顺军漫山遍野。这一天天气还骤然发生变化,出现狂风大雨,而攻城的起义军将士却个个精神抖擞,异常勇猛。据史书记载,起义军身穿黄色衣甲,远远望去,如同一片片黄云遮天蔽地,场面十分壮观。就在当天晚上,起义军率先攻克彰义门(广安门),进入外城。然后,陆续攻克内城西面城门,占领北京城,崇祯皇帝吊死在煤山。十九日清晨,大雨过后,天空异常晴朗,李自成身穿蓝色箭衣,头戴笠帽,骑乌驳马,从德胜门进入北京城。

到了清朝,德胜门依然受到重视。据史书记载,乾隆皇帝出征平定新疆、青海、四川等土司头人叛乱等战役都是从德胜门出发,每次出征前都在德胜门举行盛大的出征仪式。到了清朝末年,德胜门也受到过屈辱。1900年八国联军进入北京城,占领了德胜门,把德胜门城楼上的守城大炮掀到城下,然后架上他们的大炮,对准城内重要目标,迫使清政府签订了丧权辱国的《辛丑条约》。

1912年,北洋军阀又拆毁城楼木料拍卖,使城门楼受到严重毁坏,成为北京第一个被拆毁的城楼。随后,瓮城也遭到破坏。到20世纪80年代,在众多专家学者呼吁下,在北京市政府和文物部门努力工作后,德胜门箭楼才得以保存下来。(图7-9)

图 7-9 内城箭楼侧面

东南角楼与明北京城墙遗址

东南角楼,建于明正统四年(1439年)。角楼全称应该是"城角箭楼",角楼是简称,因其位置在北京城内城东南角,故称"东南角楼"。东南角楼建于城墙东南角城墙外缘城台之上,城台高12米,楼高17米,通高29米。楼平面造型为曲尺形,重檐歇山顶,灰筒瓦绿琉璃瓦剪边,两条大脊于转角处相交成十字,向外辟有箭窗,总计4排144个箭窗孔。楼体内侧随主楼抱厦,向北、向西各开门。楼内分三层,整座楼建筑面积七百多平方米。

城墙建角楼的历史十分悠久。《周礼·考工记》称:"宫隅之制七雉,城隅之制九雉。"郑注云:"宫隅、城隅谓角浮思也。"孔疏曰:"浮思者,小楼也。"这就是说,在宫城角、大城角应建有角楼。据有关文献和考古勘测,元大都城和宫城都有角楼,只是规制和等级不一样。明北京城也是一样,内城、外城、宫城建有角楼。

明城墙遗迹从崇文门到东南角楼一线长约一千五百米。始建于明永乐十七年(1419年),原为夯土墙,正统元年(1436年)修建京师九门城楼时,为加固城墙墙体,对墙体包砌砖石,形成现在城墙的样式和格局。城墙高约11米,顶宽约15米,基宽约18米,城墙上下形成下宽上窄形式。(图7-10)

图7-10　明清内城南城墙遗迹

在城墙遗迹中还能看到昔日的墩台。墩台也称"马面",是城墙建筑的一部分。从崇文门至东南城角楼一线总计有墩台12座,大约每隔80米一座。墩台是为了增强城墙的防御能力,以消灭进入城墙死角之敌。墩台平面基本呈正方形,边长大致与城墙厚度相等。墩台有大有小,最大的墩台长39米,一般的也有30米以上。大墩台一般布局在城墙重要部位。

在城墙遗址靠近东南角楼处还有火车券(xuàn)洞。这是1915年6月修建京师环城铁路时打通城墙修建的券洞之一。东南角楼的券洞也是1915年6月修建的,是打通城墙又拆除了一座墩台后修建的,是古老的城墙走向现代的遗迹。这个券洞高8.2米,宽9.2米,深7.4米,是按中国传统拱券式门洞修建的。

内城西城墙南段遗址

内城西城墙南段遗址在今西便门地区。因在今西便门地区,又因在城墙上盖了一座铺房(这种铺房明代称"铺舍",清代称"堆拨",建在城墙顶上,是供守城士兵休息或存放武器工具的,一般为硬山小式建筑,面阔三间,进深一间。据《燕都丛考》记载,北京内城墙顶上有旗炮房九所,分布在九座城楼旁,堆拨房一百三十五所,储火药房九十六所),由此,有不少人就误认为这段城墙是"西便门城楼",或是"外城西北角楼"、"内城西南角楼"等,这些说法都是不对的。准确地说,这段残城墙是北京内城西城墙南段,是明永乐十七年(1419年)将元大都西城墙向南拓展时修建的新城墙。为此,北京大学教授侯仁之先生在为这段城墙修复撰写碑文时特别指出:"此段城墙原是明朝前期所建西墙最南端,且与后筑之外城西便门相去甚近。"①

(本讲照片除署名者外由作者提供)

自 学 指 导

教学要求:

通过本专题讲座,要求学生从总体上了解北京古代的城墙与城门,特别是明清北京城墙与城门,包括城墙与城门的文化内涵与遗存。

重点和难点提示:

本讲重点内容为明清北京内城、外城、皇城和宫城(紫禁城)的城墙与城门。其中,重点又是北京的内城城墙与城门。这部分城墙与城门北京老百姓最熟悉,历史文化最厚重,从元大都城墙与城门的文化继承一直到现在,内容十分丰富。另一重点是宫城的城墙与城门,历史文化也十分厚重。

本讲难点是四部分城墙与城门的关系,因为关系不清楚,常常混淆。明清北京城墙总体格局是宫城在正中,处在城市的核心部位,然后皇城套宫城,内城套皇城,外城套内城。只是因为外城未按规划修完,仅在内城南面有外城。了解这个特点,就比较好了解四部分城墙与城门的特点。同学们在学习过程中,可以就四部分城墙与城门有什么区别进行对比,掌握其特点。

---

① 见《明北京城城墙遗迹》碑文,现立于西便门明城墙遗址园林内。

名词解释：

午门　天安门　正阳门　永定门　故宫角楼　内城东南角楼　德胜门

思考题：

1. 简述北京内城修建过程。
2. 简述"内九外七皇城四"是指哪些城门。

参 考 文 献

张先得编著：《明清北京城垣和城门》，河北教育出版社，2003年5月。

傅公钺编著：《北京老城门》，北京美术摄影出版社，2002年3月。

第八讲　北京的四合院与胡同

　　房屋是人类生存的必要物质条件之一，随着社会的发展，居住建筑除了满足人们遮风避雨的需要之外，也逐渐被赋予了文化内涵。不同地域、不同民族、不同时代的人们，有着不同的生存需要与审美意识，也有着不同的择居方式。在中国数千年的历史长河中，从远古时期的穴居野处，到近代的深宅大院；从北方的黄土窑洞，到云南的傣家竹楼；从青藏高原的碉楼土堡，到沿海城市的花园别墅，民居形式可称得上多姿多样。各个时代，各个地区虽然都有盛行的民居形式，但可称贯穿整个历史、遍布全国各地的建筑布局，就只有四合院了。

一、四合院的历史、类型以及北京四合院

四合院的历史

　　远古时期生活在黄河流域的人们主要采取穴居，根据地形与自然条件不同，有袋穴、坑穴以及半穴居几种形式，至新石器晚期虽然已有简单的木架建筑，但穴居仍是当时最多的居住形式。这一时期温暖潮湿的南方，盛行干栏式民居，为了适应当地气候，这类居民一般采取下部架空的建筑结构，主要建筑材料除木、砖、石外，还利用竹子、芦苇等，有墙体薄、窗户多、利于通风透气的特点。随着人类社会的发展，江浙一带用于民居的干栏式建筑虽然逐渐减少，却更多地被西南少数民族保留下来。中国现在用干栏式建筑作民居的民族主要有：傣族、壮族、侗族、苗族、瑶族、布依族、水族、毛南族、崩龙族、仡佬族、景颇族、基诺族、布朗族、佤族、爱尼族、黎族、高山族等十几个民族。

　　将穴居上升，干栏下降至地面就形成了后来的屋宇建筑，这种建

筑出现较晚。当人类社会进入阶级阶段后,阶级之间的差别不仅体现在物质财富的分配上,也反映在居住形式中。

中国考古学界虽然在许多地方发现了殷商时期的宫室遗址,但也同时发现了洞穴式居址,说明这一时期两种建筑形式都在显示着作用。人们基本摆脱洞穴生活,主要以木构架屋宇建筑为民居,大概在西周初期。(图8-1)

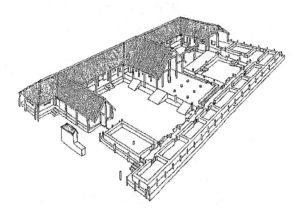

图8-1 陕西岐山西周建筑复原图

殷商时期,虽然没有出现四合院,但四合院建筑结构中的某些特征开始出现了。考古学界在对河南安阳殷墟进行发掘中,发现几十座宫室基址,这些基址在整体布局上,已显示出南北方向中轴线的作用。此后因宗法与礼制的需要,以闭合对称形式,将主要建筑安排在中轴线上的布局在民居建筑中日见普及。汉代的明器与画像石中反映此类特点的民居是非常多的,其中有的是以坞壁形式出现,有的则形成多重院落。魏晋南北朝时期具有四合院特点的民居越来越多,随着佛教的盛行,不但各地广建寺庙,就是达官贵人为了祈福积德,也不断有人将自己的宅院捐给佛寺。具有四合院特点的民居是舍宅为寺的前提,这样的宅院只要略加改造,譬如在适当的位置安放一座佛塔,就是一处合格的寺院了。典型的四合院出现在隋唐时期,在当时的绘画作品与出土器物中反映此类题材的非常多,从中可以看出,这一时期的四合院不但在布局上显得更加规范整齐,而且已不是城市贵族的住宅象征,即使在乡村也可屡屡见到这样的住宅形式。(图 8-2)宋以后四合院的地位越来越重要,特别是明清以来,已经成为民居的主流。

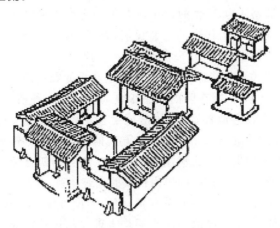

图 8-2　陕西商洛出土的唐代四合院模型

四合院是中国古代建筑中最具代表性的一种形式,这类建筑庭院与组群的布局,大都采用均衡对称的方式,沿着纵轴线和横轴线进行设计。首先在纵轴线上安置主要建筑,并在院子左右两侧对称修建两座形体较小的建筑,然后在主要建筑的对面建一座次要建筑,构成正方形或长方形的庭院,称为四合院。四合院的四角通常用走廊、围墙等将四座建筑连接起来,成为封闭的整体。对称式平面与封闭式外观是四合院的两个主要特征,这种布局适合中国古代社会的宗法与礼教制度,便于安排家庭成员的住所,容易造成安静舒适的生活环境。此外只要将庭院的数量、形状、大小与木构架建筑的形体、样式、材料、装饰、色彩等略加改变,即可满足不同气候条件与功能作用的要求。因此四合院不但是中国古代居民的一种重要形式,而且被广泛用于宫殿、官衙、佛寺、道观、祠庙乃至陵寝,成为中国古代建筑中的基本形式。

四合院类型

以四合院作为民居,在中国不但有久远的历史,而且也有广泛的分布地区。中国幅员辽阔,各地不但有着千差万别的环境特征,也有着形式各异的民俗风情,受这些因素影响,四合院的庭院布局就形成了南北方的不同风格。

建筑学家认为,明清时期中国各地四合院式民居建筑可分为四个类型,即以吉林为代表的东北民居;北京、河北、山西、陕西、河南、山东等地的民居,这些分布在北方各地的四合院类型民居房屋基本都具有相离式布局特征,其中东北各地富裕的农户因经营土地和作坊较多,备有车马,需在院内储备粮食,饲养畜禽,种植菜果,设碾磨坊加工粮食,且宅地较宽余,故房屋配置比较疏散,正、厢房完全错开,形成宽敞的院落。北京以及北方其他地区宅第尽管不如东北宽阔,但仍然显现出相离式房屋布局特征。南方的四合院类型建筑分别形成江浙、安徽、两湖、四川为代表的建筑体系,以及福建、广东、云南等地的建筑体系,虽然派系有别,但由于南方湿热多雨、人多地少的环境特征,各地民居的房屋布局均表现出相连式特征。如江南民居布置紧凑,院落占地面积较小,由四合房围成的小院子通称天井,仅作采光和排水用。因为屋顶内侧坡的雨水从四面流入天井,故这种住宅布局俗称"四水归堂"。

另外各地还出现了一些以四合院布局形式为基础,而在建筑形式进行过改造的民居。譬如在西北黄土高原的窑洞,一类直接开凿在黄土断崖上,另一类则在深厚的土岗上挖掘长方形或方形的天井,然后在院壁的四面开凿窑洞,这种被称为下沉式窑洞的院落布局就很接近四合院。

各地四合院之中差异最大之处,应算大门的位置了。南方以及东北四合院的大门大多都安放在中轴线上;北方四合院却将大门放在东南或西北角。造成这种差异的原因要追溯至宋代,据说当时以河北正定为中心的北方各地盛行北派风水学说,这派人认为住宅与宫殿、庙宇不同,不能在南面中央开门,应依先天八卦以西北为乾,东南为巽,乾巽都是最吉利的方向,可以作为大门的位置,路北的住宅大门开在东南角,路南的住宅大门开在西北角。这种风水思想不但支配了以往北京地区住宅的平面布局,而且在不同程度上影响了河北、陕西、山西、山东、河南等省的民居。与北方各地不同,淮河以南与东北地区的四合院都将大门安放在中轴线上。

由于自然环境的差异,各地四合院住宅的院落形状与空间大小也不大一样。北京四合院的院落基本呈方形,其南北向与东西向的长宽比约为1∶1。与北京四合院院落长宽比不同,山西约为2∶1;陕西北部为3∶1,这样的院落特征与当地的气候有着重要关系。北京四合院中宽敞的庭院不仅保障了房屋采光的需要,而且也为人们提供了活动空间,种植在院内的花草点缀了庭院,也拉近了人和自然的距离。与京畿地区形成明显的差异,南方各地因自然条件所限,四合院中的庭院空间比北方要小的多,并且多数为楼层结构,被建筑学家命名为"四水归堂"与"一颗印"的民居均属于这一类型。

北京四合院空间结构

四合院虽然是遍布中国各地的重要民居形式,但是说起四合院,人们自然想到的还是北京。北京四合院有着悠久的历史,元大都营建之初,即对城内街道进行了规划。《析津志》载:"大都街制,自南以至于北谓之经,自东至西谓之纬。"胡同开在街道两侧,北京的胡同多为东西走向,四合院就建在胡同两边,路北、路南均有院落。四合院无论大小,都由基本单元——"院"组成。由四面房屋围成的庭院,为四合院的基本单元,称为一进四合院,如果围成两个院落即为两进四合院,有三个院落则为三进四合院,以此类推。北京大型四合院可多达七进、九进院落,走进这样的院落,古人诗词中"庭院深深深几许"的意境自然会涌上心中。北京四合院在空间发展上虽然以纵向为主,但由于胡同宽度限制,并不是所有宅院都能有四进以上的规模,于是一些大宅院出现了横向结构,一般将沿中轴线布局的院落称为"中路",分居两侧的院落分别称为"东路"、"西路"这样的跨院。

二、北京四合院与四合院文化

北京四合院在北京城的历史中,不仅仅是人们的居住建筑,同时也是北京文化的载体。伴随八百多年北京城市历史,四合院不但接纳了百姓众生,而且也滋生出自身的文化内涵。

北京四合院布局

标准的北京四合院由正房、厢房、倒座房、后罩房等房屋建筑组成,由于日照原因,无论路南还是路北的四合院均需保证正房朝南。北京四合院中的建筑以正房的型制最高,无论台基还是间架,正房都显现着突出地位。普通四合院正房多为三间、五间,七间很少。正房两侧较低矮的房屋称为耳房,耳房的台基与间架均比正房小得多。宅院中与正房呈直角关系的房屋称为厢房,分别坐落在院落的东西两侧。倒座房位于宅院前部,大门左侧,因其方向与正房相反,故得此名。后罩房位于宅院最后,为一溜儿间架不大的北房组成。北京四合院建筑多为单层,其高度与院落南北向长度比约为3∶10。与北京四合院不同,山西等地四合院建筑以两层为主,南方各地此类建筑更多,房屋高度与院落南北长度比也发生了变化,江浙一带为3∶5,福建则为5∶6。(图8-3)

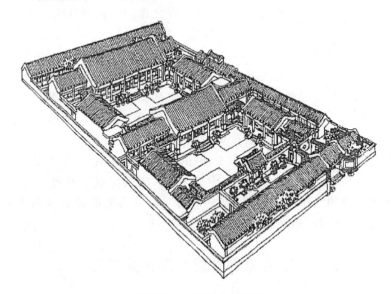

图8-3 北京标准四合院

除上述房屋外，北京四合院中还有许多附属建筑，如既能遮风避雨、又起装点作用的回廊，分隔内宅、外宅的垂花门等。这些附属建筑在四合院中虽然不是主角，但凭着五彩的油漆与别样的装饰，却成为四合院中的亮点。

北京四合院大门上的讲究

提起北京四合院文化，第一步就应从大门说起。大门是四合院的重要组成部分。大门不仅是宅院出入之处，还可以显示出户主的职业、家境以及社会地位。为了确立封建统治秩序，大约从唐代起，朝廷就明确规定了不同爵位、品级的贵族宅院与大门的形制，这项制度一直延续至清。《清会典事例》中记载顺治初年明确规定，亲王府"基高十尺，正门广五间，启门三"，"均红青油饰，每门金钉六十有三"。郡王府、世子府"基高八尺"，"正门金钉减亲王七分之二"。贝勒府"基高六尺，正门三间，启门一"，"门柱红青油饰"。贝子府"基高二尺"，"启门一"。"公侯以下官民房屋，台阶高一尺"，"柱用素油，门用黑饰"。

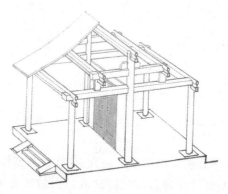

图 8-4　广亮门

朝廷虽然只规定了亲王贵族府第大门的形制，但从公侯以下民居的大门也仍然能看出户主的身份高下。普通四合院大门可分屋宇式与墙垣式两种，屋宇式大门级别要高于墙垣式大门。屋宇式大门依门柱的位置不同又分广亮门（图 8-4）、金柱门（图 8-5）、蛮子门（图

8-6)、如意门。广亮门位于中柱间,大门里外形成面积相等的门洞;金柱门位于金柱间,大门外的门洞小于门里的门洞;蛮子门直接安放在檐柱上,门外没有门洞。这三种大门都为一开间,如意门则不足一间,大门位置与蛮子门相同。这些大门中广亮门级别最高。居住在屋宇式大门中的主人或在朝中为官,或为社会名流,或具富贵钱财。为了显现门第的不同,当官的人家还会在大门框上,顶瓦之下加上两件装饰物叫做"雀替"和"三幅云"。这两件东西本是木结构的部件之一,但它的有无却标明了官民之别。大门门簪之上叫做走马板,那地方恰好是一块横宽竖短的长方形空地,给挂匾创造了条件,于是匾上的字迹就成为宅主身份、职业的介绍。墙垣式大门是四合院中级别最低的,虽然因主人的财力、爱好,也作了简单的修饰,居住在这种四合院的大多是一般百姓。老舍先生在《四世同堂》中所描写的祁家宅院就属于这种院门。

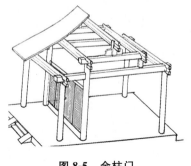

图 8-5 金柱门

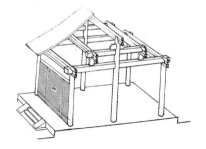

图 8-6 蛮子门

旧日北京四合院大门的这些讲究,往往成为辨别宅主身份、职业的标志,作家邓友梅在题为《四合院"入门"》的散文中就为大家描述了大门的讲究及其与宅主的关系:"您因事初次拜访一户人家。顺着胡同由远而近走过来,迎面看见这一家宅门,左边是八字形又高又大的影壁,影壁顶上是黑色筒瓦元宝脊,影壁下面是汉白玉的须弥座。影壁四边是万字不到头的边框,往里又是砖雕梅兰竹菊花卉。影壁中心砖雕匾牌大书'戬毂'二字。往右看好大一个门楼,门楼顶上起脊,屋角却没有仙人走兽。便知道这一户不是王府贝勒。可是往下一看，房檐下却是彩画的雀替，三幅云紧挨着走马板上悬挂的匾额，黑匾金字上写的是'化被草木'、'勤政爱民'，便知绝不是百姓，而是位官员的府邸了。再往下看，果然乌漆大门上兽面门环，门环旁漆书门对。上联写'诗书继世'，下联对'忠厚传家'。门框两侧楹联用的是'书为至宝一生用，心作良田万世耕'，便进一步知道这是位科举出身文官。门上方两侧伸出精雕彩绘的门簪，簪上刻着吉祥如意；门下边两边石狮把门，汉白玉石阶一直铺到当街。街边又有上马石拴马桩。大门两侧凸出的山墙腿子磨砖对缝，上下都有雕花。两个墙腿子之间，门前顶棚之下一溜悬挂着四盏皮灯。"这一番描述将"门第"的文化内涵说的再清楚不过了。

旧时四合院不仅大门型制有许多讲究，门饰也有许多规定。唐代著名诗人杜甫有一句名诗"朱门酒肉臭，路有冻死骨"，诗中用"朱门"形容达官贵族的宅第，是有制度依据的。以往对门漆颜色的规定是十分严格的，公侯以下的官民住宅，一律"柱用素油，门用黑饰"，如果谁敢越制，罪过就大了。1911年"辛亥革命"推翻了清朝皇帝，帝制取消了，帝制时代制定的制度也随之废除，胡同两侧的朱漆大门越来越多，这已不是特权与地位的象征。

大门以里，二门之外

"大门以里，二门之外"是作家邓友梅一篇讲述北京四合院散文的题名，这一空间虽然不是四合院的主体，但其中的文化内涵并不比宅院内部少。

1. 影壁

北京四合院建筑讲究含蓄、祥和，无论门第高低，大门内都有一扇影壁，既挡住了院内的杂乱，也藏住了主人的隐私。常见的影壁有三种，一种独立于厢房山墙或隔墙之外的，称为一字影壁，如果影壁与山墙连为一体的称为座山影壁；另一种影壁位于大门的东西两侧，与大门檐口成120°或135°夹角，平面呈八字形，称"反八字影壁"或"撇山影壁"（图8-7）；还有一种影壁坐落在胡同对面，正对宅门，随排列形式不同分别叫一字影壁，或雁翅影壁。

图 8-7　反八字影壁

北京四合院中最常见的影壁是一面独立的墙体,这叫独立影壁。独立影壁的下部常常设须弥座,顶部采用清水脊或元宝脊,并覆筒瓦顶。墙体的中部叫做影壁心,影壁心分为硬心、软心两种,硬心磨砖对缝,软心为素面白墙,且绘有壁画或刻有浮雕。用于影壁的花纹图案有多种变化,砖雕花色有钩子莲、凤凰牡丹、荷叶莲花、松竹梅等。还有整面影壁为砖雕的一幅画面,内容为花卉、松鹤等吉祥图案。影壁虽然是四合院的附件,但也显示出与四合院氛围完全吻合的文化特征,无论是雕刻精美的砖雕,还是镶在上面的吉词颂语,都寄托着主人祈祝祥和、平安的愿望。

2. 外宅

北京四合院中两进院落以上的四合院,一般都分内宅、外宅,分隔方式是沿厢房南侧建一道隔墙,将院落分为内外两部分。隔墙以内由北房、厢房围成的院落为内宅;隔墙以外的倒座房及院落称为外宅。大门与二门之间的院落,虽然不是四合院的主体,但也同样有许多讲究。一般的四合院进入大门,影壁左右两侧各有一个月亮门,进入左面的月亮门就是二门以外的小院了,这里有一溜南房,由于房屋朝向为北,也称为倒座房。旧时讲究人家往往将南房作为客房,或年轻少爷的书房。影壁右侧的月亮门内是一个小院,有一间面积很小的南房,一般用作私塾或佣人的住处,小型的四合院往往不设这处小院。

3. 二门

内外宅之间的沟通是靠二门实现的,二门也叫垂花门。垂花门起着沟通内外院的作用,一般都建在三层或五层的青石台阶上,垂花门的两侧则为磨砖对缝精致的砖墙。垂花门建在四合院的主轴线上,与院中十字甬路、正房一样,同在一条南北走向的主轴线上,内宅的抄手游廊、十字甬路均以垂花门为中轴而左右分开。(图8-8,8-9)

图 8-8 垂花门

垂花门的建筑形式是多种多样的,北方四合院中多为一殿一卷式,所谓一殿一卷是指垂花门的屋顶是由一个尖型顶与一个卷棚顶组合而成,外形很像英文字母 M。也有的垂花门是由单卷棚顶构成。传统四合院用色讲究协调、淡雅,整个院落大多建筑都为材料本色,唯有二门装饰得五彩缤纷,门旁两侧的垂花柱更是形态各异。莲瓣、串珠、花萼或石榴头等形状是垂花柱最多的表现形式。此外联结两垂柱的部件也有很美的雕饰,题材有"子孙万代"、"岁寒三友"、"玉棠富贵"、"福禄寿喜"等,这些雕刻寄予着宅主对美好生活的心愿。

垂花门外边像一座华丽的门楼。从院内看却似一座亭榭建筑的方形小屋。四扇绿色的木屏门因为经常关着,恰似一面墙,成为外宅、内宅之间的又一道影壁,除红白喜事、贵客光临这样的大事,这道屏门平日是不开的,人们过往出入都走侧面。

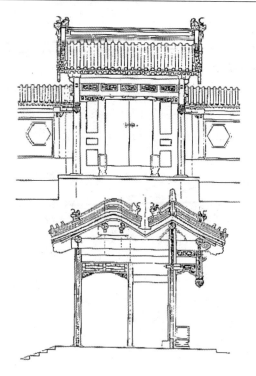

图8-9 垂花门结构图

内宅的利用与礼序

进入二门就是四合院的内宅,由于日照的影响,四面的房子以坐北朝南最好,所以讲究的四合院无论宅门开在哪个方向,都以北房为正房,东西房称为厢房。四合院正房、厢房之间,一般由抄手游廊沟通。内宅是四合院的主体,北面正房是院内最大的建筑物。清朝对于亲王、贝勒的府第除规定了大门的形制外,也详细规定了正殿的开间、基高、颜色、脊饰等。与王府相比,普通四合院的正房自然要小得多,但在一家之中的地位仍然最高,台基和房屋的尺寸都比较高大,一般是三间或五间,正房两侧还有进深、高度都较小的房间,称为"耳房"。如果正房每侧一间耳房,两侧共两间即称"三正两耳",如果每侧两间,两侧共四间耳房则称"三正四耳"。小型四合院多为"三正两耳",中型四合院则为"三正四耳"。如果四合院的规模较大,在东西厢房的南侧,还会出现厢耳房。

四合院中上下尊卑、内外亲疏,一切都井然有序。这里有着中国人的传统,中国人的观念。据《周礼》记载,早在几千年前所形成的"前朝后寝"的居舍布局观念,不仅体现在帝王宫殿的功用安排上,而且也反映在民居的利用中。大型四合院一进院落中的北房多做接待贵客的厅堂,小型四合院没有多余的房间,只好将这一功能安排在北屋的中厅,两侧套房中仍然住人。旧时内宅的居住分配是十分严格的,如果一家祖孙数代,那么辈分最高的多住在北房,东西厢房是后辈儿孙居住的地方。厨房往往设在东院,东厢房后墙另开扇门与厨房相通,以往灶王爷有"东厨司命"之称,大概就源于此了。

大一些的四合院最后一排正房称为后罩房,也有的人家在这里盖起楼房,称后罩楼。后罩楼多做小姐的绣楼。后罩楼深藏于宅院的后部,这就使小说家有了充分的想像余地,由此而编纂了数不清的鸳鸯蝴蝶故事。

大型四合院正房、厢房与垂花门之间,通常都有游廊连接。凡有游廊连接的房子,其前檐都有廊子,在廊子两尽端的山墙部分留有洞口,通向游廊,叫做廊门筒子。游廊是四合院开畅式附属建筑,既可供人行走、躲风避雨,也可休息小坐。除实用之外,游廊的彩绘雕饰也为宅院增添了一道风景线,亮丽多彩。

讲究的四合院屋墙与院墙之间都有一条更道,供更夫巡夜、打更之用。更道对于大多数人很陌生,但看过《红楼梦》的人都能想起王熙凤使贾蓉、贾蔷在夹道内戏弄贾瑞之事,这里的夹道就应是更道。

北京四合院的装饰

北京四合院不仅建筑格局讲究,装修上的花纹与雕饰也颇具特色。人们采用象形、会意、谐音、借喻、比拟等手法,创造出丰富的图案、雕饰,凭借图案所包容的文化内涵来寄托对于幸福、美好、富庶、吉祥的向往和追求。

北京四合院中最普通常见的图案是"步步锦",这种图案由按一定规律组合在一起的横线、竖线构成,周围嵌以简单的雕饰,多用于窗棂。将这种装修花纹冠以"步步锦"的美称,反映出人们渴望不断进取,一步步走上锦绣前程的美好愿望。灯笼框是另一种常见的传统窗格图案,它是简单化、抽象化了的灯笼形象,周围点缀团花、卡子花等雕饰,图案简洁舒朗。灯笼框窗格中间留有较大面积的空白,可题诗作画于其上,或绘梅兰竹菊,或点山水花鸟,清新而典雅。古代灯笼是光明和喜庆的象征,以抽象的灯笼图案作为装修窗格图案,寄寓了人们对美好光明生活的向往。以八角或六角几何图形为基调的窗棂条,称为"龟锦纹"。龟在古代是长寿的象征,用龟背纹作装修图案,有希冀健康长寿之寓意。传统装修图案中,还常采用一些自然的纹理,如梅花纹、竹纹、冰裂纹等,用这种采自于大自然的纹样来装饰窗格,反映出人们对大自然美好事物的追求。

除上述几何图案外,北京四合院中的砖雕、木雕也会出现动物、植物以及人物形象,并通过谐音、会意表达吉祥、美满的愿望。如蝙蝠取其音象征幸福,寿字或桃子图案寓意长寿,磬则暗含喜庆,梅、兰、竹、菊清高且超凡脱俗,寓意君子,牡丹、玉兰表现高雅富贵,葫芦、石榴、葡萄比喻多子多孙。若将几种图腾图案组合在一起,可表现各种各样的题材,如蝙蝠、万字寿字组成"万福万寿";蝙蝠、石榴、桃组成"多子、多福、多寿";兰花、灵芝表现"君子之交";万字、柿子、如意组成"万事如意";花瓶内插上月季花加上鹌鹑,表示"四季平安";芙蓉、牡丹表现"荣华富贵";葫芦或石榴或葡萄加上缠枝绕叶,表现"子孙万代"。影壁、门楣上的雕花之外,戗檐雕刻题材也同样广泛,如鹤鹿同春、子孙万代、麒麟卧松、太师少师、博古炉瓶、鸳鸯荷花、玉棠富贵等,这些图案不但构图秀美,装饰性强,而且寓意丰富。

北京四合院的忌讳

房屋建筑之外,与四合院整体环境配套的还有院中的花草、屋内的家具以及檐头、屋脊的砖雕、彩绘。可以说庭院之中,一草一木都有说不尽的学问,道不尽的讲究。拿院中的花草来说吧,旧时人家大多种石榴、夹竹桃等象征吉祥的植物,大概"桑"与"丧"、"梨"与"离"谐音的缘故,松柏又是栽种在坟上的树木,北京人留下了"桑松柏梨槐,不进府王宅"的俗话。

中国人传统一般喜欢成双成对,左右对称。但在北京四合院房屋的间架上却选取了单数,正房三间或五间,如果有四间的地方也要盖三大间,每边再盖半间,美其名曰:"四破五"。至于东西厢房,也多以三间为准,目的是在院中建筑组合里产生一条中轴线,如同人身上的脊梁,构成院落中风水源头。正因如此,北京出现了"四六不成材"的俗语。

四合院是中华文化的载体,也是北京地域人文风貌的象征。风雨的更造,岁月的剥蚀,虽然使大多数四合院失去了往日的光彩,但院落中的一砖一石仍能唤起人们对历史的追忆,对中华文化的向往。

三、北京的胡同

侯仁之先生在《元大都城》一文中指出,元大都北城墙设有两座城门,其余三面城墙各设三座城门。每座城门内都有一条笔直的干道,两座城门之间,除少数例外,也都加辟干道一条。这些干道纵横交错,连同顺城街在内,全城共有南北干道和东西干道各九条。这些纵横交错的干道,在城市结构中起着不同作用,其中占主导作用的是南北干道,全城次要街道或称胡同,基本沿着南北干道的东西两侧平行排列。干道宽约25米,胡同宽只6～7米。元大都城市街区的排列形式被明清沿承下来,胡同作为北京街区的代表,不但构成了城市交通的基本格局,而且伴随城市历史发展进程成为北京文化的载体。

把小的街巷叫做胡同大约从元代开始,语言学家张清常认为"胡同"来自于蒙古语"水井"即huto的读音。水是生活中不可缺少的资源,因此水井周围是人们集中居住的地方,将水井转为街巷之意,大概在元代就已经实行了。张清常先生引用了一条元杂剧《沙门岛张生煮海》中的对白:"你去兀那羊角市头砖塔胡同总铺门前面来寻我",想来那时就已经存在以"胡同"命名街巷的习惯了。胡同遍布在北京城的各个角落,北京到底有多少胡同呢?老北京人说:"有名胡同三百六,无名胡同似牛毛。"元代大都城内胡同数目较少,明代开始不断增多,内外城合计在千余条以上。这些胡同伴随北京的风雨沧桑,感受着人世更迭,同时也将自己融入北京的历史进程中。

北京胡同名称及其变化

由于胡同就是北京城中的小街小巷，因此胡同一方面承担人们出入交通的功能，另一方面也显示出自身的文化内涵，这其中名称的来历与变化恐怕是最值得讲述的部分了。张清常先生在《胡同及其他》一书中从几个方面研究了胡同命名的文化内涵，下面依其要领分类介绍。

1. 胡同名称保留的历史痕迹

明朝的卫所制度是基本的军事编制，各地军事要害之处均有卫所设置。明亡，这一制度也逐渐被人们淡忘，遗留在地名中的明代卫所之称，也被后代弄得面目全非。如明代金城坊有济州卫胡同，崇教坊有武德卫营，这两个胡同在乾隆《京城全图》中分别被改成机织卫胡同与五道营，听着读音没多大变化，实际与明代标识的内容完全不同了。今北京东单北大街有东、西总布胡同，名字很难理解。乾隆《京城全图》标为总部胡同，但总部又是一个什么衙门呢？明代这里著录为总铺胡同，这一听就容易多了。有关"铺"的问题，可以追溯到元代，"铺"是元代驿路上的点，约十里一铺，于是地名中就有了十里铺、二十里铺、三十里铺。"铺"虽与元代驿站制度相关，明代在北京城里也有了变化，张爵《京师五城坊巷胡同集》记述北京分为五城三十六坊，每坊下分为若干牌，牌下再分若干铺。"总铺"以及今天仍存的"六铺炕"，恐怕都与这一制度相关。总铺讹为总部，总部再讹为总布，就是如今东、西总布胡同命名难解之因。当然在现今胡同之中也有许多仍然沿用的旧称，却也不为大家陌生，如"东厂胡同"就是这样一例。当然这样的功效恐怕要归于电视作品的功劳了。

2. 胡同名称保留的地理痕迹

今日北京皇城东侧有南河沿、北河沿的街道名。街道虽不是胡同，但与街道相连的却是胡同，这些胡同的命名或与河有关，或与仓有关，但今日不但与河相关的地理景观所见不多了，而且遗留下来的古代仓库也只仅存一二，胡同以及相关的街道名称却为北京城保留了过去的地理线索。元大都营建后，将城市供水水源从莲花池水系转向高梁河水系的同时,开凿了通惠河,以解决南粮北调问题。最初京杭大运河北端只到通州,粮食以及各地物产由水路运到通州后卸船,再用人力畜力运到大都城,十分艰苦。北京地区的地势西北高东南低,为了解决这一难题,郭守敬设计了一条闸河,沿河建造了24座水闸,通过上下闸的互相启闭来调节水位,从而使货船由低向高行驶,直达积水潭码头,这条闸河即为"通惠河"。从积水潭东岸经海子桥、东不压桥胡同、北河胡同、水簸箕胡同,向南顺北河沿大街、南河沿大街流出城,与金代所开的金口河故道相接,然后向东流至通州,与南北大运河汇合。明代由于北京城址向南推移,通惠河上段河道废弃。明正统三年(1438年)在东便门修建了大通桥闸,成了通惠河新的终点码头。明末通惠河由东便门可直达朝阳门。清康熙三十六年(1697年),挑挖东护城河,引游船北上可直达东直门。大量粮食、货物沿河进城,就便卸在附近。为此明、清两代相继在朝阳门内、东直门内建造了许多粮仓、货仓,海运仓、禄米仓、新太仓,这些胡同的得名就应该是这一背景下的结果。大量的仓库修建在东城,不但为东城沿河地带增添了这些地名,而且与之相伴还出现了"西城贵、东城富"的民间说法。民间所言"东城富"大概与这里众多的仓库相关。

3. 胡同名称的流变

北京胡同名称的流变多属于音讹而改名,如明代阜财坊有个祁家胡同,读快了像茄子,于是乾隆《京师全图》写作茄子胡同。这样的事例很多,教忠坊水塘胡同,而为水塔胡同;正西坊张善家胡同讹为掌扇胡同;正东坊巴家胡同讹为八角胡同;思诚坊铸锅胡同讹为竹竿胡同,明时坊扬州胡同讹为羊肉胡同;阜财坊白帽胡同讹为白庙胡同等。这样的音讹不但为我们今天辨识胡同名称的本来造成困难,即使古人也会产生错误认识。张清常先生列举了这样一个例子,清人朱一清《京师坊巷志稿》孔雀胡同下面作了百余字的掌故说明,提到它得名于"旧有孔雀庵",但全然没有注意其前350年这里的名称为"孔家胡同",孔雀胡同应是孔家胡同的音讹所致。此外北京西城白塔寺东街有大觉胡同,主观想像或许这里曾建过大觉寺一类的寺庙,但事实并不如此,这里旧称大桥胡同,后讹为大觉胡同。

4. 胡同名称的雅化

北京胡同的命名多数源于民间,因此普遍存在"文不雅驯"的现象,面对这样的名称,人们自然想到雅化问题,雅化的方式多采取同音不同字的方式更换。下将张清常先生的相关研究列为表格,以便览阅:

原名	改名	所在地	原名	改名	所在地
哑巴胡同	雅宝胡同	朝阳门南小街	罗锅巷	锣鼓巷	鼓楼东大街
宋姑娘胡同	颂年胡同	东直门南小街	奶子胡同	迺兹胡同	八面槽
打劫巷	大吉巷	宣武门外	阎王庙街	延旺庙街	宣武门外
裤子胡同	库资胡同	复兴门内大街	裤裆胡同	库藏胡同	珠市口西大街
裤腿胡同	库堆胡同	珠市口西大街	裤脚胡同	库角胡同	珠市口西大街
江米巷	交民巷	天安门广场两侧	干鱼胡同	甘雨胡同	王府井大街
豆腐巷	多福巷	王府井大街	烧酒胡同	韶九胡同	王府井大街
烟袋胡同	燕代胡同	赵登禹路	闷葫芦罐胡同	蒙福禄馆	骑河楼妞妞房
臭皮胡同	寿比胡同	鼓楼东大街	臭水河	绥水河	民族宫南街
粪场胡同	奋章胡同	崇文门外	猪市口	珠市口	前门大街
猪尾巴胡同	智义伯胡同	宣武门外	牛血胡同	留学胡同	珠市口西大街
牛蹄胡同	留题胡同	赵登禹路	羊尾巴胡同	扬威胡同	东花市大街
狗尾巴胡同	高义伯胡同	太仆寺街	驴市胡同	礼士胡同	东四南大街
鸡爪胡同	吉兆胡同	朝阳门北小街	屎壳螂胡同	时刻亮胡同	新街口北大街
鸡毛胡同	锦帽胡同	广宁伯街	城隍庙街	成方街	复兴门内大街

此外猴尾巴胡同改成侯位胡同,马尾胡同改成慕义胡同,灌肠胡同改成官场胡同,母猪胡同改成梅竹胡同,张秃子胡同改为长图治胡同,王寡妇斜街改为王广福斜街,轿子胡同改为教子胡同,劈柴胡同改为辟才胡同等。

北京胡同变奏

1. 北京胡同的形状

北京街道多数规划为正南北、东西方向,胡同分布在街道两侧,多数与街道直交。但有的地方因河流等原因也有斜街,这样的街道、胡同往往在命名中就显示出来了,如杨梅竹斜街、樱桃斜街、烟袋斜街、白米斜街等。其中烟袋斜街是今天以什刹海为核心胡同游的重要部分,这条胡同的形状受什刹海影响,东口像烟袋嘴,往西顺着细长的烟袋杆,至西口向南直通银锭桥,仿佛是安在烟袋杆上的烟锅。

  北京的街道长短不一,胡同自然也不一致。从事北京胡同研究多年的翁立先生认为,东、西交民巷应算最长的胡同了。这条胡同与长安街平行,东起崇文门内大街,西至北新华街,长度足有六里多地。有最长的胡同,就必然有最短的,位于琉璃厂东街东口的桐梓胡同只有十来米长。翁立在调查中询问老人知道,这条胡同路北原有三个门,整个胡同长度不过十来米,均为刻字店;路南也有三个门,分别为大酒缸、铁匠铺、理发店。胡同的长短不一,宽窄也不同,宽的称为宽街,窄的称为夹道,仅从地名即可感觉胡同的形状。北京城虽然是一座经过严格规划的城市,但仍有一些胡同弯弯曲曲,被人们称为五道弯甚至九道弯,凡是这样的胡同几乎都是又细又窄,胡同里门户极少,因此衍生出许多故事。随着城市改造,这样的胡同越来越难见了。

2. 北京胡同的变奏

  胡同与北京城的历史相伴相生,在北京城的数百年风雨沧桑中,胡同也经历着各样的变化。交道口南大街有府学胡同,胡同因设在路北的顺天府学得名,顺天府学为顺天府办的官学。北京城内与之功能相近的还有国子监,国子监位于安定门附近的国子监胡同,为全国最高学府,也被视为太学。在东城未改造之前,建国门内大街有贡院东街、贡院西街等名称,显然以往这一带曾是贡院所在地。贡院是开科考试的地方,明清两代,每三年全国各地的举人均汇集到这里参加会试。从府学到贡院是封建时代书生进入仕途的必然途径,当年那些饱读经书的学子们出入于这些胡同周围,不仅将这里视为日后腾飞的起点,而且也为周邻带来浓浓的书香。随着科举制度的废除,这些曾为龙凤之巢的官学、贡院也失去了往日的作用,顺天府学成为一座小学校,国子监为首都图书馆,贡院早已拆除,基址上新建的是如今中国社会科学的最高研究机关——中国社会科学院。

翻开北京地图,胡同的名称不断提忆起北京历史种种场景,禄米仓、西什库、按院胡同、兵马司、骡马市、缸瓦市、隆福寺街,等无不从一个角度显现了旧日的北京风貌。北京众多的胡同或因官衙,或因人物、地形、传说等给人们留下难忘的印象,其中一处被称为"八大胡同"的地方,虽然没有可述的背景,却以过去北京"红灯区"的定位,为各类文学作品屡屡提及。所谓"八大胡同"在西珠市口大街以北、铁树斜街(旧称李铁拐斜街)以南,由西往东依次为:百顺胡同、胭脂胡同、韩家潭、陕西巷、石头胡同、棕树斜街(旧称王广福斜街)、朱家胡同、李纱帽胡同。其实这仅是狭义的"八大胡同",老北京人所说的"八大胡同",泛指前门外大栅栏一带,因为在这八条街巷之外的胡同里,还分布着近百家大小妓院。只不过当年,这八条胡同的妓院多是一等二等,妓女的"档次"也比较高,所以才如此知名。

北京胡同的故事像北京历史一样绵长,这些由灰砖灰瓦构成的小巷,带着北京历史的留痕,带着京师文化的记忆,在沧桑中形成圈圈年轮,在寻常中构筑出古都的风华。

自 学 指 导

教学要求:

　　四合院与胡同是构筑北京城的基本单元,在北京历史发展进程中,四合院与胡同不仅是百姓的居住空间与交通途径,而且深深地融入了京师文化的精髓。这些代表京师文化的建筑不仅表现出鲜明的地方特色,而且与人文历史相融,成为北京城市文化不可分割的整体。基于这样的目的,了解北京四合院的基本结构、大门形制、文化特征,了解北京胡同的建筑格局与命名特征,对于认识北京历史文化具有重要意义,也是本讲需要掌握的重点。

重点难点提示:

1. 北京四合院的建筑格局与文化内涵。
2. 北京胡同名称的变化及其隐含的文化背景。

思考题:

1. 北京四合院的基本格局以及与其他地方四合院空间布局的主要差异。
2. 北京四合院屋宇型大门共分几个级别？识别特点是什么？
3. 北京胡同名称的雅化原则是什么？

参 考 文 献

陆翔、王其明：《北京四合院》，中国建筑工业出版社，1996年。
邓云乡：《北京四合院》，人民日报出版社，1990年。
高巍：《北京四合院》，学苑出版社，2003年。
张清常：《胡同及其他》，北京语言学院出版社，2004年。
翁立：《北京的胡同》，北京图书馆出版社，2003年。
沈延太、王长青：《京师胡同留真》，外文出版社，1997年。

第九讲　京城古水道寻踪

城市离不开水,一旦没有了水,城市就会失去生命的活力;城市最怕水,一旦地表水超过了一定限度,又无法迅速排泄,就成了城市最可怕的灾难。

与其他大城市相比,北京自古以来是一座缺水的城市,因而古代的北京人把水看得很重。这一点表现在祭祀龙神的虔诚上,表现在北京的民间传说里,同时,也表现在北京街巷胡同的命名上。根据地名学中的命名原则,水道是最明显、也是最容易得到公认的自然标志物。在北京街巷胡同的名称中,有很多是根据历史上曾经存在过的自然或者人工的水系而命名的。这类名称为我们描绘出北京水系的历史面貌,是难得的历史纪录。

本文将对旧日的北京都市水系作一简明的综述,并在曲折纷繁的北京街巷中寻觅古代水道的踪迹。

一、旧都水系综述

与北京城区关系最密切的水系有三处,分别是莲花池水系、永定河水系和高梁河水系。

莲花池河水系包括莲花池与莲花河。池不大,河也是小河,却在北京城市发展史上发生过重大影响,是早期的北京城——蓟城、幽州城、辽南京城和金中都城的主要供水水系。莲花池位于今日的广安门外,由于在古蓟城的西侧,又被称为西湖。莲花河古称洗马沟,从西湖向东流。在辽代以前,沿城外的西侧向南流,然后沿南城墙外东流,东南注入清泉河(古灢水,即今日的永定河)。金建中都时,将辽南京城的东、西、南三面各扩展3里,遂将洗马沟的一段圈入中都城内,并注入皇家苑囿同乐园、西华潭,然后从龙津桥下向东南流出城外。但是,莲花池水系水量很小,元初,当元世祖忽必烈决定建都于此,并要建造一座规模宏大的帝国都城时,就深感到它的水量不足,因此把城址由莲花池水系迁到了其东北的高梁河水系。

永定河在历史上曾名治水、湿水、㶟水、桑干河、清泉河、卢沟河、浑河、小黄河、无定河等,清康熙三十七年(1698年)钦定为"永定河"。永定河虽被称为北京城的母亲河,却是一条桀骜不驯的河流,历史上多水患,经常决口、改道,就像传说中的凶龙一样,在北京平原上滚过来又滚过去,到处留下些湖沼沟渠,还真像民间传说中讲述的"苦海幽州"。商代以前,永定河出山后的主河道本是斜向东北,经过今日的昆明湖注入清河,东流与温榆河汇合;约在西周时,主河道又移至今紫竹院一带,过积水潭东流,沿坝河方向再折向东南流;大约在春秋至西汉间,经积水潭向南流经三海地区,斜向东南,过龙潭湖出城东南流;从东汉至隋,又改由今石景山南下到卢沟桥附近,再向东沿今凉水河方向东去;唐以后,过卢沟桥后分为两支,东南支仍走凉水河线,另一支向南折而后东南流,南支逐渐成为主流。

高梁河,又称高梁水,金代称高良河,北魏成书的《水经注》中已有记载。发源于今日紫竹院湖面下的平地泉,经今白石桥、高梁桥,至德胜门水关入城,循积水潭、什刹海、北海、中南海再东南流,过正阳门、鲜鱼口、红桥,经龙潭湖西部,在贾家花园流出城外,继续东南流,过十八里店至马驹桥以南注入湿水(永定河故道,约相当于今凉水河河道)。这条河道就是西汉以前永定河的干道,东汉以后永定河河道南移,原来的河道变成了一条断头河,仅仅依靠紫竹院一派湖光之下的平地泉供给水源,遂演变为高梁河。高梁河虽小,但自元代以来一直贯穿于北京城的心脏地带,它的上游,是城市供水的主渠道,到了下游,就成了排洪泄污的干渠,同时也为城区内大大小小的湖泊注入了生命之水,地位十分重要。

因为这条河道经过了今日的前后三海——积水潭、后海、前海以及北海、中海、南海一线,所以有些学者把它称作"三海大河"。三海地区自古水草丰茂,辽金时称为海子,又称积水潭或白莲潭。早在十二世纪后期,金代皇室就看中了金中都东北郊的这片风景区,动用大批劳力,通过积水潭上游的高梁河,引来玉泉山水,利用三海地区的低洼地和大片水面,开挑疏浚,建成了著名的大宁离宫,并且在湖面上堆起了一座琼华岛，这就是今日北海公园的前身。

封建都城每年都需要从产粮区调运大量的粮食，通过水路运到城里，这就是漕运。金中都西面的莲花河水量较小，不足以解决漕运的需求。最初曾引用高粱河水，凿渠东下，直到通州，但因高粱河水量也很有限，因而大兴水工，凿开了海淀以南的台地，通过今日的昆明湖，引来了玉泉山水，与高粱河汇合，直至通州，称为闸河，又称运粮河。又引高粱河上游另一分支，注入中都城的北护城河，再向东与闸河相接，使来自通州的粮船可以直抵城下。然而这样一来，闸河以南的高粱河下游，却就此断绝了水源。

金人虽然解决了漕运问题，但终因闸河水量有限，漕运十分困难。自通州到中都城下四五十里，却需船行十余日。为获得更为充沛的水源，大定十一年（1171年），于石景山开凿金口，引卢沟河（今永定河）水直通闸河。河水在今日玉渊潭的南部汇入金中都的北护城河，然后向东经过今天的人民大会堂和北京车站一线，沿今日的通惠河道直到通州。但其后却因卢沟河水肆虐，难以行舟，且屡次危及中都安全，到了大定二十七年（1187年），只得又将金口堵塞。有金一代，未能很好地解决漕运问题，这也就是元代大都城重新选址的重要原因。

元代初年，为了彻底解决漕运的水源问题，由著名科学家郭守敬主持，重新开凿了一条由大都直到通县的运河，叫做通惠河。为了解决运河上游的水源问题，郭守敬把昌平的白浮泉水引到瓮山泊（今颐和园昆明湖），又通过金代开凿的长河、高粱河，将水引到城下，从大都城的和义门北水关（今西直门立交桥北）入城，注入积水潭。那时的积水潭，水面广阔，水量充沛，比今天的什刹海大得多。南方运粮的大船沿着京杭运河上行，一直能够停泊到大都城里，皇城的北门外。

当时，金代的大宁宫已被划入了大都皇城以内，成了皇家的太液池。为了沟通皇城以北的东西交通，也为了修筑皇城北面的萧墙，在太液池和积水潭之间，今天的地安门西大街一带，填筑起一条东西大道，人为地截断了积水潭与太液池之间的联系，使它们分别从属于通惠河水系和金水河水系。

北面的积水潭自从与太液池分流以后,纳入通惠河,向东南流到万宁桥下。万宁桥又称海子桥,明清以来称地安门桥,民间称为后门桥。当年,郭守敬在万宁桥下新开了一条渠道,引潭水东出,傍皇城东墙外南下,经丽正门(今天安门)东水关,流出大都南墙。然后在文明门(今崇文门北)外合入金代的闸河,东行至通县,直通北运河。

当时曾另外开凿了一条金水河,把玉泉山的泉水直接引入太液池,以满足皇家苑囿和宫廷的用水需求。金水河自和义门南水关(今西直门南120米处)入城后,曲折南下,然后又向东直至皇城西南角(今甘石桥附近),至此分为两支,其一傍皇城西墙往北流,绕西北城角外东行,过长桥(今厂桥),在今日北海幼儿园处南折,注入太液池。另一支正东直入皇城,经隆福宫前(相当于今中海)注入太液池。金水河的下游东出太液池后,经宫城正门崇天门外向东,汇入通惠河。当时金水河是归皇家专用的,因而要保持绝对的洁净,在河流与其他水道相遇时,都用"跨河跳槽"的方式跨越过去。元代初年,"金水河濯手有禁"曾经悬为明令,普通百姓是根本不能染指的。

明代建都北京后,将元大都的北城墙向南收进了五里,从西直门(元代的和义门)以北斜向东北,在积水潭上游最窄的地方转向正东,把后来的太平湖分割到城外。又修建了德胜门水关,作为引水入城的惟一通道,金水河的上游从此断流,完全改变了元代水系的布局。为了保证皇家苑囿以及宫廷的用水,在什刹海的南端重新开通了向南沟通太液池的渠道,海子水从西不压桥下面直接进入太液池。金水河的上游断流以后,一部分旧河道湮没了,另外一部分变成了以城市排水为主要功能的大明濠(今赵登禹路、太平桥大街和佟麟阁路)。

明代继续向南拓展太液池,形成了北、中、南三个海子。又从南海引水东下,绕过天安门前,注入通惠河,称作外金水河;从北海东岸开渠引水,沿景山西墙外,南入紫禁城,其下游与外金水河合流,称为内金水河。但此时金水河的概念与元代已完全不同了。

由于明代皇城东墙和内城南墙的拓展,把原来位于城外的一段通惠河道包进了皇城以内,人为地截断了通惠河的交通,通惠河成了一条"御河",江南的船只再也不能停泊在积水潭上。漕粮水运至通州为止,改为陆路进京。积水潭日渐淤垫,湖面逐年缩小。当年的海子东北一带,原有个地名叫作"一溜河沿",随着海子的逐渐退缩,渐渐形成了"义留胡同"和"鸦儿胡同"两个地名。从这两条胡同的位置,约略可以看出当年什刹海岸的所在。

明代中叶修建外城,其基本范围包括了今日的崇文区和宣武区。在这一区域里,包纳了古高梁河故道上的很多坑溏沟渠。每到雨季,这些水道就会起到疏导、排泄和消纳积水的作用。顺着地势,将积水引到外城南城墙下东西两侧的大片沼泽之中。西侧的湖沼叫作野凫潭,建国后疏浚整治为陶然亭公园;东侧湖沼就是今天的龙潭公园。南城根下历来人烟稀少,野凫潭芦苇接天,已是荒僻得可以,外城东南那一片泽国,更是荒僻得连个名字都没有。1952年疏挖整治以后,因其上源来自龙须沟,故而命名为龙潭湖。

清代以后,北京城内水系布局的变化不大。作为城区的排水系统,只是在内城东、西城墙的内侧各开辟了一条明沟。西面自西直门起,经阜成门至内城西南角的太平湖,东面自安定门内东侧至东北角楼转而南下,经东直门、朝阳门至内城东南角的泡子河。每到雨季,这一东一西两个小湖消纳城市雨潦,起到了水库的作用。

二、昔日水道寻踪

通惠河水系

内城西北的积水潭,又叫什刹海西海。海子西北的小山上,有一组漂亮的庙宇建筑,叫做汇通祠。汇通祠始建于明永乐年间,旧称法华寺。因为附近就是高梁河入城的总水关,这座庙宇负有特殊使命,所以又曾叫做镇水观音庵。乾隆二十六年(1761年)重修后改名汇通祠,汇是汇聚的汇,通是畅通的通,寄托了北京人的期望。水关南岸原有一只石雕的镇水兽,当年,几乎所有的地面活水都是从它的鼻子下面流进北京城的。

什刹海后海(图9-1)的南岸,有一条名气挺大的柳荫街,从柳荫街南行转东是前海西街,这两条街本是连接积水潭和什刹前海的一条水道,当地人称之为清水河,或是月牙河。明代街在水道的西岸,叫做李广桥西街,李广桥就在街道的北端。李广其人本是明弘治朝的太监,权势煊赫,"起大第,引玉泉山水,前后绕之"。他获罪后,八大罪状之一就是"盗引玉泉,经绕私第"。李广的宅子入清后曾为和珅所居,后来又成为庆王府和恭王府。到了清代中叶时,李广桥西街仅指这条街的北半部。南半部因为在铜铁厂胡同东口外有座清水桥,所以叫做清水桥胡同。月牙河自清水桥下南流折东,有桥名三座桥,亦称三转桥、海子桥,或者叫月桥、越桥。沟水过桥后经由响闸进入什刹前海,所以这里有三座桥胡同。20世纪50年代,北京市政府整理城市水系,明沟改为暗管,60年代改名为柳荫街。

图 9-1　后海(蒋力摄)

　　地安门东大街路北有东不压桥胡同,本是什刹海水从后门桥下进入皇城的通道,是御河的上端,胡同因桥得名。东不压桥是一座东西向的石桥,位置就在胡同的南口外,地安门东大街街心稍偏南。原先,明清两代的皇城就从半边桥上通过。因为在地安门西大街北海后门稍东有一座同样、同名、同一功能的石桥,所以分别把它们称作东、西不压桥。这座桥建于永乐十八年(1420年),民国初年拆皇城时一并拆除。明代中叶的《京师五城坊巷胡同集》中称其为步粮桥。有人认为应该是"步量桥",意思是说桥身为皇城占去一半,桥身之窄,可用步量。民国后又改称不压桥,意思是说皇城拆除,石桥如释重负。20世纪50年代,河道改为暗管辟成胡同,称原河道的南北向段为东不压桥胡同,原河道东西方向通后门桥的一段改属拐棒胡同。

　　从东不压桥胡同穿过地安门东大街,就是东板桥胡同。这条胡同原称东板桥街,也是因桥而得名。原来的桥是一座南北向的木板桥,是前海之水自东不压桥入皇城后的第一座桥,位于今东板桥胡同与北河胡同接口的地方。北河胡同也是旧日河道,河水由此东行,在水簸箕胡同一带南下。所谓水簸箕,是说这个地方地势低洼,容易存水。

御河由此南下,直抵达长安街。这一段以前称作东安门河沿,后来又以东安门为界分为南、北沿。明永乐年间展拓京城南墙以后,这段河道就不再通航了。宣德年间又把皇城的东墙从御河西岸移到了东岸,更将这段河道划入了皇家禁地,百姓从此不得涉足。直到民国初年,南河沿铺设暗管,改成马路,并且在皇城南墙上开了个豁口,这才重新对民众开放。20世纪50年代以后,北河沿也改为暗管,从此成为通衢大道。

顺北河沿南下,有地名沙滩。这个地名当然与古代河道相关,它的形成应更早于元大都建设之前。只不过原来地名的范围要比后来大得多。今日公安医院以南有银闸胡同。闸的位置在胡同东口外御河中。清代《宸垣识略》中说"骑河桥北有石础堵水中,开二尺许,当即银闸也"。

银闸以南有骑河楼街。所谓骑河楼,实际上指的就是楼阁式的桥梁。这座桥建于明代,在骑河楼街东端横跨御河,街因以得名。在《乾隆京师全图》中记有这座桥的大致式样和这条街的名称。到了清末,桥已久废,只剩下这条街名了。

东长安街以南的正义路原名御河桥。明代初年,御河南出皇城以后,放弃了通惠河故道,沿着一条新开辟的河道笔直向南,穿过正阳门东水关,进入内城南护城河。在这段新开的河道上,依次横架了三座石拱桥,东长安街上的北御河桥、江米巷(今东交民巷)内的中御河桥和紧靠城根的南御河桥。明代在北御河桥南侧的东、西两岸曾各立一座牌坊,额题"御河东堤"和"御河西堤",岸边高柳垂荫,葱郁可观。"御河新柳暗如烟,万缕长条碧可怜",作为当年的京师一景,"御河新柳"常为诗人题咏。崇祯二年(1629),后金(清)大军攻进长城,京师戒严,"守城官军御寒无具,尽砍为薪,仅存翰林院墙东一带矣"。到了清代后期,这段御河被划入了外国使馆界。1901年使馆界拆除了南御河桥,改为暗沟,作为六国饭店的停车场。1926年,又改中御河桥以北至长安街一段的御河为暗沟,路面中间辟为绿化隔离带,仍以原来的东西河沿为通道。1924年刚通有轨电车时,此地曾有"御河桥"一站。到了30年代南河沿改为暗沟以后,北御河桥也被拆改为马路。抗战胜利以后,命名御河桥东侧路为兴国路,西侧路为正义路。建国后,两侧统一命名为正义路。

在今日的北京火车站一带,曾有个叫做泡子河的地名。泡子是北方人的叫法,指的是有积水的坑溏洼淀。明末的《燕都游览志》说它"前有长溪,后有广淀",《帝京景物略》也说是"洼然一水……积潦耳"。明代政府曾在这里设立过盔甲厂,厂中另有炮作,专门制造铳炮火药,所以明代的文献中,也把它称作炮作河。

泡子河原本不是死水,它的下游沿着水关通向崇文门外的东护城河,成为城市的一条泄水孔道。明清两代,长溪"两岸多高槐垂柳,空水澄鲜,林木明秀",环境幽静,风光宜人。滨河有很多私家园林。当地的吕公堂等庙宇也颇著名声。到了清代中叶的时候,内城的东南角上还有一片挺宽阔的水面。有两条水道通向泡子,一条南北方向,起自南牌坊胡同中段以东,沿着朝阳门南城根向南注于淀。今日的泡子河东、西巷就是昔日南北方向的旧水道。另一条东西方向,西北自船板胡同西口迤南,沿着胡同的走向抵达崇文门东城根后,向东注于淀。这就是来自北御河桥的通惠河故道。明初拓展内城南垣,御河改道向南,这条水道也就逐渐湮废,在内城东南角的低洼处聚成了泡子。泡子河的北侧原本还有一条支流,明代叫做沟沿,清代称为沟沿头,但至迟在明末清初的时候就已经是一片平地了。

到了20世纪40年代末,泡子河已成了一片死水,后来填平成了居民区,地名仍叫泡子河。50年代建设北京火车站的时候,大部分都成了站区建筑。

元明两代金水河

明代初年,元朝的金水河上游断流,原河道中自西直门南水关到今日柳巷的一段,以及从后泥洼折东,东西斜街以下的部分便逐渐湮没了。中间部分的南北方向水道经过疏浚,成了西城地区的排水干渠,叫做大明濠。大明濠从西直门大街上的横桥(又称红桥、虹桥或洪桥)南下,越过南城根的象房桥,经宣武门西水关入南护城河。大明濠两侧的通道,以辟才胡同西口为界,称为南、北沟沿。沿沟沿途架桥四十余座。横桥向南依次有北大桥(宝产胡同西口外)、南大桥(西四北八条西口外)、马市桥(阜内大街与羊市大街交界处)、太平桥(广宁伯街东口外)、石驸马桥(新文化街西口)、象房桥等等。民国以后,明沟改为暗管,开辟马路,称沟沿大街。抗战胜利以后,为了纪念抗日英雄,改北沟沿大街为赵登禹路,南沟沿大街为佟麟阁路。"文革"期间,改阜成门内大街以北为白塔寺东街,复兴门内大街以南为民族宫南街,两街之间为太平桥大街。20世纪80年代以后,又恢复白塔寺东街为赵登禹路,民族宫南街为佟麟阁路,太平桥大街依旧。

太平桥街东有前泥洼、后泥洼胡同。在古代,太平桥街和西斜街都曾经是河道。元代建大都城以前,两河夹角处是一片自然沼泽。建城以后修整了河道,沼泽里的积水便沿河而下,这个地方渐渐成了聚落。明代此地还是洼中积水的宣泄途径,所以地名叫做小河漕儿。到了清代,水量减少,民居增多,才有了前、后泥洼胡同。

甘石桥在明代中叶叫做干石桥,可见那个时候水道就已经干涸,只剩下一座石桥了。清代中叶桥左右还有一段干河沟,到了清末就已成平地了,地名也按照俗称改成了甘石桥。桥在东、西斜街之间,西单北大街街心稍偏东,是一座南北向(稍偏东北)的单孔石桥。民国初年铺设马路的时候,桥被埋入地下。当时这段南北马路被称作甘石桥大街,40年代时并入了西单北大街。1956年重修西单北大街马路的时候,还曾在地下发现了这座桥。

明清时期的内金水河源出北海北闸口,经北海东夹道与内官监(今恭俭胡同)之间南下,来到景山西墙外。内官监的南口原有一座白石桥,这里当初叫做西板桥大街(今景山西街)。河水由此南下,到了位于今日景山前街西口的北上西门外,从一座桥下进入筒子河。为防车轮碰撞,这座桥半边用砖半边用石砌就,所以叫做鸳鸯桥。

外金水河来源于太液池中的南海。当年河水自南海东出西苑,沿北河沿(今小桥北河沿),经过南长街的桥下,来到今日的中山公园西墙外,折而向南,经过东河沿(今织女桥东河沿)南端的织女桥,再折东经过中山公园南门外的西公生桥、天安门前金水桥、劳动人民文化宫南门外东公生桥,经南池子南口内东行到南河沿,东入御河。东公生桥至南池子南口内一段原称银丝沟,今已改为暗沟,称西银丝胡同。南池子南口内至南河沿南口内一段称菖蒲河,北岸叫菖蒲河沿,南岸叫东银丝胡同。菖蒲河于60年代后期改为暗沟,东银丝胡同也并入了菖蒲河沿。2002年3月,北京市政府启动了菖蒲河公园建设,仅用了半年时间,将尘封已久的古河道改造成为一处崭新的精品园林。

南城古水道·宣武区

在三海下游,原来有一条向南去的古水道。元代修建大都,这条故道被大都南城垣在今日长安街一线截断,下游部分甩在城外,成了一条断头河。明代初年向南拓展内城南墙,新的南城垣又把这条河道一分为二,北段留在内城北新华街一线,旧时被称作东沟沿,或叫河漕沿;南段置于外城南新华街一线,经虎坊桥一直到先农坛西北的一片苇塘,旧时叫虎坊桥明沟。

在明、清两代,这条水道一直是一条重要的城市排水干道。其北端分为两支,一支自小六部口胡同而东,一支自双栅栏胡同而南,于双栅栏胡同南口汇合后南下,至化石桥(今和平门),经宣武门东水关入南护城河。民国年间,将明沟改为暗管,开辟为南、北新华街。那时,虎坊桥以南还是明沟。一直到了20世纪50年代,这段路才改为暗沟,称虎坊路。

当年,绒线胡同的西段叫做板桥胡同,附近的大川淀也是水道。西长安街以南水道沿线的旧帘子胡同、新帘子胡同、前细瓦厂、后细瓦厂、半壁街、中街,一律被水道分为两截,中间全都建有桥梁。

大六部口街以西的南、北新平胡同,原先叫前、后水泡子,乾隆年间的地图上,这里还有一个大水溏。民国初年水坑已平,1914年,辟为南、北新平路。20世纪60年代,改为南、北新平胡同。

南新华街南端路东有臧家桥胡同。当年桥在胡同西口外,东西方向横跨虎坊桥明沟。明清以来,一直以桥名桥东之街。明代叫做章家桥。清代中叶又称庄家桥。到了乾隆年间,沙土园西口至堂子街西口的水道已改为暗管,称为北河暗沟和南河暗沟,当时,桥就已然废弃掉了。自清末至今,此地叫作臧家桥。20世纪60年代,改称臧家桥胡同。

臧家桥附近的韩家胡同,旧时称作韩家潭。一些专家认为,这条胡同也是一条古河道,因为河道上有潭聚水,胡同所以为名。清代至民国间,这里曾是北京最大的妓院区前门外"八大胡同"之一。

虎房桥是明代的地名。明代曾于桥西路北设虎房以豢猛虎,明沟之上,有一座东西向通向虎房的桥梁,所以叫做虎房桥。清代改称虎坊桥,沿用至今。

虎坊桥向西,骡马市大街以南的潘家胡同,旧称潘家河沿。这也是一个明朝旧有的地名。有的专家认为,这是沟通虎坊桥向西的一条水道,也有人认为可能与金中都的东护城濠有关。但是到了清代中叶,这里既无河也无水,只留下了地名。

虎坊桥明沟一直向南,通到先农坛西北的一片苇塘以后,接着就折向正东,穿过前门大街,沿着天坛的北侧,绕到天坛东侧,经左安门西水关注入外城的南护城濠。正阳门大街与这条水道交会的地方,原有一座大石桥。石桥建于永乐十八年(1420年),南北方向跨于水道之上。因为此桥是皇帝去天坛祭天的必经之路,所以叫做天桥。水道被石桥分为左右两部分,当时就叫做天桥东、西沟。北京民间传说,正阳门是龙头,天桥是龙鼻子,龙鼻子左右的两条细长水道,就叫做龙须沟。民国初年,天桥以西到留学路南口新开辟的道路,叫做天桥西沟旁。到了20世纪50年代,天桥西沟旁并入了永安路。

南城古水道·崇文区

自从金代开凿了东西方向的闸河与金口河以后,河道以南的"三海大河"故道就被切断了水源,给今天的崇文区留下了众多曲曲弯弯的干河道。后来的居民沿着河道建起住房,这些河道就成了明清以后外城的排水沟渠,这也就是崇文区拥有大量斜街的原因。明代正统年间修浚护城濠的时候,为了雨季泄洪,利用这些古河道,在正阳门东护城河的低洼处向南开通了一道泄水渠,叫做三里河。这条三里河的主干,自今天的西打磨厂、北晓顺胡同斜向东南,经过今天的南北桥湾胡同,然后注入金鱼池,再入龙须沟。乾隆年间,这些水道中还都通水。到了清末,除了金鱼池以外,其他地方只能从街巷的名称看出旧日水道的走向了。

崇文门西河沿中部,有南、北深沟胡同。这两条胡同原名深沟口,本是元代大都城南郊的一段旧河道,也是三里河一条支流。到了清代,这里就已经没有水了。民国年间,以打磨厂为界,分为南、北深沟,解放后又加上了"胡同"二字。

在前门大街迤东的鲜鱼口街与晓顺胡同相交的地方,原有一座东西向的小桥,横跨三里河旧河道。从长巷头条到晓顺胡同之间的这段东西街道,明代就称为小桥儿。清末光绪间,河道已成平地,桥也不存在了,但人们仍然称这段街道为小桥儿。到了20世纪60年代,这段街道才并入了鲜鱼口街。

在三里河故道与珠市口东大街相交的地方,就在今日的南、北桥湾街之间,原有一座桥,就叫做三里河桥。因为三里河故道在这个地方拐了个弯,此处又有三里河桥,所以桥两侧的胡同叫做南、北桥湾。北桥湾街东北的薛家湾,也是从东北方向汇入三里河的一条旧水道。明代即有薛家湾其名,到了清代中叶,水道就已经成为平地了。

今日珠市口东大街以南,原有一条称为大沟沿的古河道。西起前门大街以东,东而折北,又折东、折南,注入龙须沟。民国年间,沟沿又分为后沟沿、小沟沿几部分。小沟沿即大沟沿的南北向段,后沟沿为其东西曲折段,40年代末还有水。西草市街东原有狗尾胡同,民国年间叫作狗尾巴胡同,其实指的是大沟沿的"沟尾巴"。山涧口街东原有大坑胡同,其西北又有后坑胡同。两坑的东边就是大沟沿,沟东即是金鱼池。清代中叶大坑还有水面,而后坑已成了胡同。到了民国年间,大坑也变成了胡同。在50年代大举疏浚南城沟渠的时候,大沟沿、大坑与金鱼池一起,都成了陆地,淹没于建筑之中。

三里河桥的下游,天坛北坛根龙须沟的北岸,有一批以金鱼池为名的街巷。由于"三海大河"的故道经过这里,早年间这里确实有一片不小的水面。金代,这里星星点点分布着许多小的湖泊。到了民国初年,这些湖泊已逐渐合并成为十几个大一些的水面。1937年时,这些水面已大致连成一片,名叫金鱼池。这里确实也是北京金鱼行业培育和饲养金鱼的所在。鱼把式们把水面分割成一小块一小块的,分别不同品种,培育出著名的北京金鱼。到了1951年改造龙须沟的时候,金鱼池被改建成公园,湖面清洁,有四万多平方米。50年代中期,湖面填平盖了住房。

在天坛东北,东晓市街东口到天坛坛根之间的这段街道,原本叫做红桥。当年这座桥的位置应该在东晓市街的东口,南北方向跨于三里河故道上。

在崇文门外、广渠门里,有几处以河漕为名的胡同。据学者们推测,南、北、东三处河漕,应该是元朝末年开凿金口新河中的一段水道。附近的楼湾、三转桥等也是这条水道所经过的道路。这一带的民居大多是斜方向的,这说明,这里民居聚落的形成晚于水道。东、西、北三处"河漕"本是水道的名称,到了清代,这里已是平地,而且形成了街巷,后世也就沿用了这些名字。至少在清代中叶以前,在今日南北河漕胡同之间的水道上,东西方向略斜,横架着一座大石桥。清末称为栏杆市石桥,或斜大石桥,石桥东、西两侧称作大石桥街。20世纪50年代以后,并入了当时新开辟的广渠门大街。

历代护城河

古代北京城市水源的上游,在注入城市之前,首先注入城墙外面的护城河,构成了城市的防御工事。金代的莲花池水,元明清三代的高粱河水都是如此。护城河水不仅仅是城市的防御工事,同时也是城市排水的干道。在北京的街巷名称中,有不少是与护城河相关的。(图9-2)

今日中央音乐学院附近的东、西太平街,清代中叶称作小沟沿。当时虽然已经成为胡同,但沟内仍然还有水。到了清代末年,沟就已然填平了,当时称作太平街和鲍家街。到了民国年间,又分为东、西太平街。

从东太平街东口,向东穿过佟麟阁路,有受水河胡同。这条胡同原名臭水河,清代乾隆年间,胡同西段仍然是一段明沟。清末民初地名雅化,臭水河才改名为受水河。

太平街和受水河这两条胡同原来都是金中都的北护城濠。元朝兴建大都以后,旧城濠因无人管理,多有堵塞。明代初年拓展内城南

第九讲　京城古水道寻踪　　　　　　　　　197

图 9-2　角楼护城河（罗哲文摄）

垣，又将这两条胡同划入城内，恰在大明濠左右，就成了大明濠的支流。几百年来连续不断的城市污水排放，造成了严重的污染，故而才有"臭水河"之称。

中都北护城河向东连接运粮闸河，这一段河道在胡同的构成与命名上也有所反映。在宣武门内的西新帘子胡同到新壁街之间，有一条南所胡同。这条胡同在清代中叶叫做臭水坑，民国以后才改为南所胡同。此地当初与宣武门大街以西之臭水河之间，经过安儿胡同北、旧帘子胡同西段、新帘子胡同西段相通。当年，由于旧城护城河被弃，东下的闸河故道也都分段湮没，护城河水就在这里积成了一处死水，年长日久，也就成了臭水坑。

明清内城的南护城河，自明代中叶就归入了人口稠密的外城城区以内，前三门的东、西两侧分别都有东、西河沿的地名。这些街巷虽然同样被称为河沿，但情况却有所不同，名字的念法也不同。其中有的街巷只是临河的半边街，而另外一些则是与护城河平行的两边街。为了区别二者，前者称作后河沿儿或只称河沿儿，词尾儿化；后者则称为河沿，词尾不儿化。比如著名的前门外西河沿，就是位于护城河的南侧，与河流平行的一条两边街。而这条街道北侧建筑的后身临河，河边的这条通道就叫做后河沿儿。

北京城既是一座现代化的国际大都市,同时也是一座历史悠久的文化古都。对当代人而言,了解和认识这座古城,具有非常重要的意义。流传至今的古代文献和文物固然是我们了解和认识这座古城的重要依据,而现存或已湮没的街巷及其名称,同样是古人向今人传递信息的重要载体。在探索和了解北京城区内古代水道的过程中,这一点体现得尤为明显。

自 学 指 导

教学要求:

通过本讲的学习,要求学生认识古代北京城市水系在今日北京城市中留下的痕迹或遗存,进而从整体上了解古代北京水系的形成与变化,及其与城市功能、城市布局和城市道路系统之间的密切关系。

重点难点提示:

本讲重点为由莲花河水系、永定河水系、高粱河水系共同构成的古代北京水系的基本走向。难点在于北京城区水系演变与历史发展的关系。1. 金、元两代由于漕运需求引发的运河开凿活动。金代开凿海淀台地形成长河,元代开凿通惠河;2. 元、明之际城区水系中以金水河为代表的重大变化。元代的金水河水系经过人工设计和干预,形成通惠河水系之外的独立水系;明代初年,同样经过人为干预,金水河上游的河道废弃,两个水系的下游合二为一;3. 因新旧城址重叠而废弃的护城河水道;4. 清末民初直至今天,城市的近代化、现代化促使大量的地面水变为暗河,甚至消失。同学们在学习中需通过大量阅读相关时代的地图与地志,全面了解北京古代水系的形成与变化,并通过阅读历史文献,辨明人为干预因素对水环境所产生的直接或间接的影响。

名词解释：

莲花河水系　永定河水系　高梁河水系　通惠河水系　金水河水系　三里河　龙须沟

思考题：

1. 通过北京古代水系的变迁，概述人为干预因素对北京地面水环境所产生的影响。
2. 了解和研究北京古代水道遗存的历史意义和现实价值。

参 考 文 献

《乾隆京城全图》，北京燕山出版社，1995年11月。

陈宗蕃：《燕都丛考》，北京古籍出版社，1991年10月。

《北京市志稿》，北京燕山出版社，1998年。

常征、于德源：《北京漕运和大运河史》，1983年12月。

蔡蕃：《北京古运河与城市供水研究》，北京出版社，1987年10月。

北京市地质地形勘测处编制：《旧北京一九四九年城郊区地图》，1976年。

北京市地质地形勘测处编制：《旧北京一九四九年城区地图》，1976年。

第十讲　北京的长城与民族融合

中国修筑长城的历史前后相继,长达两千多年。古代的长城不仅具有很强的军事防御作用,保卫着中原的农业文明,而且守卫长城的军队戍守兼屯垦,不仅巩固了北部边防,对边区的经济开发也起了积极的作用。今天看来,更为重要的是,位于北方牧猎地区与农耕定居地区汇接处的长城,还是一条长城内外民族广泛交往、深入融合的纽带,为伟大的中华民族共同体的形成做出了重要的贡献。

一、北京地区长城的历史演进

长城的始建——燕长城

战国时期,以蓟城(今北京城西南部广安门一带)为都的燕国,为了南防赵、齐,北御东胡、匈奴,修筑了南、北两道长城。燕南长城即易水长城,位于燕国南界,是为了防御齐、赵,保卫燕下都(今河北省易县南)而建。燕北长城位于燕国北界,修筑于燕昭王二十九年(公元前283年)。[1]是为保护燕都蓟城和燕国北部疆土而筑的。当时燕国受到北面东胡族的威胁,为了讲和以求暂时安定,燕国曾把贤将秦开作为人质送到东胡。秦开深得东胡人的信任,熟悉了东胡地区的情况,后来回到燕国,率领燕军大破东胡,把东胡向北赶出上千里,于是"燕亦筑长城,自造阳(今河北省怀来县官厅水库南大古城,一说在今河北省独石口附近)至襄平(今辽宁省辽阳市),置上谷、渔阳、右北平、辽西、辽东郡,以拒胡"。[2]其中渔阳郡治在今北京市密云县西南十里堡乡统军庄村南1公里的南城

---

[1] 尹钧科:《北京历代建置沿革》,北京出版社,1994年,第48~49页。
[2] 《史记·匈奴列传》。

子,地处密云县和怀柔区交界处。燕北长城,自今怀来县西南部向东北,经过今北京市延庆县境,在延庆县西南部西拨子至今仍有墙体、墩台遗迹依然可见,①从延庆继续向北经河北省赤城县、沽源县,转向东北,从丰宁县、围场县境内穿过,至内蒙古赤峰市境,蜿蜒东去。燕长城大部分地段距今北京北界三四百里。长城沿线修筑了大量烽燧和屯兵城堡。

长城格局的初步形成——北朝长城

战国燕以后,北京地区再未出现过长城。直至北魏太平真君七年(446年),修筑了"起上谷,西至于河,广袤皆千里",从上谷郡治居庸县(今北京市延庆县)向西延伸达黄河东岸今山西偏关一带的长城,这是今北京地区有明确记载、规模较大的第一条长城。当时,鲜卑族拓跋部建立的北魏以平城(今山西省大同)为都,效仿秦汉时期防御匈奴的办法修筑长城,主要是为了保卫其都城和所辖北部地区不受柔然等北方部族的侵扰。

其后的东魏、北齐和北周也都沿袭北魏的做法,大修长城。东魏曾在今山西北部汾河上游恒山西南部小规模修过长城,但未在今北京地区新筑长城。北齐时期,蒙古高原上的突厥族势力壮大,并建立了突厥王朝,常欲侵扰北齐的北部边境,所以,建都于邺(今河北省临漳县)的北齐政权为抵御北方的突厥、柔然、契丹族和西方的西魏、北周政权,在立国的短短27年中曾先后数次大规模修筑长城。其中与今北京地区关系密切的长城修筑工程有如下几次:据《北史·齐本纪》载,天保六年(555年),"诏发夫一百八十万人筑长城,自幽州(今北京)北夏口(今北京市昌平区南口)西至恒州(今山西省大同)九百余里"。从长城的走向及位置看,北齐这次所修长城可能是在北魏长城的基础上加以修补扩建而成。第二年,北齐又在已有长城的基础上,"自西河总秦戍(今大同西北)筑长城,东至海,前后所筑,东西凡三千余里,六十里一戍,其要害置州镇凡二十五所"。北京市境居庸关以东在这时第一次出现了长城,是天保七年(556年)所筑自大同

---

① 曹子西主编,贺树德撰著:《北京通史》第6卷,中国书店,1994年,第20页。

西北至山海关长城的一部分。这是北齐的外长城,北齐在外长城之内还筑有重城,其中与北京有关的是河清二年(564年)幽州刺史斛律羡"以北房屡犯边,须备不虞,自库堆戍东拒于海,随山屈曲二千余里。其间二百里中,凡有险要,或斩山筑城,或断谷起障,并置立戍逻五十余所"。[1] 今北京市顺义区和通州区境内均曾有北齐长城,这些长城片段即应是在外长城之内冲要处所修屏障,如顺义境内温榆河古渡口附近即修有长城。[2]

北京地区的北魏、北齐长城用土、石筑成,北周、隋、唐时期都曾进行过不同程度的修葺,后来大部分为明代长城所利用。也就是说,是北魏和北齐时期所修长城奠定了今天北京长城的基本走向,初步形成了北京长城防御体系的基本格局。

长城军事防御体系的最终完善——明长城

明洪武元年(1368年),明朝军队攻克元大都,以元顺帝为首的蒙古贵族残余势力退回漠北。元王朝虽被推翻,但军事实力仍然很强,仍占有长城以北的广大地区,虽然有时与明朝通贡和好,但基本上长期与明朝对峙,不断南下攻掠,对明政权构成了严重威胁。

为了防御蒙古,明朝不仅以重兵驻守北平,派开国大将徐达等主持北方军事,而且非常重视修筑北方长城和加强长城的防务。洪武元年(1368年),徐达刚刚攻下元大都,朱元璋就命其主持整修居庸关、古北口、喜峰口等处关隘。永乐元年(1403年),明朝决定迁都至北京以后,历朝皇帝更是把修筑长城当作边防要务,修长城几乎与整个明朝历史相始终。特别是隆庆时期,继承嘉靖帝位的穆宗重用徐阶、高拱、张居正等有作为的大臣,采取一系列挽救明王朝统治的措施,对内励精图治,整顿政府机构,对外切实加强边地防务,重用一批著名将领,调抗倭名将两广总督谭纶和福建总兵戚继光镇守北边,专练边军,抵抗蒙古精骑,同时与俺答议和,谋取边境的宁静。万历年

---

[1] 《北齐书·斛律金附子光、羡,兄平传》。
[2] 顾炎武:《昌平山水记》卷下,北京出版社,1962年,第27页。

间，又修了内长城，特别是对明皇家陵寝十三陵北部的长城大加修缮。

谭纶和戚继光北调蓟镇后，精心筹划，亲自督修，一改过去低矮实心离墙敌台的作法，创建了长城之上既可庇护军士免受风吹雨淋又可贮藏军火器具以备急需的骑墙空心敌台（敌楼），将蓟镇所辖自山海关至居庸关长达近千公里的长城加高加固，修成了城墙高峙、墩台林立、烽火台相望的一道更加坚固的军事防线，使蓟镇成为长城最雄伟的一镇，把我国长城建筑艺术发展到了最高峰。

戚继光在《练兵实纪》中详细记述了修筑墩台的益处及筑台方法。他说："先年边城，低薄倾圮，间有砖石小台与墙各峙，互不相救。士暴立暑雨霜雪之下，无所借庇。军火器具如临时起发，则运送不前；如收处墙上，则无可藏处。敌势众大，乘高四射，守卒难立。一墙攻溃，相望奔走。大势突入，莫之能御。今建空心敌台，尽将通人马处堵塞。其制：高三、四丈不等，周围阔十二丈，有十七、八丈不等者。凡冲处数十步或一百步一台；缓处或百四、五十步，或二百余步不等者为一台。两台相应，左右相救，骑墙而立。造台法：下筑基与边墙平，外出一丈四、五尺有余，中间空豁，四面箭窗，上建楼橹，环以垛口，内卫战卒，下发火炮，外击敌人。敌矢不能及，敌骑不敢近。每台百总一名，专管调度攻打。台头、副二名，专管台内军器辎重。两旁主客军士三、五十名不等。五台一把总，十台一千总，节节而制之。"①在戚继光的精心策划和指挥下，筑台工程进展顺利，隆庆五年（1571年）秋，大功告成，蓟镇长城从此矗立起数以千计的高大敌台，随着蜿蜒曲折的地势，高低相间，突兀参差，"精坚雄壮，二千里声势联接"。随后，戚继光又督军加高、加宽、加固了蓟镇长城沿线原来低薄倾圮的城墙。迄今为止，长城上发现的文字砖及修长城石碑碑文载明的时间多数都是隆庆、万历朝（1567~1620年），少有其后的年代，其中不少是戚继光任蓟镇总兵的隆庆朝和万历初年，如司马台长城发现了隆庆四年（1560年）和隆庆五年（1561年）修长城志铭各一块，上载谭纶、戚继光共

---

① 戚继光：《练兵实纪》，台湾商务印书馆影印《文渊阁四库全书》，第728册。

同筑长城之实。这说明蓟镇长城的这种高大的包砖城墙,始修于戚继光,其后只是有所修补而已。

在今北京地区,明朝所修长城大部分沿用了北魏、北齐长城的基础,但亦有部分地段为另外新筑。1984年至1985年进行的航空遥感调查显示,北京地区明代以前的长城,多被明代长城掩覆。未被明代长城掩覆的古代长城,现存长度为73公里,主要分布在门头沟区大村、昌平区老峪沟、禾子涧等地段。但是,这些长城坍塌严重,早已没有成形的建筑遗存,只是在某些地方还有散落的由碎石组成的一条突起遗存物。[1]

明朝是我国长城修筑史上最后一个朝代,也是长城防御工程技术发展的最高阶段,在建筑技术和防御设备方面都有了许多改进和发展,长城结构更加庞大、复杂、坚固、适用。明代长城从山海关到嘉峪关,绵延6700公里。为了便于防守,明朝在东起鸭绿江、西抵嘉峪关,绵亘上万里的长城沿线,先后设置了辽东、宣府、大同、延绥、宁夏、甘肃、蓟州、太原和固原九个军事重镇,分地守御,合称"九边"。北京地区的长城分属于蓟镇和宣府镇所辖。宣府镇设于永乐七年(1409年),总兵官驻宣化,其防线东自居庸关北的四海冶(今延庆县四海),西至大同东北平远堡,辖有四路、53城关,防线全长510公里。蓟镇设于嘉靖二十七年(1548年),总兵官先驻蓟州(今天津市蓟县),移驻三屯营(今河北省迁西县三屯营),其防线东起山海关,西端原至居庸关西南的镇边城(今河北省怀来县东南),后来改止于慕田峪,逶迤于燕山的崇山峻岭之间,实际长度近900公里,拱卫着京师,是明万里长城九镇中最重要的一镇。嘉靖年间,为了加强对京师与明帝陵的防务,又自蓟州划出昌平和真保二镇。昌镇总兵官驻昌平,辖区东起慕田峪,西南至紫荆关(今河北省易县西北)长约230公里的长城,为长城防御体系的内长城。真保镇总兵官驻保定,辖区北起紫荆关南至固关(在今山西省平定县与河北省井陉县交界处),全长390公里。(图10-1)

---

[1] 赵婷、白絮菲:《北京明前古长城多数带问号》,《北京日报》,2003年12月3日。

第十讲 北京的长城与民族融合

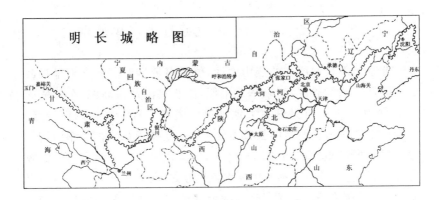

图 10-1 明长城分布图

万里长城到了明朝已经构成了一个从中央政权通过各级行政、军事机构，联系最基层军事单位，以至到每个守城戍卒的完整防御体系。长城总的布局，绵延万里好似一条线，然而它并不是一条孤立的线，而是一个防御网络体系。它不仅自身首先起着阻挡敌人的作用，而且要与周围的防御工事、州县等政权机构密切联系，以至与统治中心王朝的首都联系起来。长城军事防御体系，由上至中央兵部、下至守卫长城的每一个士卒的多级军事力量和长城建筑相配合而构成。

明长城的防御工事，包括镇城、路城、卫城、所城、关城、堡城、关口、敌台、墙台、城墙、烟墩等不同等级、不同种类、不同形式和不同用途的建筑物。这些建筑相互联系，相互配合，共同组成一个完整的防御体系。明代守边军队均驻于长城区域内的镇城、路城、卫城、所城、关城、堡城等大大小小的屯兵城。

明代不仅长城城墙高筑，墩台林立，各级军事力量和长城防御工程互相配合，层层节制，构成了一个以长城为核心的雄伟、完整、严密的军事防御体系，而且作战武器也有了很大的发展，开始使用杀伤力更强大的新式武器——火铳、火箭和佛朗机大炮等火器。由于火器的使用，明代长城军事防御体系的功能无疑更加强大了。

二、北京北部长城沿线的民族迁徙与民族融合[①]

北京北部长城所在的燕山地区,位于温带半湿润向半干旱过渡的大陆性季风气候区,南临华北平原,西北接内蒙古高原,东北邻松辽平原,历史上一直是这三大地理单元民族、经济、文化的汇合点。沿着燕山内侧山脊而筑的长城不仅是人类历史上伟大的军事防御工程万里长城最重要的组成部分之一,也是我国北方一条重要的农牧分界线,是北方牧猎民族与中原农业民族之间的"拉锯"地带,自古以来就是多民族接触、争战、交流、融合的地方。这里曾是山戎、东胡、匈奴、乌桓、鲜卑、奚等北方民族的活动区,为契丹、女真、蒙古、满族等曾建立半个中国或全国统治政权的少数民族南下中原的必经之地,民族迁徙频繁,区域开发过程复杂多变,发生过多次民族迁徙和农牧文化交替,有着独特的民族融合历史,各民族由杂处交流到民族融合数千年经久不衰,目前,仍为汉、满、蒙、回等多民族杂居地区,是北方民族大融合的典型地区。

春秋以前第一个农牧文化交替周期

早在新石器时代,燕山地区就已开始了北方文化与中原文化的接触和交流。新石器时代,燕山地区地处红山文化和仰韶文化的中间地带,正是这两种文化发生接触、交流、融合的地方,当时这里农业和渔猎并存的文化同时受到南、北两方面文化的影响。

当夏、商朝在中原进行统治的时候,从考古发掘看,燕山地区这一时期的文化主要是夏家店下层文化。夏家店下层,是在新石器时代农业兼渔猎、畜牧文明的基础上继续发展而来的一种早期的青铜器文化,主要分布在辽西、内蒙古东南部以及燕山地区。很多学者认为,夏家店下层文化不是单一部族的文化,而是包含着几个部族的文化,因此可以划分为几种不同的类型。包括燕山地区在内的夏家店

[①] 这部分内容是国家哲学社会科学规划青年项目"燕山地区经济开发进程及民族关系演变研究"(项目负责人:张宝秀)的部分研究成果。

下层文化分布区,当时有几个不同的部族相邻而居,共同生活在这里,这说明这一地区自古以来就是一个多民族的聚居区。这一时期,华北平原与内蒙古高原东部以及东北平原之间的文化交流已经存在,这种文化的交流主要是通过燕山山脉的古北口、喜峰口等主要天然通道而得以进行。

西周、春秋时期,燕山地区为山戎族的活动地域。山戎过着以游牧经济为主的生活。燕山地区自新石器时代发展起来的农耕文化到此出现了断层,被游猎民族的狩猎、畜牧文化取代,区域的经济和文化发展过程已经初步呈现出农牧交替的特点。春秋时期,山戎族势力很强大,常常南下侵扰齐、燕两国。

战国至十六国时期第二个农牧文化交替周期

战国初,东胡灭掉山戎,尽占原山戎地区。东胡亦不断越过燕山攻打山南的燕国。后来,燕国势力渐渐强盛,成为"战国七雄"之一,对东胡进行还击。燕国筑起了北部长城,沿线修筑有大量的亭、燧、障等军事设施和作为屯戍住所的土城。军卒守边同时屯垦耕种。

长城是当时农牧文化区的分界线。这是有史以来,燕山地区第一次被正式纳入中原国家的版图。战国时期,燕山地区初步发展了农业生产,部分河谷平原和燕长城附近有一些农耕点分布,同时兼有采矿、冶炼和制造生产工具的手工业,是本区先秦原始开拓阶段的鼎盛时期。此时燕长城以北为游牧的东胡族活动范围。

自此以后,燕山主脉以南历代都置有州县,基本上一直是农业民族所在区,农业经济和文化发展历程持续性较强。

秦始皇灭六国统一天下之后,为了防范北方逐水草迁徙、以游牧射猎为生的匈奴族,把战国时秦、赵、燕三国所修北边长城加以修缮连接,并部分增筑,形成了我国的第一条万里长城。据《史记·蒙恬列传》记载:"秦已并天下,乃使蒙恬将三十万众,北逐戎狄,收河南,筑长城。因地形,用险制塞,起临洮(今甘肃岷县),至辽东,延袤万余里。"秦始皇还下令拆除了内部其他地区战国时期各诸侯国用以互防自卫的一些长城、关隘。秦在全国推行郡县制,因燕国之旧,在燕地北部仍置北边五郡,燕山地区从东到西设上谷、渔阳、右北平、辽西四郡，郡治同前。① 秦长城以南地区完全控制在秦朝政权之下。秦派军队在长城沿线戍守，同时屯垦，解决部分军需。在秦长城南河北省围场县小锥子山附近曾发现两枚秦代铭文铁权，重量分别为32.85公斤和32.65公斤，铭文为秦始皇二十六年（公元前221年）秦始皇命丞相状绾统一度量衡的诏书。这些铁权体形较大，属石（dàn）权，是秤禾谷用的。

汉初，已将北方诸引弓之民并为一家的匈奴，力量非常强大，与汉时战时和，常常骚扰汉边。匈奴族是中国北方一个古老的民族，据《史记·匈奴列传》记载，匈奴族最早称荤粥，周代称猃允，秦代称匈奴，又称胡。匈奴对燕山北界汉边构成了严重的威胁和破坏，如元光六年（公元前129年）秋，匈奴数次入边，渔阳遭掠尤甚，汉武帝派材官将军韩安国屯渔阳，以御匈奴。第二年，匈奴两万骑复入汉边，杀辽西太守，掠两千余人，随后又入渔阳，败渔阳太守军，围韩安国，直至燕救军赶到，匈奴才离去，并虏略千余人及畜产。② 汉武帝元朔元年（公元前128年）以后，被匈奴称为"飞将军"的李广任右北平郡太守的几年内，匈奴不敢犯边，边境才稍得安宁。③ 汉武帝元狩四年（公元前119年），卫青、霍去病率大军驱匈奴于漠北，"匈奴远遁，而漠南无王庭"④之后，才基本解除了匈奴的严重威胁。西汉重新修缮了北方的长城，"自敦煌至辽东万一千五百余里，乘塞列燧"，⑤派兵驻守。汉朝时长城多称为边塞。汉朝的长城较秦时更长，向西一直到敦煌附近的玉门关和阳关。汉代秦后，农牧界线仍维持在燕山地区的北部边缘。

秦汉长城皆为土、石所筑，在北京以北数百里，都未经过今北京地区。在今北京以北地区，战国燕、秦朝和汉朝的长城是不相重复的三道长城，在今河北省承德地区仍断断续续保存有三道古长城遗迹，其中中间一道是战国燕长城，最北一道是秦长城，在燕长城以北大约

---

① 《汉书·地理志下》；《中国历史地图集》第2册。
② 《史记·匈奴列传》；《汉书·韩安国传》。
③ 《汉书·李广传》。
④ 《汉书·匈奴传上》。
⑤ 《汉书·赵充国传》。

二十公里左右,最南一道是汉长城,在燕长城以南数十公里。①

西汉中期以后,燕山北界长城以外,为乌桓所居,汉武帝时霍去病率军击破匈奴左地后,将原臣服于匈奴的民族都迁徙到上谷、渔阳、右北平、辽西、辽东五郡塞外,并设护乌桓校尉加以监督,让其为汉侦察匈奴动静。"乌桓者,本东胡也。汉初匈奴冒顿灭其国,余类保乌桓山,因以为号焉。俗善骑射,弋猎禽兽为事,随水草放牧,居无常处。以穹庐为舍,东开向日。食肉饮酪,以毛毳为衣。……妇人能刺韦作文绣,织氀毼。男子能作弓矢鞍勒,锻金铁为兵器。其土地宜穄及东墙,东墙似蓬草,实如穄子,至十月而熟。以鸟兽孕乳,以别四节。"②可见,乌桓族虽以畜牧业为主,已有一定的农业和手工业生产。汉昭帝以后,乌桓渐强,常常南向骚扰,使燕山中南部的农业文明再次受到了严重的影响。尤其是西汉末年,匈奴与乌桓族连年侵扰,使渔阳、上谷沿边屡遭破坏。燕山地区北部发现的西汉城址下限大多都在西汉中期前后,即充分证明了这一点。

东汉时期,燕山地区各郡北界大大南缩,缩至燕山主脉北缘崇礼、独石口、滦平、宽城北一线,这意味着农业文化区南移到了这一线。东汉初,随着北边诸郡内缩,农牧民族分界线彻底退至燕山中部,燕山以北尽为匈奴、乌桓所据,后又为乌桓、鲜卑混居区。"鲜卑者,亦东胡之支也,别依鲜卑山,故因号焉。其言语习俗与乌桓同。"③亦为游牧民族。

匈奴族自秦代以来一直是中原政权的北边大患。东汉初年,匈奴于幽州沿边与卢芳割据势力相勾结,经常寇掠。建武九年(33年),汉光武帝诏"破奸将军侯进屯渔阳,以讨虏将军王霸为上谷太守,以备匈奴"。次年,汉光武帝遣大军征伐,但匈奴去而复返,终不能平。后来,以富有军事才能的张堪为渔阳太守。匈奴以数万骑犯渔阳,他乘其不备,以数千骑奔袭,大破匈奴,由是郡界得以平静。张堪在任八年,匈奴不敢复犯塞。张堪外击匈奴,内除奸猾,使渔阳地

---

① 张宝秀等:《北京的长城与桥梁》,光明日报出版社,2004年。
② 《后汉书·乌桓鲜卑传》。
③ 《后汉书·乌桓鲜卑传》。

区人民得以正常从事生产。①

东汉初年,乌桓与匈奴、鲜卑联兵为寇。乌桓聚居之地接近东汉边塞,袭击非常方便,"朝发穹庐,暮至城郭,五郡(指上谷、渔阳、右北平、辽西、辽东)民庶家受其辜,至于郡县损坏,百姓流亡。"②自建武二十五年(49年),汉光武帝开始采取怀柔政策,"使居塞内,布于缘边诸郡,令招来种人,给其衣食,遂为汉侦候,助击匈奴、鲜卑。"③此后半个多世纪,内附的乌桓诸部皆助保塞,相安无事。东汉末期,乌桓王蹋顿强盛,为避中原豪强混战,"幽冀吏人奔乌桓者十万余户"。④汉献帝建安十二年(207年),曹操亲自率兵,出卢龙塞,"征乌桓,大破蹋顿于柳城,斩之,首虏二十余万人",其余部众"悉徙居中国"。逐渐与中原汉族融合在了一起。卢龙塞指喜峰口附近的潘家口(今二口均已被潘家口水库淹没),柳城在今辽宁朝阳市南。

乌桓内徙以后,燕山北部地区又"尽入于鲜卑"。⑤ 初时,鲜卑诸部皆助汉保塞,但是东汉中后期,鲜卑族成为严重的北部边患。有时与南匈奴、乌桓合兵,寇缘边诸郡。渔阳多次受扰并曾多次发兵攻击鲜卑。为了加强边防,建光元年(121年)开始设置渔阳营兵1000人。⑥

魏晋时期,北方匈奴、鲜卑等民族内迁到今河北、山西、陕西境内,燕山地区仍然只有南部属中原王朝,北部广大地区主要为鲜卑族的游牧地,时而为鲜卑一部独占,时而诸部分据之。虽然仍时有侵犹边塞之事,但与幽蓟地区贸易往来较为频繁,关系比较密切。这一时期幽州地区有内附的乌桓、鲜卑族与汉族杂居。

十六国时期,北方处于动乱阶段,许多少数民族纷纷建立地方性政权,燕山北部的鲜卑族也投入了逐鹿中原的纷争。幽州地区频繁易手,鲜卑、羯、氐政权先后占据此地,使燕山地区所属政权频繁更

---

① 《后汉书·张堪传》。
② 《后汉书·乌桓鲜卑传》。
③ 《资治通鉴·汉纪三十六》。
④ 《后汉书·乌桓鲜卑传》。
⑤ 《后汉书·安帝纪》。
⑥ 《嘉庆重修一统志·承德府一》,中华书局,1986年。

迭，而且北部和南部常常分属于不同的政权。先后属于羯族（匈奴的一个分支）建立的后赵、鲜卑族建立的前燕、氐族建立的前秦、鲜卑族建立的后燕等政权。这一时期民族成分和人口数量均处于不断变化中，更加强了各民族混居和融合的局面。燕山主脉以北地区基本上一直是鲜卑族的活动地域。

南北朝至五代中期第三个农牧文化交替周期

鲜卑拓跋部建立的北魏统一了中国北方，燕山地区北部成为其北境，农牧文化区的分界线再一次北移。北魏初年，由于连年战乱，燕地"民户凋散"，①人口锐减。由于北魏统治者注意安抚百姓，休养民力，促进了社会经济的恢复和稳定发展。原来以游牧为主的拓跋鲜卑也逐渐转向农业生产。此外，东汉时传入中国的佛教，由于受到北魏统治者的尊崇和大力倡导，开始在中国北方包括燕山地区兴盛起来，当时燕山浅山区河泉清澈、林木秀美的地方多有寺庙建筑。从出土文物看，燕山中部地区农耕业有所恢复，而且佛教在这里也有着广泛的传播。

由于北魏统治者本身就来自草原，加上采取了必要的防御措施，所以北魏政权与北边相邻各民族的关系基本上是友好的，幽燕地区的形势一直比较稳定，除北魏末年柔然曾"寇范阳"外，幽州地区没有遭受过其他塞外民族的侵扰。特别是库莫奚族和契丹族，因部落近塞，与北魏经济交往关系较为密切。库莫奚族与中原地区经济贸易往来不绝。契丹族部落在库莫奚族之东，与库莫奚族"异种同类"，同居于松漠之间。

北魏分裂为东、西魏以后，西北部柔然内迁至滦河上游。柔然族是"东胡之苗裔"，②是东北部族的支属。早在北魏末年，柔然即乘北魏内乱之机，寇掠幽州、安州地区。东魏、北齐之时，对北边威胁一直较大，有时甚至深入幽州腹地劫抢。东魏武定三年（545

---

① 《魏书·尉诺传》：魏明元帝初（409年），尉诺为幽州刺史，"燕土乱久，民户凋散，诺在州前后十数年，还业者万余家"。
② 孙进己：《东北民族源流》，黑龙江人民出版社，1989年，第二版。

年），丞相高欢上言"幽、安、定三州，北接奚、蠕蠕（即柔然），请于险要修立城戍以防之。躬自临履，莫不严固"。① 契丹自北魏孝文帝太和三年（479年）以后附地塞外，在北魏庇护下，与中原地区往来不绝。至北齐文宣帝天保四年（553年），"九月，契丹犯塞。壬午（二十三日），帝北巡冀、定、幽、安，仍北讨契丹"。② 此次文宣帝亲自出征，多路出击，前后历时两个多月，重创契丹部，所获人口皆分置内地诸州。此后，契丹多次遣使朝贡，再无战事。库莫奚族在东魏、北齐之世一直与中原政权友好往来，多次遣使至齐都邺城朝贡。北齐时，库莫奚分布在燕山的北部地区，北齐对库莫奚采取民族欺压政策，往往出兵掠虏。

东魏、北齐之世，突厥族崛起，击败柔然，成为北方大患。突厥原居俄罗斯叶尼塞河上游，是以游牧为主的民族。③ 北齐时，突厥族极为强盛，其势力范围东起大兴安岭，西至里海，成为东北亚强大汗国。为了防御突厥族和西边的北周政权，北齐非常重视修长城，北齐长城较战国燕及秦、汉长城南移三、四百里，移至燕山地区中部。

隋唐时期，燕山地区大致以北齐长城为界，北部一直为奚族聚居地。奚，本称库莫奚，据研究，似为乌桓之后。④ 据《新唐书·奚传》载，奚族"逐水草畜牧，居毡庐，环车为营，其君长常以五百人持兵卫牙中，余部散山谷中。无赋入，以射猎为赀。稼多种穄，已获，窖山下。……喜战斗，兵为五部，部一俟斤主之"。《新五代史·四夷附录》记载得更清楚，奚人"颇知耕种，岁借边民荒地种穄，秋熟则来获，窖之山下，人莫知其处"。可见，唐至五代时期，奚在本区的经济活动，虽以游牧射猎为主，但已有部分种植业。奚族只占有燕山北部地区滦河、潮河中上游及老哈河上游一带地方，是个较小的部族，原长期受制于突厥，贞观时归附唐朝。贞观二十二年（648年），唐太宗于奚族驻牧地置饶乐都护府（在今内蒙古宁城县西大明城），以奚人首

---

① 《北齐书·神武帝纪下》。
② 《北齐书·文宣帝纪》。
③ 翦伯赞主编：《中国史纲要》上册，人民出版社，1983年。
④ 孙进己：《东北民族源流》。

领可度者为都督,对奚族实行羁縻统治,奚对唐"每岁朝贡不绝",还时常到幽州和长安对唐进行贸易。① 隋唐修缮、利用前代长城,主要是为防御远在更北方的强大的突厥和契丹族。

五代初,奚归附了契丹,燕山地区北部即为契丹所控制。唐末至五代时期,契丹人常常南下幽燕地区掳掠,常将大量被掳汉民安排在适宜农耕的地方,设置州县,使其进行耕作。后唐清泰三年(936年),镇守太原的后唐大将石敬瑭以割让燕云十六州为条件,搬来契丹援兵,灭掉后唐,建立后晋政权。自此整个燕山地区都处在了契丹族的控制之下。

辽至明代第四个农牧文化交替周期

石敬瑭将燕云十六州割让给契丹以后,辽朝突破长城界限,将燕山内外融于一体。由于深知燕山之南幽蓟地区战略地位的重要性,辽立即升幽州(今北京)为南京。与后来南下分别建立金朝和元朝的女真族和蒙古族相比,在与中原民族进行政权争夺、更迭时,契丹族对农业经济的负面影响是最小的。

契丹本是鲜卑后裔,②以渔猎游牧为生。但是,契丹早在建国之前,辽太祖耶律阿保机的祖父匀德实为大迭烈府夷离堇时,就"喜稼穑,善畜牧,相地利以教民耕",③发展了部分农耕业。契丹统治者建立辽朝以后,更是积极地发展农业,并采取因俗而治的制度,"以国制治契丹,以汉制待汉人",④常将大量被掳或自愿迁入契丹境内的汉民安排在适宜农耕的地方,设置州县,进行统辖。

燕山地区,位于辽五京的中间地带,南有居庸、古北、喜峰等隘口,是联系五京尤其是联系辽上京临潢府(今内蒙古巴林左旗林东镇南波罗城)、中京大定府(今宁城县西大明城)和南京析津府(今北京城西南隅)以及北宋都城汴梁(今河南开封市)的交通要道。宋辽和

---

① 《新唐书·奚传》。
② 孙进己:《东北民族源流》。
③ 《辽史·食货志一》。
④ 《辽史·百官志一》。

好以后，双方经常互派使节，每逢正旦或对方有重大庆典，都有使节前往祝贺。宋辽驿路由古北口进入奚界，从燕山地区中部穿过，区内共设驿馆十处。① 古北口外，"奚民守馆者，皆给土田，以营养焉。"② 宋辽之间另有一条道路即松亭关路，"循路稍有聚落，乃狄人常由之道"。③ 古北口路是宋使最常走的路，辽朝在古北口为宋朝名将杨业即杨家将之首杨老令公修建了一座令公祠，以示敬仰和对宋朝的友好。这座令公祠历时近千年，经历代重修，至今仍矗立在古北口镇东山坡上。(图10-2)

图 10-2　古北口杨令公祠（周新民摄）

辽代，虽然突破了长城界限将燕山南北融为一体，但是由于统治者深知燕山地区战略地位的重要性，对燕山地区各关口非常注意，派兵把守，并在长城沿线南部各州设置驻军。

燕山南部传统的农业文化区，在辽代有了进一步的发展。燕山

---

① 承德地区文化局辽驿道调查组：《辽中京至南京口外驿道调查》，《社会科学战线》，1984年1期。
② 路振：《乘轺录》，引自《宋朝事实类苑》卷七七，上海古籍出版社，1981年。
③ 沈括：《熙宁使虏图抄》，《永乐大典》卷一〇八七七。

地区中部随着汉民的大量移入,成为民族杂居区。北宋天禧四年(1020年),宋绶出使契丹时,由古北口至中京"皆奚境。……所在分奚、契丹、汉人、渤海杂处之"。① 铁匠馆"以南属奚,山险水深,以北属契丹,渐近碛矣"。② 由此可见,平泉以南山地区主要居有奚、汉族和被契丹俘获来的渤海人。辽中后期"自松亭已北",泽、北安等州"汉民杂居者半"。③ 随着汉人移入燕山主脉以北,区内出现了农耕业,汉族以定居、农耕为主的生活方式,也影响到奚族,使之逐渐向农耕民族转化。当时人们建房聚居,形成村落,不仅州县建城为治,部分村落也筑有城垣。已发掘的城址和居住址不仅出土了大量做工精致的各种生活用具,而且多数都出土有铁铧、铁镰、铁锄、铁镐等农业生产工具,充分证明了当时区内农耕文化的普遍存在。辽代城址多位于背山面水的山根台地或缓坡上,正是"奚夷居落瞰重林,背倚苍崖面曲浔"。④

各种宋人使辽行记对当时古北口以外农耕业的情形多有记载,如北宋大中祥符五年(1012年)王曾出使契丹时记,"自过古北口即蕃境,居人草庵板屋,亦务耕种,但无桑柘,所种皆从垄上,盖虞吹沙所壅。山中长松郁然,深谷中多烧炭为业。时见畜牧牛马橐驼,尤多青羊、黄豕。"⑤至辽中后期,农业规模有了更进一步的发展,熙宁十年(1077年)苏颂使辽时,已出现"农夫耕凿遍奚疆,部落连山复枕冈,种粟一收饶地力,开门东向杂夷方,田畴之下如棋布,牛马纵横以谷量"的情景,这是一种农牧并存、以农为主的景象。当时本区亦存在着封建的租佃关系,汉人耕者多是"佃奚土"。⑥ 燕山中北部地区,经过辽代一百多年的经营,许多河谷耕地被开垦出来,北境已垦辟至今围场南部,区域农业经济文化有了较大的发展。

燕山地区矿冶业、手工业在辽代也有一定的发展。辽太祖时即

---

① 宋绶:《行程录》,《契丹交通史料七种》本,北平文殿阁书庄铅印,1937年。
② 刘敞:《铁匠馆》诗注,《承德府志》卷二一《古迹》。
③ 《贾师训墓志铭》(寿昌三年即1097年),《全辽文》卷九,中华书局,1982年。
④ 苏颂:《和过打造部落诗》,《苏魏公集》卷一三,《四库全书》集部别集类。
⑤ 王曾:《上契丹事》,《续资治通鉴长编》卷七九,中华书局,1985年。
⑥ 苏颂:《牛山道中》,《苏魏公集》卷一三。

已由蔚州俘民"采炼陷河（今瀑河）银冶",①银矿址在今平泉会州城西南三十里胡杖子一带。王曾《上契丹事》记,柳河馆"西北有铁冶,多渤海人所居,就河滤沙石炼得铁"。西北距柳河馆七十余里的打造馆一带"奚人业伐山、陆种、斫车",打造馆即因"车工所聚"而名。奚人善造车,是很有名的,"契丹之车,皆资于奚"。② 随着区域经济的发展,商业贸易也有相应的发展,当时古北口、喜峰口、榆关都设有税卡。辽圣宗统和四年(986年),因三个关口的官吏违反朝廷税法,滥征商税,致阻商旅,圣宗曾下令加以处罚。③ 区内出土了大量宋钱,正如北宋使臣苏辙所见,"北界别无钱币,公私交易并使本朝铜钱"。④

辽金之际,战争征并和政权更迭,对长城沿线燕山地区的经济文化发展产生了一定程度的影响,但因金朝在发展北部边疆经济时基本上因袭了辽代的做法,加上女真人在东北时即已有部分农耕,南迁以后,更是受到汉族农耕经济文化的影响,并与汉人通婚,汉化很快,和汉人一样,从事农业耕种,所以金中期以后,经女真族和汉人的共同耕耘,这一地区的农耕文化逐渐恢复起来。

金代前期东北的女真人大批南迁时,部分女真人进入并留在燕山地区,而奚人则被一批批迁往东北、西北或中原地区,⑤这里成了以女真与汉人为主的民族杂居区。金代后期,西北部的蒙古族逐渐强大起来,经常发动对金的进攻,成为金朝边境上的主要威胁。为防备蒙古,金朝在西北边界自今内蒙古东北部至呼和浩特附近修建了长达三千余里的长城。金长城的建筑结构明显不同于其他各代长城,针对以鞍马为主的蒙古骑兵,金在土垒（少量石筑）城墙之外挖掘有5~6米宽的壕堑,所以史书上多称金长城为金界壕。界壕附近设有边城,屯兵驻守。

---

① 《辽史·地理志三》;承德地区文化局调查组:《辽泽州、陷河及陷河银冶考》,《辽金史论集》第2辑。
② 沈括:《熙宁使虏图抄》,《永乐大典》卷一〇八七七。
③ 路振:《乘轺录》;《辽史》卷一一《圣宗纪》。
④ 苏辙:《北使还论北边事札子》,《栾城集》卷四一,《四库全书》集部别集类。
⑤ 孙进己:《东北民族源流》。

金末，燕山地区首当其冲被兴起于漠北的蒙古族以武力征占。元朝疆域纵跨大漠南北，前代长城沿线成为其"内地"。元在蒙古高原东南部建有上都（故址即今内蒙古正蓝旗东北的兆奈曼苏木城）。由于元朝统治者眷恋传统的草原骑猎生活，以及为了便于联络漠北，终元一代都将上都作为陪都，皇帝每年有近半年时间驻此，春去秋回，在这里避暑理政、狩猎打围。上都和大都（今北京）之间交通发达，"往来者有四道"，①分别经由古北口、居庸关和张家口。②

　　明初，在长城以北元代的兴州、惠州旧地设兴州、会州数卫，实行屯田驻防，并在元代喜峰口、古北口、独石口各驿路上设置驿站，继续发展了这几条南北交通要道。③"永乐元年（1403年）徙卫于山南"，④长城以北尽与兀良哈部诺颜卫，初时近边二百里以内不准其驻牧。⑤ 15世纪后半叶，蒙古鞑靼部西败瓦剌，东克兀良哈，将燕山地区北部尽占为牧场。至此，自辽金时期发展起来的农耕文化完全被畜牧文化所取代。

　　明代虽然蒙、汉之间战争频繁，影响了两个民族的正常经济关系，但两族人民之间贸易往来一直没有中断。元亡以后，少数蒙族贵族退回蒙古草原，大多数蒙古人留在了内地，他们已从事农业生产，逐渐与汉族人没有什么区别。⑥ 正如明人丘濬所言："国初平定，凡蒙古色目人散处诸州者，多已更姓易名，杂处民间"，"久之因已相忘相化，而亦不易别识之也。"⑦但是，原来住在蒙古地区的部落和退回草原上的蒙古人，仍过着游牧的生活。蒙古各部长期与明朝对立，时常南下抢掠，明初主要是出于重主中原的政治目的，明中后期则主要是出于经济目的。草原虽然有成群的牛、羊、马，但实际上生活很困

---

① 周伯琦：《扈从集·前序》，台湾商务印书馆影印《文渊阁四库全书》，第1214册。
② 张宝秀：《清代开辟木兰围场的地理条件》，《北京大学学报·历史地理学专刊》，1992年。
③ 顾炎武：《昌平山水记》卷下，北京出版社，1962年。
④ 《嘉庆重修一统志》卷四二《承德府一》，中华书局，1986年。
⑤ 张穆撰、何秋涛注：《蒙古游牧记》卷二《喀喇沁部》，张正明等点校本，山西人民出版社，1991年。
⑥ 《中国史纲要》下册，第232页。
⑦ 丘濬：《区处畿甸降夷》，《明经世文编》卷七三。

难,蒙古民族缺乏粟谷、布匹、铁器、茶叶等生活必需物资。他们依赖于明朝中原地区供给这些物资,但明朝常常拒绝与之互市,加上冬季蒙古人欲南下稍温暖地区放牧;同时,明军又常常烧荒绝其牧草;同时,游牧民族又多以善掠为荣,觉得抢掠比交换来得容易快当,这些正是蒙古族不断南下攻掠的主要原因。蒙古地区有需于汉地,而汉族沿边人民也需要蒙古的马匹、牛、羊等,双方在经济上有着互相依赖的关系,所以,汉族商人常常携带茶叶、布帛、铁锅等日用品偷越关防,换取蒙古马匹、牛、羊和皮毛。明隆庆五年(1571年)蒙古俺达汗与明朝言和后,蒙汉之间的贸易往来更加繁荣起来。明朝在沿边各地开马市与蒙古进行贸易,燕山地区西端万全即开有这种马市,开市之日,除茶马互市外,市集上"贾店鳞比,各有名称","南京罗缎铺、苏杭绸缎铺、潞州绸铺、泽州帕铺、临清布帛铺、绒线铺、杂货铺,各行交易,铺沿长四五里许"。①

清代农牧文化界线的不断北移

清朝统治者深知北方的"蒙古生性强悍,世为中原劲敌",早在入关以前就用联姻通好等手段,辅之武力征服,统一了漠南蒙古,控制了长城以北的广大地区,入关以后,仍非常重视与蒙古族的关系。清朝不像以往历代修筑长城以限内外,而是采取怀柔政策,笼络蒙古上层贵族,恩威并施,使蒙古诸部成为"较长城更为坚固"的防备朔方的藩篱。康熙皇帝《入居庸关》诗云:"始和羽骑出重关,风动南熏整旆还。凯奏捷书传朔塞,欢声喜气满人寰。悬崖壁立垣墉固,古峡泉流昼夜间。须识成城惟众志,称雄不独峙群山。"诗中言明政权稳定、基业牢固,仅靠武力强大和雄关险塞是不行的,人心的向背比山川之险更重要,更可靠。清代,虽未再修筑长城,但是,清代对长城重要地段继续维修加以利用,在长城沿线的一些营堡仍驻有军卒、将领,守卫着长城的主要关口;同时,在长城沿线的州城、县城附近及一些重要地点亦驻有军队,如清代在居庸关初设参将防守,后改为都司。

木兰围场与避暑山庄的辟建,正是清朝不修长城、怀柔蒙古政策

---

① (万历)《宣府镇志》卷二〇。

的具体体现。清初,康熙面对北部边疆内有噶尔丹东扰,外有沙俄侵略的严峻形势,于康熙二十年(1681年)平定"三藩之乱"稳操胜券之时,就立即北向在跨滦河流域和西辽河上游的今围场一带辟建了木兰围场。此后,几乎每年都率领数以万计的人马兵丁到此行围肄武,宴赏会晤蒙古各部王公首领。稍后在解决了中俄边界争端,肃清漠北,出口行围路线基本固定下来以后,为省沿途驼运之劳,先后于沿途修建了二十多处行宫。始建于康熙四十二年(1703年)的热河行宫(避暑山庄)是其中规模最大的一座,后来成为清朝的第二政治中心。清帝北巡塞外,自北京至承德避暑山庄和木兰围场(今河北省围场县一带)的御道经由古北口出塞。清代,古北口的几处营城均有武官率兵驻守。清康熙三十二年(1693年),还在古北口潮河西卧虎山南依山设险修建了新的营城——柳林营。

木兰围场和避暑山庄的辟建,既是一种特殊的区域开发方式,又成为区域经济文化加速发展的刺激因素。避暑山庄、外八庙等一系列工程的建设和皇帝大规模的出口行围活动,吸引了大批非农业劳动力到口外做工、从商,同时清政府为解决旗人生计问题在近边蒙古地区设置了大批皇庄(包括八旗宗室、勋臣、兵丁等的庄田),圈地开垦,吸引了大量农业劳动力到口外务农。

在燕山地区北部农业不断发展的同时,随着皇帝及大批随行人员每年到避暑山庄和木兰围场避暑行围,区域城市与商业贸易、手工业等方面也在迅速发展。其中,热河商业最为繁荣,避暑山庄刚建成不久,周围即已是"聚民至万家"。半个多世纪以后,至乾隆中后期,由于"户口日滋,耕桑益辟,俨然一大都会",①"宫阙壮丽,左右市产廛,连亘十里",②"商贾辐辏,酒旗茶旌,辉映相望,里闾栉比,吹弹之声,彻宵不休",③"酒楼繁华,不减皇京"。④

嘉庆以后,国力日衰,口外亦已无地可圈,所以未再设置皇庄。

---

① 《热河志·学校一》。
② (朝鲜)朴趾源:《热河日记》卷五《漠北行程录》,台湾编译馆中华丛书编审委员会,1982年。
③ (朝鲜)柳得恭:《热河纪行诗序》卷一,朝鲜抄本。
④ 吴锡麟:《热河小记》,《小方壶斋舆地丛抄》第六帙。

嘉庆、道光、咸丰时期,燕山北部农业以缓慢的自然发展为主。这一时期农牧界线进一步北移,"热河迤北一带"的"山厂平原"也已"尽行开垦"。①

清朝前、中期,清廷对汉民出关政策变化不定,时禁时准,禁是担心蒙汉结合和农牧矛盾,准是为了缓和中原人口压力和社会矛盾,解决皇庄和行宫所需劳动力,两种目的相互矛盾,所以常常是禁而不严,禁而不止。光绪三十四年(1908年),清政府正式解除了有关汉民出边垦种、与蒙人通婚等一系列禁令,②最终清除了官方设置的汉、蒙、满民族之间交往与融合的障碍。

三、北京长城的分布与现状

北京市境内现存长城主要是明长城,总长度629公里,有城台(包括墙台、敌台等)827座,关口、城堡71座。明长城从山海关蜿蜒西来,在平谷区将军关附近进入北京市界,从东到西横跨平谷、密云、怀柔、延庆、昌平及门头沟等六个区县,沿燕山和太行山内侧山脊而行,整体走势呈比较连续完整的不规则半环形,明显呈现出环抱北京小平原、拱卫京师的态势。

自四海冶东南,明长城分为南北两线,被称为内、外长城。内、外长城殊途同归,到山西省偏关附近的老营会合在一起。内长城上有著名的内三关——居庸关、紫荆关、倒马关,外长城上有著名的外三关——雁门关、宁武关、偏头关。这内外三关形成了明王朝保卫京师和东南地区的重要防御体系,居庸关是这个防御体系中的一个战略支撑点。

内、外两线长城与东线长城在怀柔区旧水坑西南分水岭大角楼山接合成一个结点,被称为"北京结",又称"长城结"、"三岔口"。由此结点向东、向西、向西北放射出三条不同特色的长城。北京结以东的长城以单道城墙为主,只在关口附近出现环状、多层城体结构。从

---

① (光绪)《大清会典事例》卷一五八《户部·户口》。
② 《清实录·附宣统政纪》卷四一。

北京结向西北方向的外长城,经延庆县四海至暴雨顶,然后又分成东、西二路,东路经白河堡出市境,西路经佛爷顶出市境。北京结以西的长城比较复杂,除关口附近构筑环状、多层城墙外,在延庆盆地与北京平原之间,还构筑了两条互相平行的城墙,形成坚固的双重纵深防御体系,其中北线从延庆县杨树台开始,沿海字口、东灰岭、小张家口、八达岭至青水顶;南线经黄花镇、龙泉峪、黄花梁、西岭、八达岭、青水顶与北线汇合。从青水顶向西南,在禾子涧以北再分为南北二线,北线在黄楼院北出市境,至镇边城以西重新进入市境,在笔架山、广坨山等地中断;南线沿禾子涧、郭定山、老峪沟、大村一带东山脊南延,在得胜寺转向西北后中断,向西在门头沟沿河城附近经东灵山出市境。长城上的北京结,可以说是北京长城的心脏,当天气十分晴朗时,站在长城结上放眼四望,向北可以看到九眼楼,向东是箭扣长城,向西南是黄花城。

北京现存长城的大部分地段属自然状态中的"野长城",只有少数地段经过维修或复建。从整体上看,北京地区的长城保存情况相对而言是比较好的,但毁坏现象也很严重,有的地段城体、敌台等已完全坍塌。据调查,北京现存629公里的明长城墙体中,有近20%的地段保存完好、基本完好或经过维修、复建,其余地段的长城墙体都已不同程度地毁坏,其中损毁严重的地段占总长度的近50%。一部分敌台保存尚好或修缮、重建,一半以上的敌台已不同程度地毁坏。敌台绝大部分都是方形或长方形,仅在密云东北部柏岭安口等处有几座圆形敌台。长城上的关隘多位于谷地,建有关城或关楼,下置石结构券洞,既可走人又可行水。关楼一般体量较大,建筑十分坚固。

此外,北京长城沿线内侧还保存有数十座大大小小的方形、长方形或不规则形的驻军营堡,这些营堡一般建在关口以内,供驻兵和储藏武器、粮食之用。其中,密云县东北部的遥桥峪堡保存最为完好,除了墙上垛口大部分已拆毁,古堡周围至今保存着完整的城墙。遥桥峪堡是明代守卫曹家路所辖走马安口的驻军营堡,南距走马安口5里。营堡周长约450米,只开南门。墙用大鹅卵石垒砌,十分坚固,墙顶有砖砌垛口。如今,遥桥峪堡已开发为民俗旅游接待地。

北京境内长城的保护工作是做得比较好的。1961年国务院公布八达岭长城为全国重点文物保护单位,1984年北京市政府将长城北京段整体公布为市级文物保护单位。为了保护长城及其环境风貌,北京市还专门立法,即北京市政府于2003年6月13日以人民政府令第126号发布了《北京市长城保护管理办法》。这是我国第一个长城保护专项规章,自2003年8月1日起施行。最大的意义是使长城的保护实现了法制化,今后,北京境内的长城将依法得到更加妥善的保护,而对长城的开发利用也将在法律允许的范围内进行。

四、万里长城北京精品段

八达岭长城

八达岭长城位于北京市区西北80公里的延庆县南部山区。八达岭所在山地叫军都山,是燕山的局部。这里北邻延庆盆地,南为关沟,由此可南去北京,北通延庆,西往宣化、张家口、大同,在古代其战略地位非常重要,古人说"居庸之险不在关城(指居庸关)而在八达岭"。近些年,八达岭长城进行了大规模修葺,古老残破的长城换上了新装。

八达岭是居庸关塞之北口,所以古称北口。"八达岭"之名,金代开始见诸文字记载。古代关沟,羊肠鸟道,过八达岭后,豁然开朗,东会永宁、四海,西去宣府、大同,北去朔漠高原,四通八达,故名。[1] 至今在八达岭的山崖上还留有古人题刻的"天险"二字。雄伟的万里长城从八达岭上蜿蜒而过。我们现在看到的八达岭长城是明代长城,地处险山之上,最高处海拔1015米。

八达岭段长城全长2.5公里,共有敌台19座。敌台均为两层。八达岭长城的墙身,大多用巨大的花岗岩条石砌成,十分坚固。墙顶上用青砖铺面。城墙依山而筑,高低宽窄不一,平均高度约8米;墙

---

[1] 延庆县地名志编辑委员会:《北京市延庆县地名志》,北京出版社,1993年,第489页。

基宽6.5米;顶宽5.7米。城上可容"五马并骑,十行并进"。城墙顶上内侧砌矮墙,外侧砌垛口,城墙上每隔250米至500米设置一座空心敌楼。(图10-3)

图10-3 八达岭长城(周新民摄)

八达岭长城气势磅礴,雄伟壮观,险关叠踞,层层设防,是万里长城的杰出代表。由京城方向而来,第一道防线设在四十里关沟的沟口,叫南口,今尚有残墙遗址。南口城有南、北两门,基础为条石砌筑,墙体是就近取材,用河滩上的大块卵石垒砌。南口在北魏时称下口,北齐改称夏口,元时始称南口。北齐天保六年(555年)自幽州夏口至恒州筑长城九百里,幽州夏口即南口。过南口向北第二道防线是居庸关。继续向北,就是北口八达岭,长城由东西蜿蜒而至,横阻谷口。出八达岭向北不远是岔道城。岔道城是八达岭外的前哨阵地,建于明隆庆五年(1571年)。

八达岭长城一带,植被覆盖良好,春季山花烂漫,夏季绿荫葱葱,秋季红叶漫山,冬季雪挂枝头,四季景色优美。从昌平县南口沿关沟向北直至八达岭,沿途景点众多,有仙人枕、望京石、金鱼池、六郎影、弥勒听琴、青龙倒吸水、天险、摩崖石刻等,被人们誉为关沟七十二景,与八达岭长城共同构成一线旅游区,形成了自然景观与人文景观交相辉映的独特景致。现代著名诗人赵朴初曾有《八声甘州》一首,题长城四时,曰:"叹画图百态又千姿,如此古长城,尽春秋冬夏,星移物换,不改峥嵘。最是春花铺锦,夏绿叠云,展向大边去,神往青冥。　　漫道红衰翠减,爱丹林浓染,秋气澄清。更冬来莽莽雪岭,玉龙腾春,风光尽收方寸。望关山无限古今情,凭交付几行征雁,万种心声。"①

慕田峪长城

慕田峪长城是以慕田峪关为核心的一段长城,位于怀柔区境内,北距北京市区七十多公里。慕田峪关东连古北口,西接居庸关,地理位置非常重要,自古以来是交兵之地。慕田峪关建于明永乐二年(元1404年),关口处为3个敌台相连,这种三台相连的关口,形制独特,在万里长城线上实属罕见。慕田峪关建于低缓的花岗岩岭谷中,地势较为开阔,关口相邻的岭峰,高差均在百米以内。

慕田峪长城,长2250米,有敌台22座。自东南向西北蜿蜒于起伏和缓的山峦之上,城墙底基宽阔,上宽4米,高8米,内外两面均以花岗岩条石起基包砌,十分坚固。城墙富于变化,态势奇特,造就了较高的军事防御价值和独特的景观价值。墙体内外两侧都筑有垛口,垛口之下设有箭孔,险要之处还修有炮台。主城墙之外还建有"分岔",即在长城内外侧山梁高处顺势再修出一段几米或几十米的城墙,而且建了一座形制独特、规模很大的敌楼,当地人称为"刀把楼"。双垛口和"刀把楼",具有更强的防御功能。两侧垛口可同时设置滚石擂木,攻守自如。"刀把楼"可控制制高点,缓解对主城墙体的威胁。敌楼不管规模大小,都建成上下两层,中间筑有"吕"字型或"回"字型的通道,既可驻兵又可屯物。通道四周建有箭窗,居高临下,据险待敌。楼顶之上环以垛口,有些敌楼上还修有铺房。慕田峪以自然风景秀美著称,长城四周山峦起伏,林木葱郁,花草繁茂,清代学者孙学诗游览慕田峪时,曾吟诗赞道:"借问峪中何所有,千树桃花万树柳。"

在长城南侧山下,地势平缓的台地上,建有慕田峪城堡,是明代

---

① 延庆县地名志编辑委员会:《北京市延庆县地名志》,第491页。

屯驻戍守长城将士之所,现在为慕田峪村所在地。村内外有许多苍松古柏,挺拔于峰岩峻岭。

慕田峪关东南是海拔 603 米的大角楼山,有三条长城汇集其上,形成著名的北京结,西北是海拔九百四十多米的"牛犄角边",即长城随山势起伏,为了占据制高点,在一个山尖下舍近求远,拐了一个大弯,形成了一段形状似大牛犄角的长城。

司马台长城

司马台长城位于密云县东北部与河北省滦平县交界处,距北京市区约 130 公里,是明代古北口路所辖汤河口关(司马台关)以东、以西两段长城,长 5.4 公里,有敌楼 34 座,另外汤河口原有一座水中楼,现已毁。(图 10-4,10-5,10-6)

图 10-4　司马台长城 1(周新民摄)

司马台长城主体修建于明隆庆至万历初年戚继光任蓟镇总兵之时,后有少量修补,烧制有印模字"万历五年山东左营"、"万历五年石塘路"等的文字砖,城墙上和敌楼中多处可见。司马台长城因地势险峻保存较好,如今就残整残,修旧如旧,只是将原来掉落的城砖重新砌上,未加一块新砖,城墙、敌楼全部为隆庆、万历时原物,保留了长城原有的风貌,是万里长城难得的真迹,受到了前来考察的联合国教科文组织文物保护专家的肯定。著名长城专家罗哲文说:"长城是中国建筑之最,而司马台长城是中国长城之最。"

图 10-5　司马台长城(周新民摄)

　　司马台长城建在由震旦纪白云质灰岩和侏罗纪火山角砾岩构成的山体上,汤河口以西相对较缓,而汤河口以东段长度虽然只有 2.4 公里,高差却近 700 米,山势非常险峻,岭脊狭窄突兀,两侧悬崖陡壁,陡峭若削,长城沿山脊蜿蜒曲折,惊险万状,长城之下还有两处穿山溶洞。东端通向"仙女楼"和"望京楼"的"天梯"和"天桥"两段,更是险中有险。通向"仙女楼"的天梯,由单面墙体和障墙等构成,坡度达 85 度,几乎直立,阶窄如线,仅可容脚,两侧是百丈深渊。天桥是连结"仙女楼"和"望京楼"的一段墙体,长一百米左右,宽仅四十厘米,两侧亦是断崖绝壁。这两段可以说是万里长城最为惊险之处。

　　司马台长城不仅形势险要,而且构思精巧,敌楼密集,形态多样,在这么短的距离内,城墙和敌楼形式之多、变化之大,在整个明代万里长城中是极为罕见的,的确是一段奇妙的长城。这里敌楼相距最近者仅 40 多米,间距一般为一二百米。敌楼造型多种多样,箭窗多寡不一,有单眼楼、双眼楼、三眼楼、四眼楼和五眼楼等;有单层墙台,

图10-6 司马台长城砖砌城墙(周新民摄)

也有上下相通的双层和三层楼;楼顶有平顶、穹隆顶、八角藻顶、覆斗顶等六种之多;门券有砖券、石券两种;楼内格局有"田"、"日"、"井"、"川"等形式。望京楼建在海拔986米的老虎岭顶峰,为三眼空心敌楼,二层砖石结构。登临望京楼,视野极为开阔,可东观雾灵积雪,西望蟠龙卧虎,北看燕山叠翠,南眺密云水库,美好景色尽收眼底。据说天空晴朗时站在望京楼上可依稀看见北京城,夜晚能望见北京灯火,望京楼即因此而得名。仙女楼是敌楼中建造得最美的一座,它掩映在老虎山腰的花丛中,下部条石合缝,上部磨砖达顶,内部用青砖砌成两道大拱、三条甬道、十个券门,顶部正中心砌成蛛网状的八角藻井,四边砌四个砖柱,楼门石柱上,还雕刻着两朵并蒂莲花捧着一个仙桃。整座楼处处给人以精巧、细腻、秀丽之感,仿佛它不是人间战争的防御设施,而是一座仙境楼阁。仙女楼还蕴含着一个美丽的羚羊变成仙女与牧羊倌恋爱的故事,传说仙女就住在此楼上,所以此楼取名"仙女楼"。城墙的设计更是匠心独运,在不同的地势上建有不同形式的单面墙、双面墙和障碍墙。障墙的设计非常巧妙,从最上面一道障墙的箭孔射箭,一直可以穿过所有障墙的箭孔,射到最下面一道障墙外。司马台长城简直就是一座长城建筑艺术的博物馆,具有极高的艺术价值。

金山岭长城

  金山岭长城位于古北口以东约 7.5 公里处，是古北口路所辖长城的一部分。金山岭之名，史无载，亦无名。据传，金山为修建后川口西部的大、小金山敌台而始得其名。修建两座金山敌台的是随戚继光北上的三千名江浙军士，因常年戍守他乡思念故里，而把镇江大、小金山岛的名字借用来以寄托对故土的眷恋之情。后来在开发旅游时，即根据传说称金山长城。

  敌楼密集是金山岭长城的一大特色，这里一般在一百米左右建敌楼一座，地形特别复杂的地方，有的敌楼相互间距仅有五十余米。金山岭长城的敌楼，根据箭窗多少有"三眼楼"、"四眼楼"、"五眼楼"。根据楼顶的建筑形式又有"平顶楼"、"两坡顶楼"、"穹窿顶楼"、"四角钻尖顶楼"、"八角藻井顶楼"等。金山岭长城有几座敌楼设计得十分巧妙。一般敌楼皆有两门与长城相通，以便于戍守长城的兵士往来巡逻和救援。为了防御和抗击攻上城墙的敌人，金山岭长城上还建了几座两侧皆无门与城墙相通的敌楼。欲进此楼，则必须顺长城由城墙内侧砖券拱门而出，沿岩石小径至楼下，然后登攀临时设置的小梯，方可爬入比箭楼窗大不了多少的楼门里。如想到城墙的另一侧，需要绕过敌楼，再从另一侧的券门登上城墙。

  金山岭长城的城墙，全部为条石基础青砖包砌，内充黄土和石灰夯实。城墙顶部用方砖铺面，外侧迎敌砌有垛墙。金山岭长城建筑结构上另一个独特的地方是部分地段城墙之上，横切城面砌有一道道短墙，叫作障墙，墙高约 2.5 米，有瞭望孔和射击孔，便于守城士兵抵抗攻上城墙的敌人。

  金山岭长城上，有好几座敌楼砌砖的砖脊之上，都烧制有当年参加修筑长城的单位和修筑长城时间的文字。其中有"古北口路造"、"墙子路造"、"振武营造"、"万历七年震虏骑兵营造"、"万历六年山东左营造"等。从这些印模文字中，可以知道金山岭长城主要为军队所修筑，参加施工的有附近驻守长城的军队，也有从外地调来戍守长城的兵士队。

  在金山岭长城库房楼内侧的山坡上，曾发现一座与长城同一时代建筑的房屋,据说是迄今为止长城上发现的惟———座明代房屋。该房青砖青瓦,木梁木柱,长 6.4 米,宽 4 米,高 1.9 米。在房子不远处,曾先后发掘出两块石碑,一块刻于"隆庆四年(1560 年)夏孟之吉",刻有谭纶、刘应节和戚继光之弟戚继美的名字;另一块刻于"隆庆四年秋季之吉",上刻有戚继光的名字。这不仅说明当时这一带的长城是由戚继光亲自主持修筑、其弟戚继美现场指挥的,还说明这里是长城的"要害部位",是指挥机关所在地,即史料中记载的"总台"。

箭扣长城

箭扣长城位于慕田峪长城以西 10 公里,东连慕田峪,西接黄花城,目前还是一段没有开发的"野长城"。这段长城多筑于险峰断崖之上,成为现今保存下来的古长城中特色最鲜明的段落之一,以雄奇险峻而著称。箭扣长城残破但连绵不绝,周围山高、林密,长城几乎完全被林木覆盖。箭扣的走势比司马台更加富于变化和韵律,山势比慕田峪更雄奇峻峭。构造墙体的是大块的白云岩,非常醒目。无论春夏秋冬、风云雨雪,各种光线下都能拍出美妙的照片,所以这里成为许多摄影爱好者常常光顾的地方。

箭扣长城有天梯、"鹰飞倒仰"等险要的长城景观。"鹰飞倒仰"是修建在箭扣最险要的制高点处一个突兀的山体之上的敌楼,形势险峻雄奇,在跌宕起伏的群山间拔地而起,就连雄鹰飞到这里也不得不仰起来。在箭扣长城上,可以遥望三道来自不同方向的长城汇聚而成的北京结,甚为壮观。

居庸关

居庸关是万里长城上最负盛名的雄关之一,有着"天下第一雄关"的美称,位于北京西北约 60 公里,其地绝险,自古即为北京西北的屏障。居庸关建在崇山夹峙长达约 20 公里的关沟之中,关沟是著名的太行八陉中最北面的一陉即军都陉,是从大同、宣化通往北京的交通通道,关沟实际上是分隔太行山和燕山的一条断层,居庸关关城西跨太行山余脉,东跨燕山余脉。居庸关城两侧皆高山耸立,峭壁陡不可攀,关城雄踞其中,扼控着南下北京的通道,这种绝险的地势,决

定了它在军事上的重要性。(图 10-7)

图 10-7　雄伟的居庸关(周新民摄)

居庸关,三国时称西关,魏时称军都关,北齐改称纳款关,唐朝称蓟门关、军都关、居庸关。辽、金、元、明、清各代都称居庸关。居庸之名,据元代人记载是秦始皇修长城时,徙居庸徒于此而得名。庸就是强征来的民夫士卒。其实居庸之名早于秦始皇统一全国之前就有了。成书于战国末时期的《吕氏春秋》中就有"天下九塞,居庸其一"的记载。

秦始皇修的长城没有从这里经过,也没有在这里设立关口,直到汉代,这里才有设关的记载。但汉代的长城也没有从这里经过,汉代的居庸关,只是当时的居庸县和军都县两县之间的一个关口,并不是长城上的关口。东汉安帝元初五年(118 年)鲜卑人攻打居庸关,与汉将大战于此。东汉末,公孙瓒攻击幽州牧刘虞,刘虞逃至居庸关,公孙瓒追而攻之,陷居庸关,占领了幽州一带。

居庸关修筑长城是自北魏才开始的,到北齐天保六年(555 年)自幽州北的夏口(今南口)至恒州(今山西大同)修了长九百多里的长城,后来又从这里往东修至山海关,这时居庸关才和长城有了联系,成为长城上的一处重要关口。北魏拓跋珪征后燕时,遣将军封真从东路出居庸关而袭幽州。北魏末，杜洛周起事于上谷，旋围昌平，北魏调重兵至居庸关据险防守，双方激战，居庸关被杜洛周军攻克。

北宋宣和四年（1122年），金灭辽时，先打下居庸关，而后挥师南进，直取辽南京（今北京）。据清顾祖禹《读史方舆纪要》载，"宋宣和四年，金人谋取燕京，辽以劲兵守居庸。金兵至关，崖石自崩，压戍卒，辽兵不战而溃。金人度关而南，入燕京"。

金朝后期，蒙古族部队曾多次进攻居庸关。金人为了守关，曾把几重关门用铁水封固，关沟内外百余里，满布路障和铁蒺藜，并派大批精兵守关，以为元军插翅也难飞过居庸关。宋嘉定六年（1213年），元太祖成吉思汗率大军进攻居庸关时，因金兵凭险坚守而久攻不下。最后蒙古兵转攻紫荆关，然后绕经涿、易二州由关里向外，两面夹击，才攻陷了居庸关。

元代，居庸关是大都（今北京）通往上都（今内蒙古正蓝旗境内）的重要交通大道。因皇帝经常过往，在关内设有行宫、寺院、花园等建筑。现存的云台就是元代修建的过街塔台基，当初上面建有三座喇嘛塔，元末明初时被毁。明正统四年（1439年）在上面重修佛殿，名泰安寺，寺于康熙年间焚毁，此后只剩云台保留至今。其券洞上雕刻的佛教图像和梵、藏、西夏、维、八思巴、汉等六种文字的经文有学术价值，是研究元代佛教、古代文字和各民族间文化交流史的重要史料，是现存元代雕刻艺术的精美杰作。

明代，居庸关进一步成为军事重地。洪武初年，朝廷派大将军徐达、副将军常遇春修筑居庸关城。自此后历代都有修建，特别是景泰年间又将关城南移、扩大，并设水陆两道门，南北关门外都筑有瓮城，现南北关城券门上的匾额就是明景泰十年修居庸关的真迹。在明朝时居庸关城建筑设施达到了最为完备的程度。其关城防御体系自北而南由岔道城、居庸外镇（即八达岭）、上关城、中关城（即居庸关城）、南口五道防线组成，而居庸关则是指挥中心所在。负责关城守御的是隆庆卫，配有盔、甲、长枪、弓、箭等军械和火器。居庸关不仅关城建筑完备，还设有衙署、仓储、书馆、神机库、庙宇、儒学等各种相关设施。

明崇祯十七年（1644年），李自成农民起义军克宣府，迫居庸关，明太监杜之秩、总兵唐通迎降，李自成越关入北京，推翻了腐朽的明王朝。

现在我们看到的居庸关城及建筑在东西山脊之上蜿蜒曲折的城墙即是在原基址上修复的,全长4142米。除山上长城外,还有一部分河套长城,长57米。居庸关长城呈圆周封闭形式;宽窄、高低变化较大,最宽16.7米,最窄1.2米,东山长城比河套长城高出三百七十米左右;建筑结构形式多样,在清理基址时发现有花岗岩条石垒成的,有碎石块砌成的,有砖砌的,说明它的建筑年代不同;军事防御范围广,周围面积五十多公顷,南北券城相距约八百五十米左右,东山顶至西山顶直线距离1150米,防御设施有南、北券城、城楼、水门、水闸、敌楼、铺房、烽燧、角楼、炮台等。

古北口

古北口,位居山海关和居庸关之间,是万里长城上著名的关塞之一。在唐代,因是幽州之北重要长城关口而得名"北口",并设有驻军单位守捉。这里地处燕山深处,潮河自关外奔流而来,由于激流深切在蟠龙、卧虎两山之间形成一个狭窄的隘口,是燕山山脉各隘口中地势较为险要的一个,自古即为华北平原通往东北平原、蒙古高原的咽喉要塞之一。(图10-8)

图10-8　古北口潮河及潮河以西卧虎山长城(周新民摄)

唐代，密云长城之外为奚族聚居区，所以当时北口又称"奚关"。唐代的北口，五代起已称古北口或虎北口。

辽代虽然对长城工程经营不多，但对前代长城沿线尤其是幽燕北部各关塞却非常注意守望。在宋人文集中，有不少使辽过古北口的诗文。宝元二年（1039 年），北宋韩琦出使契丹途经古北口时写下《过虎北口》诗一首："东西层巘郁嵯峨，关口才容数骑过。天意本将南北限，即今天意又如何？"描写了古北口形势的险要，抒发了对中原民族丧失了本以限南北的长城屏障之感叹。辽代的古北口，又是南北贸易往来之地。

东北女真人起兵并建立金朝之后，辽朝加强了对古北口的防守。金帅完颜宗翰攻古北口，其部将浑黜遇辽朝游兵，因不知地形，贸然追至山谷之中，遭辽兵伏击。宗翰屯北安州（今河北省隆化县），辽兵出古北口迎击，双方又在口外大战。直至金人占领燕京，辽军余众仍不断在古北口一带骚扰。[①]

金占领燕山以南地区后，在古北口等关口亦设关防。女真人称古北口为留斡岭。金宣宗贞祐二年（1214 年），潮河水溢，曾将古北口铁裹门关漂至古北口东南 12 里的老王谷。[②] 金沿用了辽代的古北口驿路，在古北口设有驿站。金末，蒙古军曾沿这条路线向金中都（今北京）进军。

元代曾因争夺皇位，上都（今内蒙古正蓝旗东北兆奈曼苏木城）军队攻入古北口抢掠。元设有专门军队警备大都（今北京）北各关隘。古北口南潮河关（今潮关）设有千户所，中统二年（1261 年）忽必烈亲自将诸万户汉军及武卫军由檀州移驻潮河川，即此地。[③]

明代，古北口更是一处雄关险隘，堪称"京北锁钥"。古北口属蓟镇管辖，因屏障于北京的东北方，所以是戚继光精心设计和督修长城的重要一部分。它既与东西两侧长城相呼应，又自成一个坚固的防御体系。这里不仅设有正关——铁门关，正关之西潮河上还有水门

---

① 曹子西主编：《北京通史》第 3 卷，中国书店，1994 年，第 43 页。
② 顾炎武：《昌平山水记》卷下，第 27 页。
③ 《昌平山水记》卷下，第 27~28 页。

关,潮河河水从其下的三道水门通过。水门以西悬崖壁立,悬崖脚下有一对紧密相连的敌楼,人称姊妹楼,长城自姊妹楼盘旋直上。正关南五里有古北口营城,即古北口城(今俗称关城),明洪武十一年(1378年)建。古北口路参将亦驻此城。古北口城跨山而建,"南控大石岭,西界潮河川,为古北冲地"。① 城周四里余,有南、北、东三门,今城已不完整,西南角被京承公路切断,南门不存,其余部分城墙仍在,北门和东门位置清晰可辨。城西南山顶上矗立着一座高大的望楼大花楼。古北口正关南建有潮河营城,又称上营(即今所谓营城),驻兵守卫关口,今部分城墙及北墙上的玉皇庙尚存。古北口西南潮河川口还设有潮河关,筑有营堡,今城已毁。古北口关外潮河东西两岸还筑有两道"龙须"状夹墙,墙上各造三座敌楼,其外还有独立的烽燧,形成古北口关和潮河口外的一道钳形防线。古北口正是由这重重防线、道道关口共同构成了一个坚固的易守难攻的防御体系。

此外,古北口—司马台—遥桥峪—曹家路段长城,至今仍保存有比较完整而且分布相对集中的从城墙、敌台、峰燧到关门、关城以及一系列驻军营堡的防御体系,有些营堡如遥桥峪堡、司马台堡、将军台堡(今密云县东北部小口村)等保存仍相当完整。古北口关虽然比居庸关小,但关口、关城、营城几个组成部分分布非常集中,另外还有水门关、潮河关相配合,当年关口全貌,一目了然。

黄花城

黄花城是明长城蓟镇戍守要地之一,因仲夏时节此处的屋宇村舍会淹没在漫山黄花之中而得名。黄花城在北京市怀柔区西南,四海冶与居庸关之间的内长城线上。关城于景泰四年(1453年)建成,有三门,东连怀柔、密云,西接延庆,北通内蒙古高原东部,南蔽昌平,为京都的北部藩屏。明朝对此地防务极为重视,驻重兵戍守。附近最高峰凤驼梁屏蔽于北,白河支流怀九河环流于东、南。惟西部地形平缓,无险可恃,易为敌人所逞,故建有隔垣两重,一重称头道关,二

---

① 宋庆煦(民国三年):《密云县志·舆地·营城》,台北成文出版社,1968年,第102~104页。

重称二道关,以加强防御。黄花城长城依山傍水,险峻秀丽,风景奇美。黄花城长城正在修复当中,很快就将开放接待游人。

本次黄花城长城的修缮将本着"修旧如旧"的原则,就地取材,用长城坍塌后原有的石条,和附近出产的部分石条,依照明代的古法修缮。修缮后的黄花城长城既要恢复当年恢弘的气势,也要保留数百年岁月留下的沧桑感和历史风貌。

沿河城

门头沟境内长城上的沿河城是北京地区长城关隘中非常重要的一处。沿河城西距北京市区六十多公里,位于门头沟区西北部的深山中,建于明万历六年(1578年),是紫荆关的一处要隘,当时是从怀来盆地沿永定河峡谷进入京师的咽喉要地。沿河城紧靠永定河,依山势而筑,因名"沿河城"。城墙用大块鹅卵石和条石砌成,东、西、北三面为直线,南墙为弧形,呈扇状。城垣周长一千一百米左右,有东、西两门,东门已毁,原门额为"万安",西门尚存,门额为"永胜"。沿河城保存得相当完好,城中有大校场、小校场、衙署、圣人府、真武阁等建筑,还有《沿河口修城记》石碑一块,记载着建城经过。城内房屋建筑都很古朴,破旧的老戏台、窄窄的鹅卵石路和参天的古树在对人们述说着这里的历史。

自 学 指 导

教学要求:

通过本讲的学习,要求学生掌握北京地区长城的始建(战国燕)、长城空间格局的初步形成(北朝)和长城军事防御体系的最终完善(明代)这一修筑长城的历史脉络;了解北京北部长城沿线民族迁徙与民族融合的阶段划分和具体历史进程;掌握历史上北京长城的雄关险隘居庸关与古北口的地理形势、战略地位、军事功能、关城建筑和历代利用情况;了解北京地区长城的总体分布情况与保存现状。

重点难点提示：

本讲的重点内容是北京地区修筑长城、长城沿线民族迁徙与民族融合的历史进程，以及居庸关与古北口在历史上的战略地位。

学习的难点在于分析北京地区修筑长城的历史背景和地理条件，以及北京北部长城沿线复杂的民族迁徙与民族融合的历史进程：

1. 北京北部长城所在的燕山地区，位于温带半湿润向半干旱过渡的大陆性季风气候区，南临华北平原，西北接内蒙古高原，东北邻松辽平原，历史上一直是这三大地理单元民族、经济、文化的汇合点。沿着燕山内侧山脊而筑的长城不仅是人类历史上伟大的军事防御工程万里长城最重要的组成部分之一，也是我国北方一条重要的农牧分界线，是北方少数民族与中原农业民族之间的"拉锯"地带，自古以来就是多民族接触、争战、交流、融合的地方。

2. 北京北部长城沿线民族迁徙与民族融合的历史进程大体经历了以下几个阶段：

（1）春秋以前第一个农牧文化交替周期

（2）战国至十六国时期第二个农牧文化交替周期

（3）南北朝至五代中期第三个农牧文化交替周期

（4）辽至明代第四个农牧文化交替周期

（5）清代农牧文化界线的不断北移

学习方法建议：

1. 理论联系实际，学习期间尽量争取到居庸关—八达岭、古北口—司马台等长城防御体系保存较为完整的长城地段进行考察。

2. 找一份带有地势的中国地图，反复阅读，了解北京长城所在的地理位置，宏观地理形势，与华北平原、内蒙古高原和东北平原之间的区位关系，以及居庸关、古北口的区位条件和地理形势。

3. 可以将北京北部长城沿线民族迁徙与民族融合历史进程的重点内容列成表格，按照历史年代和各年代的相关内容进行整理，便于学习和掌握。

4. 关于北京地区现存明长城的总体分布和保存情况，可以对照北京地图进行学习,并查阅中国长城学会的网站和平谷、密云、怀柔、延庆、昌平及门头沟等六个区县的旅游网页,了解更多、更具体、图文并茂的长城现状信息。

名词解释:

长城　居庸关　古北口关　戚继光

思考题:

1. 北京地区的长城军事防御体系为什么初步形成于北朝、最终完善于明代?

2. 北京北部长城沿线民族迁徙与民族融合的历史进程大体经历了哪些阶段?

3. 请分析居庸关与古北口的地理形势以及在历史上的战略地位和军事功能。

4. 北京地区现存明长城的总体分布情况是怎样的?

参 考 文 献

罗哲文著:《长城》,北京美术摄影出版社,2000年。

华夏子著:《明长城考实》,档案出版社,1988年。

张量著:《战争与和平的纽带——古代长城》,辽宁师范大学出版社,1996年。

曹子西主编,贺树德撰著:《北京通史》第6卷,中国书店,1994年。

孙进己:《东北民族源流》,黑龙江人民出版社,1989年第二版。

张宝秀、马万昌、朱祖希:《北京的长城与桥梁》,光明日报出版社,2004年。

第十一讲　北京戏剧史话

我国的戏剧艺术源远流长,高潮迭起:元杂剧的辉煌、明清传奇的鼎盛、京剧的大红大紫,分别代表着三个黄金时期。北京的戏剧始终处于我国戏剧发展的中心或重镇地位,呈现出云蒸霞蔚的璀璨景观。

一、元杂剧的辉煌

莽莽苍苍的燕山脚下,富饶辽阔的华北大平原北端,雄踞着六代古都、世界历史文化名城——北京。它北依山险,南控中原,右拥太行,左环沧海,气势磅礴,形胜天下。

北京的文化积淀

北京历史悠久,从远古洪荒年代便留下线索连贯、脉络清晰、内容系统的史迹。从"北京猿人"到"山顶洞人";从夏、商、周青铜时代,到燕、蓟两个封国;汉唐时代,燕、蓟为幽州治所,成为少数民族政权和藩镇割据势力的领地;契丹占领燕云十六州后,燕京升为"南京";辽代,北京成为陪都,被定为"五京"之一。金灭辽后,称北京为"中都",成为金的国都。

公元1264年,元世祖忽必烈迁都北京,并于至元九年(1272年)定名为"大都"。经过忽必烈时期大规模的改建和扩建,大都成为宏伟壮丽、气势不凡的世界名城。这里水陆交通发达便利,有通往全国各地的驿站。大大小小的车辆,载满了各种各样的货物,从四面八方集中到大都。京杭大运河上,"千帆竞发,舟楫如织"。① 大都城内,铺面繁荣,商业兴隆,"华区锦市","歌棚舞榭",② 活动着数以万计的

---

① 陈开俊等译:《马可·波罗游记》,福建科学技术出版社,1982年,第162页。
② 元·黄文仲:《大都赋》,载《宛署杂记》卷十七"民风"引。

商人、工匠、僧侣、道人、风尘艺妓……意大利旅行家马可·波罗(图 11-1)(Marco Polo,约 1254~1324 年)在他的《游记》中记录描绘了元大都的恢弘气派和繁华景象。如今,漫步在新近落成的"元大都遗址公园"里,依稀可以想像出当年的盛况。(图 11-2,11-3)

图 11-1　马可·波罗

图 11-2　元大都公园(杨忠平摄)

图 11-3 元大都公园（杨忠平摄）

在漫长的发展过程中，北京招揽四方之贤，广集天下之资，建成繁荣发达的首善之区和人文荟萃之地，形成了十分深厚的文化积淀。早在西周时期，燕地就有了精致的青铜、漆器、玉器、蚌器，还发现了带字的甲骨。秦汉时期，燕地涌现出不少文化名人，如撰著《韩诗外传》的韩婴，文学家崔寔、崔駰、卢植等。魏晋时出现了卢毓、孙礼、刘放、徐邈、韩观、霍原、张华等，形成了以范阳卢氏为代表的经学派和玄学派。北朝时期，燕地学者云集，官学兴盛。隋承北朝遗风，官学与家学并举，名人迭出。唐代，幽燕的诗歌、音乐、绘画、百戏空前繁荣，有"燕歌赵舞，观者忘疲"之誉。其百戏因受燕地特别是北方游牧民族剽悍民风的影响，呈惊险之状。辽代主张"学唐比宋"，燕京成为学习汉文化的基地。儒学兴旺，科举发达，佛教红火，音韵学、文字学也有了长足的发展。辽代的寺院建筑及雕刻称绝一时，著名的房山云居寺雷音洞的石经量大质精，堪称艺术珍品。辽承汉乐府之遗韵，散乐、百戏、角牴、马戏亦很发达。乐分雅乐、散乐，舞包括文舞和武舞。宫中开始有了杂剧演出。金朝统治者特别是金章宗尤其重视文化，酷爱艺术。宫中专设教坊，演唱杂剧者即有一百五十多人。

元代，北京的诗歌、绘画、雕刻、曲艺均很发达，出现了很多大家和杰作。如诗文大家元好问，其诗词为金、元之冠，被誉为"诗史"；书画界的赵孟𫖯、"元季四大家"黄公望、王蒙、倪瓒、吴镇,及龚开、王冕把书画水平推向高峰;宫廷舞蹈《十六天魔舞》、民间舞蹈《海青拿天鹅》冠绝一时;鼓子词、转踏、唱赚、诸宫调等民间演唱艺术千姿百态……尤其是元曲(杂剧),堪与诗经、楚辞、汉赋、唐诗、宋词相媲美,被王国维先生誉为"一代之文学"。①

元杂剧的崛起

　　元杂剧的勃发并非偶然,它是时代精神和社会生活的产物,是戏曲艺术继承发展的必然结果。元代是一个很特殊的历史时期,蒙古族依靠弓马之利夺取并掌握政权,推行残酷血腥的高压政策,把民族划成四类(蒙古人、色目人、汉人、南人),把人分为九等(《郑所南集》:"鞑法:一官、二吏、三僧、四道、五医、六工、七猎、八娼、九儒、十丐,各有所辖")。民族矛盾和阶级矛盾均十分尖锐,充满了血与火、黑暗与光明、文明和愚昧的斗争,从而为元杂剧提供了取之不尽、用之不竭的源泉。元大都的畸形繁荣吸引了四方八面的商贾、艺人,为杂剧造就了巨大的市场和熔炉。元代停止科举考试78年,使得文人仕进无路,转而把浑身的智慧才华投向杂剧,并与艺妓密切结合,形成庞大的创作队伍。再者,由于元代统治者对中原文化的陌生,客观上带来了思想控制的宽松和创作的自由。于是,在宋、金杂剧和院本的基础上,吸收了唱赚、诸宫调等民间艺术的营养,元杂剧应运而生并得到突飞猛进的发展。元杂剧不同于唐、宋时期即兴的滑稽表演和结构松散的短剧,它具有独特而崭新的剧本体制,严格而富于变化的音乐结构,从根本上扭转了宋杂剧以嬉戏娱乐为主的倾向,使戏曲走向真正的成熟。(图11-4)

图11-4　元杂剧陶俑

　　北京是元杂剧的发祥地和活动中心,荟萃着一批杰出的剧作家,如关汉

---

① 《王国维戏曲论文集》,中国戏剧出版社,1989年。

卿、马致远、王实甫、纪君祥、曾瑞等。据夏庭芝《青楼记》记载,大都还集中了朱(珠)帘秀、赛帘秀、顺时秀、连枝秀、天然秀、燕山秀等一批优秀的表演艺术家。以大都为基地,杂剧向四方传播辐射,形成云蒸霞蔚、宏大壮美的文化现象。

"元曲第一家"关汉卿及其代表作《窦娥冤》

提起元杂剧,首先就要说被誉为"元曲第一家"的关汉卿。他不仅在我国戏剧史上名垂千秋,即便是列入世界上最优秀的戏剧家行列中亦无愧色,1958年被世界和平理事会提名为"世界文化名人"。当年,北京和世界各地都举行了隆重的"世界文化名人关汉卿戏剧700周年纪念活动"。

关汉卿不属于朝廷命官,关于他的身世生平历来记载很少,而且说法不一。最具权威性的记载是元末钟嗣成的《录鬼簿》,文中明确指出:"关汉卿,大都人。"(另有燕人、山西解州人、祁州伍仁村人等说法。)他生于金代末年,出身于医户人家。汉卿是他的字,已斋叟是他的号。关汉卿博学多识,多才多艺,风流倜傥,阅历丰富,个性倔强,铁骨铮铮,不畏强暴,曾自喻为"蒸不烂、煮不熟、捶不扁、炒不爆、响当当一粒铜豌豆"。[①] 可见,他是一个有个性、有棱角的人物。(图11-5)

关汉卿是当时大都"玉京书会"的重要成员,他通晓五音六律,会吟诗填词,善吹拉弹唱,还喜欢粉墨登场。他更是一位高产作家,一生创作了六十多部剧本,57首小令,16支套曲。至今尚存的剧作有18种。因而被尊为"梨园领袖"、"编修师首"、"杂剧班头"。[②]

关汉卿的剧作题材广泛,冲突激烈,敢于正视现实,抨击邪恶势力,对黎民百姓特别是妇女的命运给予了深切的同情,形成了豪迈不羁、壮阔激烈的美学品格。如果说元杂剧是黄钟大吕式的时代交响,那么,关剧便是其中最为雄壮的旋律了。所以,何良俊说"关词激励

---

① 关汉卿:《南吕一枝花·不伏老》。
② 明·天一阁本《录鬼簿·贾仲明吊词》。

图 11-5 关汉卿

而少蕴藉"①,朱权评为"琼筵醉客"。②

关汉卿的代表作是《感天动地窦娥冤》。故事来源于班固《汉书·于定国传》、晋·干宝《搜神记》中的"东海孝妇"的传说。在原来的宣传因果报应的故事框架中,融进了元代社会生活的现实内容,揭露了黑暗腐败的官场和吏治,描绘出民不聊生的苦难图景。通过窦娥典型形象的塑造,表现出被压迫者的觉醒和抗争。

《窦娥冤》的故事发生在楚地,女主人公窦娥三岁丧母,由父亲抚养成人。父亲窦天章虽有满腹才学,却一贫如洗。为了生计,为了筹措赶考的盘缠,只好把年仅7岁的女儿端云送给蔡婆当童养媳,改名窦娥。窦娥17岁完婚,19岁就成了寡妇。她决心替丈夫守孝,奉养年迈的婆婆。不料蔡婆在一次收债时突遇灾厄,引来流氓无赖张驴

---

① 何良俊:《四友斋丛说》。
② 朱权:《太和正音谱》。

儿父子,胁迫婆媳俩成婚,窦娥严词拒绝。张驴儿偷买毒药倒进羊肚汤内,本想毒死窦婆,却不料害死自己的老子。张驴儿仍不肯罢手,乘机胁迫窦娥就范,并恶人先告状,贿赂太守桃杌。窦娥因心疼婆婆,屈打成招,判成死罪。残酷的现实擦亮了窦娥的双眼,她从逆来顺受的精神状态中觉醒,心头燃烧起复仇的怒火。临刑前,发出了撕裂人心的呐喊和控诉:

〔端正好〕没来由犯王法,不提防遭刑宪,叫声屈动地惊天。顷刻间游魂先赴森罗殿,怎不将天地也生埋怨?

〔滚绣球〕有日月朝暮悬,有鬼神掌着生死权,天地也,只合把清浊分辨,可怎生糊涂了盗跖颜渊?为善的受贫穷命更短,造恶的享富贵又寿延。天地也,做得个怕硬欺软,却原来也这般顺水推船。地也,你不分好歹何为地?天也,你错勘贤愚枉做天!哎,只落得两泪涟涟。

紧接着,窦娥发下三桩誓愿:血溅素练、六月飞雪、三年亢旱,以表明她的冤枉。窦娥的冤情感动了天地神灵,神灵为之显灵,天地为之动容。一腔碧血全部洒向素练,六月天居然大雪纷飞,三年大旱后来也都应验。这就是《感天动地窦娥冤》剧名的来由。窦娥死后,她的鬼魂继续向黑暗邪恶冲击,不仅要为自己报仇,而且要"从今后把金牌势剑从头摆,将滥官污吏都杀坏"。①

关汉卿运用奇特的想像、强烈的情感、泼辣洗练的语言,积极浪漫主义手法,讴歌了窦娥的觉醒和抗争,产生了震撼人心的艺术效果。

王实甫"《西厢记》天下夺魁"

王实甫也是大都人,名德信,与关汉卿一样由金入元。从他的散曲《退隐》可以窥知,他早年居官,后退职在家,至少享有60岁寿命。元末明初贾仲明在增补《录鬼簿》〔凌波仙〕吊词中这样评价他:

---

① 《窦娥冤》第四折。

风月营,密匝匝列旌旗;莺花寨,明飙飙排剑戟;翠红乡,雄赳赳施谋智。作词章,风韵美。士林中,等辈伏低。新杂剧,旧传奇,《西厢记》天下夺魁。

词中的"风月营"、"莺花寨"、"翠红乡"都是指元代艺妓聚居之所。可见王实甫经常出入这些地方,和艺妓们交往,为她们写戏。他的杂剧辞藻华丽,韵致优美,士林中无不叹服。特别是他的《西厢记》,更是独占鳌头,成为北曲的"压卷之作"。

《西厢记》取材于唐代大诗人元稹的传奇小说《莺莺传》(又名《会真记》)。宋代以后,《莺莺传》被改编成多种艺术样式,思想内容逐渐有所变化。其中成就最高、影响最大的是金代董解元的《西厢记》诸宫调,人称《董西厢》,它便是王实甫《西厢记》的直接蓝本。

《西厢记》的故事并不复杂,说的是唐代崔相国过世后,崔老夫人携女儿莺莺、丫鬟红娘扶灵归葬,途经河中府普救寺暂住。父母双亡、书剑飘零的洛阳才子张珙进京赶考,因欲同同窗白马将军杜确相会,绕道蒲州。在游普救寺时,与莺莺邂逅,为莺莺的无比艳丽而惊喜。莺莺乍见翩翩少年,也不禁深情地回眸一瞥。两个青年男女经过隔墙吟诗,互表心迹;同做道场,增进了解,开始默默相爱。土匪孙飞虎兵围普救寺,欲抢莺莺做压寨夫人。危机之中,老夫人许诺招能退贼兵者为婿。张生投书白马将军退兵解围,老夫人却食言赖婚。张生和莺莺在红娘的同情和帮助下,书来柬往,花园幽会,终于共度佳期。老夫人恼羞成怒,拷打红娘,却被红娘说得哑口无言,只好承认现实;但又逼张生进京赶考,求取功名。深秋黄昏,长亭之上,张生与莺莺依依惜别,柔情缱绻。后来,张生高中,荣归凯旋,终于和莺莺结为眷属。(图11-6)

《西厢记》超越了一般的才子佳人戏,它关注的是封建社会中青年男女的爱情命运,张扬的是"有情人终成眷属"的爱情理想。细腻而真实地描写了张生与崔莺莺突破封建礼教,克服精神负担,追求爱情和幸福的心路历程。歌颂了他们的叛逆行为,展示出爱情本身的美好与魅力。

闺阁少女崔莺莺具有雍容温润的风度、矜持文雅的气质、锦心绣

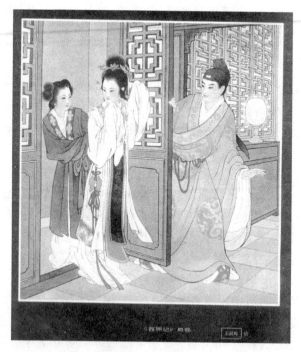

图 11-6 《西厢记》局部（王叔晖绘）

口的才华、缠绵悱恻的心绪、绵中有刚的个性。《西厢记》丝丝入扣地揭示了她复杂微妙的内心世界，特别是她的"假意儿"，笔触达于至隐至深的人性层次。像"花落水流红，闲愁万种，无语怨东风"的惆怅；[1]"半晌抬身，几回搔耳，一声长叹"[2]的倦态等，可谓传神之笔。张生风流倜傥，儒雅多情，志向远大，且对爱情执著专一。他与崔莺莺一见钟情，一往情深，毅然放弃功名利禄，足见是"性情中人"。为了得到莺莺的爱，他诚挚投入，饱受折磨，无怨无悔，表现出纯洁无瑕的个人品行和内心操守。最后，他被迫赴京应试金榜题名后，也没有对异乡花草栖迟留连，多么老实忠厚的"至诚种"。至于他身上的那几分"迂呆"、"风魔"的"傻气"，倒显示出他鲜明的个性特征。

---

[1] 王实甫：《西厢记》。
[2] 同上。

红娘热情、爽朗、果敢、机敏,富有正义感和同情心,是一个"忤奴"形象,具有强烈的平民意识。她从崔莺莺的"行监坐守",变成崔莺莺的助手和智囊,居然和老夫人展开了面对面的斗争,实在大快人心。

《西厢记》的版本十分丰富,计有百余种之多。并翻译成英、法、德、意、俄、日、拉丁文、印地文、越南、朝鲜等文字。

《西厢记》一直活跃在戏剧舞台上,被各种声腔剧种搬演,荀慧生先生的京剧本《红娘》流传甚广。其中"佳期"一场中,描写红娘帮助张生和崔莺莺西厢幽会,共度佳期,自己在门口守护时唱的一段[四平调],抒发了善良美好的心灵及美好的祝福,尤其为人所激赏。关汉卿、王实甫之外,马致远、纪君祥、曾瑞也是活跃于大都的杂剧作家,因篇幅所限,就不在此细表了。

二、昆曲艺术的流播

昆曲流播北京

明初,尽管北京作为军事重地,受战乱影响较大,城市比较萧条,但北曲杂剧仍然挟元代之余势,成为宫廷、王府、藩邸以及文人士大夫娱乐的主要形式。明太祖分封诸子,均赐予大量词曲、杂剧和乐户。皇亲国戚中喜爱、痴迷于杂剧的人很多,演戏、观戏成为宫廷、府邸贺岁、祝寿、赏宴不可或缺的内容。出现了宁献王朱权、周宪王朱有燉,侍从贾仲明、汤舜民,高官邱濬等剧作家。在他们的带动和影响下,北曲杂剧日益宫廷化、贵族化、典雅化。

明中叶以后,戏曲进入传奇时代。南方诸多声腔剧种纷纷崛起,并流播北上。明嘉靖朝,弋阳、海盐、昆山诸腔先后传入北京,取代了北曲杂剧,占领了舞台。特别是昆曲,在北京颇为兴盛。万历朝,四斋和玉熙宫开始上演昆曲,具体由教坊司、钟鼓司承应。天启皇帝熹宗朱由校曾亲自粉墨登场,与伶人合演《风云会·访普》。[①] 士大夫

---

① 参见秦兰徵《天启宫词》。

纵情声色,观戏成瘾。不仅聘请职业戏班,而且蓄养家班。巨室查氏在前门外建起戏楼,演戏蔚然成风。京郊的庙宇、戏台如雨后春笋,演戏活动十分兴旺。

进入清朝,北京再度成为全国戏剧中心。康熙年间,著名文人、诗人洪升、孔尚任先后来到北京。他们的剧作《长生殿》和《桃花扇》轰动京师,酿成轩然大波。

洪升及其代表作《长生殿》

洪升(1645~1704年),字昉思,号稗畦,出身于浙江钱塘(今杭州)名族。少年即有才名,15岁能作诗,24岁入国子监就学。初至京华,目睹皇家气派,饱览万国车书,兴奋不已,本以为可以大展身手,建功立业。然而,闲散清冷的国子监监生生活磨损了他的雄心壮志,并使他看透了官场的腐败,饱尝了世事的酸辛。他神疲气衰地返回家园,偏偏又连续遭遇家难和天伦之变。先是父亲得罪朝廷而被系,后又为父母所不容。经济上和精神上双重的打击,将洪升推向绝境,只好到处行役游食。30岁时,洪升第二次来到京城,以诗作得到吏部侍郎李天馥的赏识。但由于洪升恃才狂放、认真执著的性格,仕途上毫无指望,只好继续过着他那穷愁潦倒的国子监监生的生活。就在这种期待、失落、幻灭的心境中,洪升潜心十余年,三易其稿,终于康熙二十七年(1688年)——他44岁的时候——最后完成了巨著《长生殿》。①

《长生殿》取材于李杨爱情和天宝轶事。这是个家喻户晓的老故事,自中唐以来就有不少诗人、小说家、戏曲家以此为题材创作了各种形式的文学艺术作品。如白居易的《长恨歌》、陈鸿的《长恨歌传》,以及《明皇杂录》、《安禄山事迹》、《开元天宝逸事》、《杨太真外传》笔记小说、《天宝轶事诸宫调》、《梧桐雨》、《惊鸿记》等。这些作品,有的把李隆基、杨玉环净化、美化,有的则专写他们淫乱的私生活。

洪升的剧作开始第一稿叫《沉香亭》,第二稿叫《舞霓裳》,第三稿才叫《长生殿》。前两稿都不太理想,随着洪升阅历的丰富,对人间冷

---

① 参见洪升《啸月楼集》、《稗畦集》、《稗畦续集》。

暖、世态炎凉、世事变迁有了更为深刻的认识。在《长生殿》里,他以同情的笔触描述了李、杨之间凄绝哀婉的生死情缘;再现了唐代由盛转衰的过程,抒发了"乐极哀来"[①]的幽思和彻骨沉重的兴亡之感。

《长生殿》对李、杨帝妃爱情的认识是清醒而深刻的,以大量篇幅描绘出他们"逞侈人心而穷人欲,祸败随之"的过程,反思了李、杨的贪欲和放纵。他们只顾沉溺于个人的情感,忽略了体恤民情。唐明皇为了满足杨贵妃吃鲜荔枝的口腹之欲,竟命人从岭南飞马驰贡,跑死了多少马匹,踏坏了多少秧苗,撞死了多少行人,给沿途带来多少灾难!杨贵妃一人得宠,全家鸡犬升天。其兄杨国忠拜为右相,三个姐姐封为夫人。一家家竞夸豪奢,盖起高楼大厦。春天出游时,车仗华美,用度侈糜。唐明皇和杨贵妃"弛了朝纲,占了情场",[②]终日沉迷于温柔之乡,不理朝政,将军国大事委托给杨国忠。杨国忠乘机弄权,收受贿赂,卖官鬻爵。

野心家安禄山与杨国忠互相争宠,互相攻讦,终于酿成重大的社会悲剧——安史之乱,强大的唐帝国从此由盛转衰。

《长生殿》形象地揭示出宫廷生活的奢糜,权豪势要的淫威,外藩强寇的骄横;同时也对下层百姓的苦难表示出深切的同情。一幕幕触目惊心的社会生活场景,构成了一幅幅唐代历史世相图。

《长生殿》是一部热闹的《牡丹亭》。不仅歌颂了"精诚不散"、"真心到底"的"儿女情缘",而且表彰了"感金石、回天地、昭日月、垂青史"[③]的"忠臣义士",把儿女之情扩大到家国、社稷之情。节度使郭子仪忧国忧民,力挽狂澜,灭贼复国,完成了"再造唐家社稷,重睹汉官威仪"的大业,不愧为胸襟磊落、重整乾坤的英雄。梨园乐工雷海青在酒宴上慷慨痛骂安禄山,用琵琶投掷贼首,视死如归,表现出崇高的民族气节和英雄气概。另一个乐工李龟年,流落江南,沿街弹唱,面对着满目荒凉的河山,倾吐着国破家亡、繁华不再的无限感慨,著名的[弹词]传唱一时。

---

① 洪升:《长生殿·序》。
② 《长生殿》第三十八出"弹词"。
③ 《长生殿》第一出"传概"。

《长生殿》不仅包含着深刻的意蕴,而且具有高超的艺术造诣。全剧以李、杨爱情为主线,以"安史之乱"作为穿插,爱情线和政治线交错进行,运用虚实相间的笔法,结构出规模庞大、跌宕起伏、对比鲜明的格局。近代戏剧家王季烈在《螾庐曲谈》中赞扬道:"悲欢离合,错综参伍。搬演者无劳逸不均之虑,观听者觉层出不穷之妙。自来传奇排场之胜,无过于此。"

《长生殿》的曲词流畅清丽,富有诗意美、韵律美,支支都脍炙人口。全剧几百支曲牌各具特色,变化无穷,而且符合人物性格和情景氛围。审音协律,便于讴歌,适合于演出。特别是[弹词]一出,苍凉感伤,令人为之落泪,为之断肠。但最后终因《长生殿》所抒发的兴亡之感得罪了朝廷,于是以在佟皇后忌辰演戏"大不敬"为名,罗织罪名,将洪升驱逐出京师。所有看戏的人也都受连累。当时曾有人写诗感叹道:"可怜一曲长生殿,断送功名到白头。"①

孔尚任及其代表作《桃花扇》

与《长生殿》齐名的是《桃花扇》,作者是孔子的64代孙孔尚任,山东曲阜人,字聘之,号东塘,自号云亭山人。孔尚任虽是个早熟的奇才,却一直科场失意,只好隐居于曲阜城北的石门山读书。不料,一次偶然的机遇改变了他的人生道路。康熙二十三年(1684年),康熙南巡途经曲阜祭孔,37岁的孔尚任被族人举荐主持祭奠,并在御前讲经。康熙大为赏识,当即恩准额外任用。孔尚任随即进京做了国子监监生,从此踏入仕途。

但是,孔尚任的仕途很不得意。他对现实越来越来失望,对故国越来越来怀念,便开始酝酿、创作《桃花扇》。前后经过二十余年的努力,三易其稿,于康熙三十八年(1699年)完成,上演后产生了巨大的轰动。王公缙绅,争相传抄。康熙连夜派内侍索览。一时间有"洛阳纸贵"之誉。《桃花扇》与《长生殿》齐名,孔尚任和洪升犹如两颗耀眼的新星腾起天空,遂有"南洪北孔"之说。

《桃花扇》的故事发生在明末清初,有所谓"六朝金粉之地"之称

---

① 清·阮葵生:《茶余客话》卷九。

的明陪都南京。秦淮名妓李香君有着与一般歌妓不同的见识和品格。她热爱故国，痛恨权奸，敬重清流，与复社文人侯方域结为连理。新婚之夜，当她得知妆奁来自阉党阮大铖后，毅然拔簪脱衣，摔到地上，并斥责侯方域软弱。阉党强迫她嫁给新贵田仰，她一口回绝，头撞翠楼，血溅诗扇，用鲜血和生命捍卫了自己的清白。李香君把自己比做击鼓骂曹的祢衡，在酒筵上义正词严地揭露马士英、阮大铖狼狈为奸的罪行，刚烈之气咄咄逼人。被打倒在雪地之上，依然骂不绝口，真是一副铮铮铁骨。

侯方域虽然有些软弱、动摇、糊涂，但在李香君的激励下，愤然投入抗清复明斗争，被权奸投进监狱也未投降变节。出狱后，立即到南京寻找香君。当他们历尽艰辛，再次重逢于栖霞山时，在张道士的棒喝下，毅然割断了儿女情根，双双出家入道，营造出苍凉伤感的悲剧氛围。

《桃花扇》"借离合之情，抒兴亡之感"，表现了善恶、正邪、清浊、美丑之间的殊死搏斗，全面评价了南明兴亡的历史。内容宏阔，结构庞大，脉络清晰，浑然一体，"通体布局，无懈可击"。[①] 特别是那把桃花扇，不仅扭结着侯、李的爱情，而且联系着时代的风云，真是"南朝兴亡，遂系之桃花扇底"。[②]

《桃花扇》和《长生殿》不愧为我国历史剧的双璧，是两个高峰，两块丰碑，对后世戏剧产生了巨大而深远的影响。

北方昆曲在宫廷及民间的传播与流变

"南洪北孔"之后，昆曲的创作日益衰颓，但舞台演出却十分兴旺。特别是到了乾隆朝，由于国力充足，世风奢靡，乾隆又是一个大戏迷，所以演剧活动达到高潮。当时，作为内廷演戏机构的"南府"的规模有了很大的扩充，由南长街南口迁到景山西北隅观德殿后，俗称苏州巷。从江南挑选来的昆曲名伶，也激增到八九百人，甚至一度多

[①] 吴梅：《中国戏曲概论》。

[②] 《桃花扇本末》。

达一千五六百人。①

演戏纳入朝廷仪典，形成定制。每逢新年、万寿节（清帝及太后寿诞）、端阳节、中秋、冬至等重要节令，以及册封后妃、皇子出世，均有与之相应的戏剧演出。宫廷词臣张照等制作了大量的剧本，如应节的《月令承应》，歌颂祥瑞的《法宫雅奏》，表现神仙添寿赐福、祝贺太平的《九九大庆》等，竟达数百折之多，它们基本上用昆曲演唱。而自从康熙年间就开始编演的宫廷大戏，到此时也上了规模，形成系列，计有《劝善金科》、《升平宝筏》、《鼎峙春秋》、《忠义璇图》、《昭代箫韶》、《封神天榜》、《楚汉春秋》、《兴唐外史》、《铁旗阵》、《阐道除邪》等十来部。每部戏都包括十本，二百四十出左右。宫廷大戏联缀改编了大量杂剧、传奇等传统戏，其中约有十之七八用昆曲演唱，余则兼用昆、弋腔演唱。不要说北京，就连热河避暑山庄的演戏规模都大得惊人。巍峨的大戏台下可容纳数万人，一个神怪剧目竟然在舞台上出现上千艺人，还不算后台的乐队伴奏和其他杂务人员。②

上有所好，下必甚焉。由于内廷频繁的昆曲演戏活动的影响和清廷的倡导，北京民间的昆曲演出也十分红火热闹。当时著名的保和三部专演昆曲，宜庆、永庆、萃庆、太和、端瑞、吉祥、庆春、庆宁、庆升、庆和、万和、庆云、金玉、乐善、松寿、金升、翠秀、集秀班等则兼演昆、弋两腔。"昆乱不挡"是名伶必备的条件，"六场通透"为优秀乐工的看家本领。因此，各种戏班里都保留了不少昆曲剧目。③ 如著名的徽班四喜班就以排演昆曲《桃花扇》而享誉京师。

昆曲被誉为"盛世元音"，成为全国性的主要声腔剧种。乾隆十二年，由庄恪亲王允禄领衔，乐工周祥钰等分任编辑，并有大批艺人参加编纂的《九宫大成南北词宫谱》付梓。这部八十二卷的皇皇巨著，内容丰富，论列精审，囊括了南曲的引曲、正曲、集曲，北曲的只曲、套曲。曲谱中详细列举了不同宫调的各种体式，分别正、衬字，注

---

① 鄂尔泰、张廷玉等编纂：《国朝宫史》卷十二。
② 参见赵翼《簷曝杂记·大戏》。
③ 见铁桥山人、问津渔者、石坪居士《消寒新咏》，载于《清代燕都梨园史料》（上），中国戏剧出版社，1988年。

明工尺、板眼、句读、韵格,使得很多濒于失传的曲格、曲词得以保存而传世。《九宫大成南北词宫谱》成为学习、研究昆曲音乐的重要文献,为昆曲填词度曲、吟诵演唱明确了规范,推动了昆曲演出活动的发展。

流播北京的昆曲,早在明万历年间,就采取昆、弋合演的形式,谓之"昆弋大戏"。到了清初,昆、弋合演的戏班、剧目大量出现,演出盛况空前。由于接受了弋阳腔的沁润,加上北方语音的影响,北京的昆曲渐渐呈现出与南方昆曲不同的韵味和风貌。北京的昆曲是一个总体概念,其中又包括"京昆"和"昆弋"两支。北方昆曲与南方昆曲的主要区别在于唱念的语音以及调式、旋律、唱法、伴奏方面。北方昆曲基本上以中原音韵为宗,不用苏音,尽量避免"南音北唱",也不恪守"乡音无改"。其生、净(以大本嗓为主)、旦、贴、巾生(以假声为主的)的行腔基本同度,音域宽广,经常在两个八度间对比、跳动。生、净戏以气势磅礴、醇厚苍劲著称;"三小戏"(小生、小旦、小丑)不如南方昆曲细腻缠绵、清逸蕴藉;老生、大武生、花脸戏采用弋腔锣鼓,极有声势,形成雄伟沉厚、高亢刚劲的独特风格。从同治到光绪、宣统年间,北方的昆曲时断时续,忽高忽低,在宫廷和民间均有活动。"安庆班"、"恩庆班"、"恩荣班",再到复出的"安庆班",以及"荣庆社",终于又在京师站稳了脚跟,并得到北京学界、知识界的大力支持。民国初年,时任北京大学校长的蔡元培先生鼓吹"以美育代替宗教",在他的倡导下,北京大学的学生成为观众的中坚力量。曲学大师吴梅先生、名曲师赵子敬先生先后收韩世昌、白云生为徒,为北方昆曲的生旦戏开拓了新的领域。韩世昌率众东渡扶桑,演出昆曲《思凡》、《琴挑》、《学堂》、《惊梦》、《佳期拷红》、《刺虎》等,大获成功。他和白云生等进行的大规模国内巡回演出也产生了很大的影响。只是由于兵荒马乱、天灾人祸,陷入惨淡经营的境地。到解放前夕,北方昆曲已经是奄奄一息、濒临绝迹了。新中国的成立,使古老的昆曲艺术枯木逢春,获得了转机。1956年,浙江昆剧《十五贯》晋京演出,"一出戏救活了一个剧种"。①

---

① 见1956年5月16日《人民日报》。

1957年6月,北方昆曲剧院正式成立。汇集了韩世昌、白云生、侯玉山、马祥麟、沈盘生、侯永奎等昆弋老艺术家,以及一批昆曲新秀。党和政府对昆曲一贯十分重视,倡导、扶持不遗余力。在党的"百花齐放,推陈出新"方针指引下,北方昆曲剧院无论在抢救遗产、培养人才、建设队伍、创演新剧,还是理论研究方面,都做了大量的工作,取得了骄人的成绩。挖掘、继承、整理、改编、创作、上演各类剧目达四百六十多出(折),其中《西厢记》、《牡丹亭》、《长生殿》、《琵琶记》等古典名著,新编历史剧或历史故事剧《李慧娘》、《晴雯》、《南唐逸事》、《贵妃东渡》、《夕鹤》,以及现代戏《红霞》,探索剧《偶人记》,都成为北方昆曲剧院的宝贵财富。

以北京为中心的北方昆曲是昆曲艺术的重要流派,与南方昆曲相映成趣,相得益彰。在数百年的风雨历程中,有过辉煌,也有过低谷;积累了经验,也留下了教训。目前,北昆人正借着联合国教科文组织命名的东风,全面启动振兴工程,树立崇高的使命感,激发最大的艺术创造力,去拥抱即将来到的昆曲艺术的春天!

三、京剧的大红大紫

晚清是我国戏曲艺术发展史上的重要转变期,终于完成了古典戏曲向近代戏曲的嬗变,揭开了中国戏曲史上崭新的一页。

徽班进京

晚清的中国戏剧舞台并不寂寞,旷日持久的"花雅之争"迎来了京剧的大红大紫。所谓"花雅之争"指的是雅部的昆曲和后来的昆弋腔,与由众多地方声腔组成的花部之间的竞争和融合。北京是"花雅之争"最重要的战场,基本上经历了京腔与昆腔争胜、京腔与秦腔争胜、徽调与昆腔争胜等三次交锋。最后,徽班夺魁。

京剧的形成乃是中国戏曲艺术发展之必然,是南北曲的融合的产物,是宫廷戏剧与民间戏剧的相互渗透的结晶,也是花雅之争的重要内容和重要成果。京剧的形成结束了始于康乾之世的花雅争胜的局面,标志着古典戏曲的结束,揭开了近代戏曲的篇章。

第十一讲 北京戏剧史话

说到京剧，不能不先说徽班，徽班乃是京剧的摇篮。所谓徽班，就是指兴起于安徽一带，开始主要演唱吹腔、拨子及由这两种腔调衍变出来的二黄腔调的戏班。不过，由于安徽地处长江中下游，西连湖北、四川、陕西，东邻江苏、浙江，交通十分便利。所以，徽班艺人并不固守于安徽一地，而是冲州撞府，四处作场，南方戏曲中心扬州便是他们经常光顾的地方。在互相交流的过程中，为了生存的需要并满足观众的要求，徽班艺人除主唱吹腔、拨子、二簧外，也唱昆曲、柳枝腔、罗罗腔、梆子腔，从而使徽班成为演唱众多声腔的综合戏班。

徽班大多由徽商组建，特别是与盐商的关系尤为密切。两淮盐商多出身于儒林，文化层次较高，文化修养比较深厚，而且大多喜欢戏曲。扬州的许多名流、文人墨客大多是盐商的座上客，并与戏曲艺人有着交往。这样一来，徽班艺人便得以出入盐商的府第园林，有机会广泛接触各种传统文化，触类旁通，激发出创新活力。为了自娱自乐、交结官府，以及商贸往来，徽班大多装备优裕，人才济济，上演剧目丰富，深为其他戏班羡慕，被称为"大班"、"名班"。

徽班在进入北京之前，便出类拔萃于南方舞台，成为南方戏曲中心扬州的劲旅。徽班名优多半都能兼唱几种曲调，可以在一场中先后演唱不同的声腔，有着驾驭舞台的丰富经验。同一台戏中两种或多种声腔之间兼容互补、对比照映，使徽班的审美品味有了空前提高。

乾隆五十五年（1790 年），清高宗弘历八旬寿诞，颇负盛名的徽班在清廷驻守南方的封疆大吏和盐务官员的征聘之下，纷纷进京参加为弘历祝寿的盛大庆典活动。率先进入北京的是三庆班，随后又有四喜、春台、和春等班，谓之"四大徽班"。这一提法始见于张际亮成书于道光八年（1828 年）的《金台残泪记》卷一：

> 京师梨园乐伎盖十数部矣，共推四喜、三庆、春台、和春，所谓四大徽班者焉。

初刻于道光七年（1837 年）的梁绍壬《两般秋雨庵随笔》卷三亦云：

京师梨园四大名班,曰四喜、三庆、春台、和春。

三庆班是乾隆年间组建于徽班发祥地安徽怀宁、石牌镇的徽班,主要班底多为扬州籍人。进京时领衔演员是高朗亭(1774～1870年),他是一位早熟而非凡的旦角表演艺术家。三庆进京时,他年方十六岁,抵京即接替原三庆班班主——乃师余老四掌班,并担任京师梨园同行会组织精忠庙庙首,成为梨园领袖。在他和他的后继者程长庚的主持下,三庆班蒸蒸日上,成为"京都第一"①,以演轴子戏著称,在京师具有无可争议的地位,使其他戏班相形见绌。

四喜班亦是组建于乾隆年间的徽班,班内伶工多系苏州籍,经常演出于苏州一带,但成熟于扬州,是一个花雅兼擅,皮黄兼容,吹腔、秦腔等诸腔杂奏的戏班,深受扬州人欢迎。四喜班进入北京后,先演唱昆曲,后来渐渐以唱皮黄为主,以曲子著称。

春台班是由两淮盐商总管江鹤亭为迎銮接驾而在扬州筹建的。《扬州画舫录》卷五云:

> 郡城自江鹤亭征本地乱弹,名春台,为外江班,不能自立门户,乃征聘四方名旦,如苏州杨八官、安庆郝天秀。而杨、郝复采长生之秦腔,并京腔中之尤者,如《滚楼》、《抱孩子》、《卖饽饽》、《送枕头》之类,于是春台班合京、秦两腔矣。

江鹤亭身系两淮盛衰五十年,热心公益,亲自承办乾隆六次南巡、太后三次万寿事宜。迎驾山东、天津数次,因办事果断、干练,深得弘历赏识。他组建的春台班善于揣摩圣上旨意,凡排演新剧必"争新斗奇",因而颇得弘历欢心。春台班被选进京参加祝寿献礼演出,并以孩子戏著称。

据《听春新咏》记载可知,和春是乾隆年间由扬州、苏州籍伶工组成的徽班,长期活跃于苏州、扬州一带。乾隆五十五年(1790年),应两

---

① 见《消寒新咏》卷四评陈喜官条,杨懋建《梦华琐簿》,均载于《清代燕都梨园史料》,中国戏剧出版社,1988年12月。

淮盐务官员之征聘,进京献演。班中的张连喜"姿态端妍,丰神和畅",《顶嘴》一剧最佳,时人评之为"抑扬顿宕,活泼可爱","香溢氍毹,流韵绕梁"①。许茂林扮相秀丽,嗓音清新,"《园会》《楼会》二剧,一写风情,一摹病态,意境有别,各极其妙"。② 和春进京后,以把子著称。

四大徽班之外,进京的还有嵩祝、金钰、重庆、霓萃、四庆、五庆等徽班,以及集秀杨部等。徽班人才济济,技艺超群,进京后以安庆二簧合京、秦诸腔,迅速占据优势。嘉庆十四年(1809 年),包世臣在《都剧赋》中,面对百戏杂陈的京师舞台,独赞"徽班映丽"。小铁笛道人在《日下看花记》"自序"中写道:

迩来徽部迭兴,踵事增华,人浮于剧,联络五方之音,合为一致,舞衣歌扇,风调又非卅年前矣!

徽班从南方戏剧中心扬州流播到北方戏剧中心北京,在不太长的时间内便站稳了脚跟,争取了广大观众,并取得了迅速发展,从而为京剧的形成奠定了雄厚而坚实的基础,成为京剧的摇篮。

京剧的形成

徽班技能全面,艺压群芳:其唱腔曲调优美动听,既不像"水磨腔"那样"气无烟火,启口轻圆",③ 又不像高腔那样平直、单调、高亢激烈;也不像秦腔梆子那样声震屋瓦,慷慨悲壮。它吸收了南北曲精华,既避免了上述诸腔的弊病,又吸收了它们的优长,形成以二黄、西皮为主的自由、活泼、奔放的声腔,既具有很强的时代感和艺术表现力,又具有声乐的美感。徽班在继承元杂剧和明清传奇的基础上积累了千余种传统剧目,并编演了不少新的剧目。剧目内容丰富,形式多样,举凡民间生活小戏、朝政纷争大戏、历史传统故事戏等等应有尽有,构成历史的长卷和人物的画廊。徽班剧目有雅有俗,有文有

---

① 留春阁小史《听春新咏》,载于《清代燕都梨园史料》,中国戏剧出版社,1988 年 12 月。

② 同上。

③ 明·沈宠绥:《度曲须知·曲运隆衰》。

武,有唱有做,且通俗易懂,生活气息浓郁,虽妇孺亦能解。

徽班的表演特色鲜明,生、旦、净、丑,行当齐全,举凡唱工、做工、武打(靠把、短打)、歌舞应有尽有。四大徽班都注重扬长避短,发挥自己的优势,各擅其场,以满足京师观众的需求。当时流行着这样的谚语:"四喜的曲子,三庆的轴子,和春的把子,春台的孩子。"四大徽班培养了各阶层的观众,尤其是三庆演出的大轴子戏,吸引了广大市民百姓,为徽班的生存和发展奠定了雄厚的群众基础。

徽班广采博取,善于创造,视野开阔,从不知满足。善于"联络五方之音,合为一致"①,并根据京师观众的需求,改革唱腔、表演、剧目,不断更新舞台景观。

徽班得天时、地利、人和之便,赶上所谓"河清海晏"的康乾盛世的末尾。北京作为大清帝国的政治、经济、文化中心和首善之区,水陆交通发达,市面繁华,商贾云集,仕人官员络绎不绝。对于戏曲来说,这是最好不过的生存环境。后来,虽然爆发了白莲教、太平天国、捻军等农民起义,但投奔京师的人数反而激增,使北京保持了相对繁华而富庶的社会环境。徽班一直得到徽商强有力的支持,同时得到清朝历代最高统治者的青睐。尤其是在位时间最长的乾隆皇帝戏瘾极大,曾六次南巡苏、皖,对花部乱弹表现出浓厚的兴趣。乾隆返京后立即征召南方名伶入京,供奉南府,并投巨资先后建成故宫畅音阁(图11-7)、圆明园清音阁、颐和园德和园和听鹂馆(图11-8)、中南海颐年殿和紫光阁,以及承德避暑山庄清音阁等大型舞台。每逢节庆日,宫中演剧频繁,笙歌不绝。皇帝嗜戏,王公贵胄极力效法,他们或自蓄家班,或自办堂会,或到戏园观剧,甚至有王公子弟投身票界,以演戏自娱。徽班进京之后的数十年间,从宫廷到民间的演剧活动达到高潮,仅北京就有戏班数十个,演出场所数十处。特别是前门一带,戏园林立,广和楼、广德楼、庆乐园、三庆园、天乐园、裕兴园、中和园等数十家戏园会集于此。北京九城均建有戏园,徽班沿用京腔"九门轮转"的演出方式,在各个戏园中"轮转"演出,真是红红火火、热热闹闹。(图11-9)

---

① 小铁笛道人:《日下看花记》自序,《清代燕都梨园史料》。

第十一讲　北京戏剧史话　　　　　　　　　　259

图 11-7　故宫畅音阁大戏楼

图 11-8　颐和园听鹂馆

图 11-9　湖广会馆大戏楼

没有徽班进京就没有京剧。无所不能、无所不精的徽班映丽一方,称雄京师,为皮黄的产生奠定了基础。但是,徽班并不等于京剧。从徽班进京到京剧形成并非一蹴而就,而是有个相当长时间的变化过程。一般认为,从徽班进京到京剧形成经历了四五十年的时间,分为四个发展阶段,其中徽汉合流、前后"三鼎甲"两个阶段至关重要。

从某种意义上来说,京剧即皮黄戏的形成是以西皮、二黄两种声腔的合奏为标志的。二黄来自徽调,而西皮来自汉调。早在徽班进京之前,西皮和二黄就已经在江南合奏。徽班进京之后,西皮、二黄在北京进一步合流。

四喜官可能是最早进京的汉调艺人,之后有米喜子——米应先,嘉庆年间入京,搭春台班献艺,习扮正生,以演关羽戏著称。道光年间,在北京观众中很有影响的汉调艺人有王洪贵、李六、余三胜等。余三胜稍晚,但声名更盛,影响更大,有"亚赛当年米应先"之誉。湖北艺人投身于徽班之中,使汉调和徽调在更高层次上相互交流融合,开创了徽、汉合流的新局面,形成"班曰徽班,调曰汉调"的格局。

中国戏曲声腔剧种的划分主要区别在于声腔和语言两个方面。京剧的腔调虽然来自徽调和汉调,但并不等于原来的腔调。京剧的语言包含徽音和汉音两方面的因素,但绝不是两地的方言。京剧的形成有赖于音乐体系的形成和板式的规范化,有赖于语音、语言的统一化、规范化,并实现音乐唱腔与语音、语言的和谐统一。一句话,就是必须有一个以北京语音为标准的规范化过程和京化过程。这一过程大致发生在道光二十年(1840年)之后至同治年间,即19世纪40年代至60年代。只有到了这个时候,才可能在徽班的基础之上,经徽、汉、京三派艺人的合作,最终在北京形成了以唱皮黄为主的京剧。

语音、语言的规范化主要体现在唱、念上,即以中原音韵(即中州韵)为准,在四声调值上沿用部分湖北地方话言的声调即湖广音,同时也吸收一些京音,使得京师观众不隔语,不隔音,听得清、听得懂。艺人们在此基础之上,总结出十三辙、四声、上口字、尖团字等,念起来抑扬顿挫,朗朗上口,唱起来起伏跌宕,曲调悠扬。

道光年间,京剧初步形成了自己的表演体系和表演风格,这首先表现在角色家门的基本完备上。徽班进京之初,有九门角色,即末、生、小生、外、旦、贴、尖、净、丑。汉剧的角色除了上述九门外,还多了一个"杂",即为十门角色。后来,徽、汉、昆交相融会并重新组合,产生了老生、小生、武生、正旦、旦、武旦、老旦、净、丑九门,改变了以旦角为主的格局。老生如程长庚、余三胜、张二奎、薛印轩、张如林、王洪贵、卢胜奎、王九龄;净角如任花脸、朱大麻子、徐宝成、庆春甫;旦角如王松林(王花桂)、胖双秀、胡喜禄;小生如龙德云、曹喜林、徐小香;武生如双儿;丑角如黄三雄、朱三喜、杨鸣玉、刘赶三等,他们各展其技,各显其才,可以说是第一代皮黄演员。

表演体制的初步确立和人才的涌现,带来演出场所和演出团体的相对稳定,以及戏班组织和演出活动的进一步规范化。舞台布局、服饰化妆也随着表演而走向规范。艺人不论是在宫廷演出还是在民间演出,也不论是经常性营业演出、堂会演出还是票友演出,都不必事先排练,只要在上场前对一对戏,彼此即能吻合无间。服装穿戴与此相应,艺人不论走到东西南北,只要按规矩演戏,都能璧合无差,服装固定而类型化,为了符合戏情戏理,有"宁穿破,不穿错"之说法。

京剧形成的另一个重要标志便是积累创作了属于自己的剧目体系。据杨静亭《都门纪略》、无名氏《花天尘梦录》(道光年间抄本)及今人朱家缙编纂的《清升平署档案新辑》可知,道光年间,京剧剧目多达百余出,且大多出自艺人或下层文人之手。京剧题材范围迅速扩大,旦角为主的格局逐渐变成生角为主的格局,"三小戏"(小生、小旦、小丑戏)所占比重越来越小,武戏、王帽戏、袍带戏大量增加。剧目的风格样式日益丰富,品类越来越繁多,小戏、折子戏、本戏、连台本戏应有尽有,悲剧、喜剧、正剧、闹剧争奇斗艳,而且雅俗共赏,趋向于通俗化、大众化。

京剧的鼎盛繁荣及发展变革

京剧形成后经过数十年的发展,在剧目、表演、音乐、唱腔、舞美等方面都有了很大提高,到光绪年间趋于成熟,并呈现出繁荣局面。名角辈出,群星争辉,流派纷呈。涌现出"同光十三绝"①等一大批著名演员,如老生"后三杰"谭鑫培、孙菊仙、汪桂芬;小生中的徐小香,武生中的俞菊笙、黄月山、李春来、杨月楼;旦角中的余紫云、陈德霖、王瑶卿、龚云甫;净行中的何桂山、黄润甫、金秀山、刘永春等;丑角中的杨鸣玉、刘赶三等。(图11-10,11-11)

图 11-10 同光十三绝

与此同时,京师的戏班大大增加,多达数十个。大大小小的戏园子已有四十余处。演出空前活跃。从王公贵族、朝廷要员、富商巨贾,到贩夫走卒、平民百姓,无不以皮黄戏作为独有的消遣形式,以至皮黄戏达到一统天下的地步。在内外交困、外敌入侵、百姓生灵涂炭的艰难时世,北京城居然是日日笙歌,不由得有人发出"国自兴亡谁管得,满城争说叫天儿"的感叹。

---

① "同光十三绝"包括:生角的程长庚、卢胜奎、张二奎、杨月楼、谭鑫培、徐小香,旦角的梅巧玲、时小福、余紫云、朱莲芬、郝兰田,丑行的杨鸣玉、刘赶三。

图 11-11 谭鑫培、王瑶卿剧照

京剧不仅在北京的宫廷与民间普遍搬演,并很快流播到天津、山东、上海等地。上海一带的京剧称为南派京剧或海派京剧,内容新颖,形式灵活,表演火爆。特别是经过辛亥革命时期的资产阶级戏曲改良运动,大演连台本戏、时装新戏、古装新戏,运用机关布景招徕观众。汪笑侬、潘月樵、夏月润、夏月珊成为南派京剧的代表人物。

民国初年到解放前夕的 40 多年间,京剧界流派纷呈,人才辈出。"青年老生三杰"之后,便有"前四大须生"(余叔岩、言菊朋、高庆奎、马连良)和"后四大须生"(马连良、谭富英、杨宝森、奚啸伯);武生有杨小楼、尚和玉、李万春、李少春;旦行则有"四大名旦"梅兰芳、程砚秋、荀慧生、尚小云和"四小名旦"李世芳、张君秋、宋德珠、毛世来;净行有金少山、郝寿臣、侯喜瑞、袁世海、裘盛戎;丑行有郭春山、王长林、萧长华、叶盛章等。新中国成立以来,京剧出现了新的繁荣。京剧队伍不断壮大,京剧团体如雨后春笋般发展起来。"四大名旦"和其他名家都有新戏上演,像梅兰芳的《宇宙锋》、《贵妃醉酒》、《穆桂英挂帅》,荀慧生的《红娘》、《金玉奴》、《红楼二尤》,程砚秋的《锁麟囊》、《三击掌》,谭富英、裘盛戎的《将相和》,李少春、袁世海的《野猪林》,

张云溪、张春华的《三岔口》,以及新时期出现的连台本戏《宰相刘罗锅》等都成为保留剧目。(图11-12,11-13,11-14,11-15)

图 11-12 梅兰芳剧照

图 11-13 荀慧生剧照

图 11-14 程砚秋剧照

图 11-15 余叔岩剧照

京剧在鼎盛时期便开始走向世界,新中国建立以来,对外交流更加频繁,受到世界各地人民的热烈欢迎。古老的京剧艺术蕴藏着并展现出蓬勃的生机……

自 学 指 导

教学要求:

通过本讲学习,要求学生一般了解我国戏曲艺术发展过程,以及北京在我国戏曲艺术发展史上的重要地位。进而了解并领会以大都为发祥地和主要活动区的元杂剧崛起的原因,元杂剧的艺术形态,元杂剧的思想内容和风格特色,以及主要活跃在大都的元杂剧的代表作家和经典作品。

了解明、清两代的社会状况及文化思潮,了解昆曲在北京的流布及实绩。重点分析"南洪北孔"的代表作《长生殿》和《桃花扇》的故事内容、思想内涵、艺术特色。并介绍昆弋腔在北京的活动及特色。

了解古典戏曲向近代戏曲的嬗变——花雅之争的过程,徽班进京的情况及京剧的产生,京剧发展的大致历程及代表性的京剧艺术家。

重点、难点提示:

本讲首先在介绍元大都的历史变迁及人文积淀的基础上,把元杂剧作为一种重要的文化现象进行观照,重点剖析关汉卿的《窦娥冤》、王实甫的《西厢记》。杂剧为什么会在元代大都崛起并形成云蒸霞蔚的宏大壮美景观?《窦娥冤》的悲剧性表现在哪里?《西厢记》的人性美是如何体现的?元杂剧的思想内容和艺术风格与我国传统文论的关系如何?这些都是值得深思的问题。

其次要注意的重点内容有三个:一是洪升的《长生殿》,二是孔尚任的《桃花扇》,三是北方昆弋腔及北方昆曲。难点是:为什么说《长生殿》的主题具有多义性;如何理解李、杨之间的"帝妃之恋";《桃花扇》的悲剧精神体现在哪里;北方昆曲与南方昆曲的比较。

"花雅之争"是近代戏曲发展史上的重要阶段,是中国戏曲的转折点。须从时代变迁、社会思潮、审美倾向及戏曲本身诸多方面去认识、剖析其根源、意义。京剧是"花雅之争"的结果,鲜明而集中地体现出中国戏曲艺术的审美特征,反映折射出中华文化的优劣。因此,如何正确评价京剧便成为重要问题。

名词解释:

元曲 诸宫调 四折一楔 旦本 末本 科泛 玉熙宫 查楼 昆弋腔 南洪北孔 热闹的牡丹亭 悲剧精神 花部 雅部 花雅之争 徽班 二黄 西皮 十三辙 前三杰 后三杰 前四大须生 后四大须生 四大名旦 四小名旦

思考题:

1. 略述北京的历史变迁及人文传统。
2. 简论元杂剧崛起的原因,描绘元杂剧在大都兴盛的局面。
3. 阐述《窦娥冤》的悲剧性。
4. 从明清两代的戏曲发展和流变,看我国戏曲艺术的南北融合。
5. 京剧是怎样形成的?如何正确评价、对待"国粹"——京剧?

参 考 文 献

陈开俊等译:《马可·波罗游记》,福建科学技术出版社,1982年。

元·钟嗣成:《录鬼簿》。

明·贾仲明:《录鬼簿续编》。

《全元散曲》,中华书局,1991年。

王季思主编:《中国十大古典悲剧集》(上),上海文艺出版社,1982年。

王季思主编:《中国十大古典喜剧集》,上海文艺出版社,1982年。

张庚、郭汉城主编:《中国戏曲通史》,中国戏剧出版社,1981年。

周贻白:《中国戏剧史长编》,人民文学出版社,1960年。

胡忌、刘致中:《昆剧发展史》,中国戏剧出版社,1989年。

周传家、秦华生主编:《北京戏剧通史》,燕山出版社,2001年。

马少波主编:《中国京剧史》,中国戏剧出版社。

[日本]波多野乾一:《支那剧及其名优》,1925年。1926年由鹿原学人译成中文,易名为《京剧二百年之历史》。

第十二讲 老北京的社会生活

北京是一个非常有吸引力的地方。只要你在北京居住过一段时间,一旦离开,总要不由自主地想念她。

五十多年前,一位来自湖南新化的女作家谢冰莹在《北平之恋》中写道:"北平,好像是每个人的恋人;又像是每个人的母亲,她似乎有一种不可思议的魔力在吸引着每个从外省来的游子。住在北平时还不觉得怎样,一旦离开她,便会莫名其妙地想念起她来。无论跑到什么地方,总觉得没有北平的好。"

为什么北京总是魔力十足?北京举世罕见的名胜古迹使人流连忘返,雄伟壮观的长城、故宫,风景旖旎的北海、颐和园,庄严肃穆的天坛、太庙,让人印象深刻,津津乐道。然而,南京、西安、开封、杭州、洛阳等古都也有令人叫绝的名胜古迹,却未必有北京这般魔力。北京的魔力之源,除了让人称道向往的名胜古迹,更重要的还在于她特有的为北京人引以为豪的"京味儿"生活。

一、老北京的服饰文化

老北京的传统服饰

近代以来,随着中国社会性质变化,人们的服饰也产生了相当大的变化。即使是品级森严的官场服饰也出现了动摇与变动。在清朝官场服饰中,最能体现此特点的便是顶戴和补服。从皇帝到官员均须在所戴冠顶安放一个表示本人品级的顶戴,不同的官阶顶戴质地各不相同。补服是品级的徽识,文官绣鸟,武官绣兽。另外,官府的蟒袍,也因官阶不同而不同。

在清朝末年,过去等级森严的服饰禁忌,就受到了很大冲击。由于政治腐败,卖官鬻爵成风,各种僭越的事情在服饰方面层出不穷。

过去只有军功或爵位者才能佩戴的花翎,到清末只要肯花钱,多小的官都能戴上。甲午战争后,从宫中、道府以上高官以至普通士兵,均不讲究服用满洲服制。落后的满洲官服制度,已经处于分崩离析的状态了。一些清朝官员也穿起了西式服装,清末权贵良弼就是典型例子。

至于一般男子服饰,老北京的民间有身份地位的男子以长袍马褂为典型装扮,而一般下层百姓则以短袄长裤为日常穿着。女子服饰则满汉妇女各不相同。汉族女子以裙子为主要服装,旗人妇女以旧式旗袍为主要装束。但彼此之间也存在相互交流。服装的风格和样式十分繁复,甚至一件衣服在领口、袖口、襟边都要镶滚各种各样的花边,人们称之为"十八镶滚"。服装讲究宽大,穿起来显得相当臃肿。

近代服装的传入及影响

(1) 西洋服饰的传入,改变了老北京的服装质地。早在清朝中期,西洋呢子已经悄悄进入了北京显贵人家,受到喜好,有诗云:"纱袍颜色米汤娇,褂面洋毡胜紫貂。"随着近代国门的被迫打开,光绪中叶,北京的布店开始销售舶来纺织品,由于价廉物美,日益为人们所喜爱。进口呢绒逐步取代了传统的毛皮衣料,机织细洋布逐渐取代粗厚结实的土布。甚至连原本中国的特产丝绸,也受到了空前挑战。法国产的乔其纱、金银雷司纱、法国缎等,日本产的麻纱、纱丁绸等,欧美产的织花锦缎、礼服呢等,在北京成为上流社会消费的热门,而国货丝绸则备受冷落。据1929年崇文门税关统计,国货丝绸的销量只有进口丝绸的10%左右,其处境之难可见一斑。

(2) 西洋服饰的传入,一定程度上打破了人们对服饰表示身份的刻板印象,也改变了老北京的审美取向。首先是颜色,过去老北京和全国多数地区一样,以红色为喜庆之色,而忌讳白色。因此,衣服、家居布置都喜欢采用红色。但到了20世纪初年,京师市民逐渐破除了忌讳白色的观念,纷纷仿效西方尚白的习俗,喜欢白色或浅淡的服饰色调,白色衣衫一时成为时髦。当时一首竹枝词就很生动地进行了描写:"帽结朱丝尽捐弃,腰中浅淡舞风前。想因熟读西厢记,缟素衣服也爱穿。"其次是服饰风格。近代以后,繁复宽大的服饰,逐渐变得简洁、合身。原本女子服饰时尚的宽衣大袖,在这时也发生了变化。"狭袖蜂腰学楚宫"成为时尚,女服一改长衫及膝的口袋式的款式,而流行上衣下裤、上衣下裙,且衣与裙的比例不断向衣短裙长的方向发展。在这方面,女学生作了好榜样。她们都作淡妆或不化妆,其朴素淡雅的精神风貌得到了社会的赞扬,人们称赞说:"或坐洋车或步行,不施脂粉最文明。衣裳朴素容幽静,程度绝高女学生。"服饰由宽大繁缛向实用、简约和朴素方向发展,也说明了老北京审美观念以及价值观念的变迁。

(3) 西洋服饰的传入,在很大程度上改变了老北京的服饰构成。清末随着国门的开启,一些留学归来的人、外交官和时髦人士开始穿西装,在北京街头就出现了西装革履、手持文明杖的中国人。当时,人们还不认可这一群体,视其为异端,骂他们是"假洋鬼子"。但庚子之变以后,在八国联军占领之下,北京城崇洋风气迅速膨胀,然后就一发不可收拾。不仅男子穿西装,妇女也穿洋装,在鼓楼烟袋斜街还出现了一家北京最早的西服店。西洋服饰甚至登堂入室,进入宫廷、王府。1903年,清朝驻法国公使裕庚卸任回国,带着西洋妇女装束的夫人和两个女儿回到国内,受到慈禧太后的召见。其女德龄和容龄成为慈禧太后的御前女官,凡遇外事活动,她们总是身着洋服,在一片旗装宫女中格外显眼。亲王载泽的夫人,在和西方女士交往的时候也是一身时髦洋装打扮,并合影留念。

近代服饰的变革状况

(1) 辫子和裹足的废除。辛亥革命不但把封建皇帝赶下了台,也把一些陈旧的服饰文化送进了历史垃圾堆。除了代表封建等级制度的清朝官服被束之高阁外,代表民族压迫政策的辫子也被人们抛弃。辫子是清初依靠"留头不留发,留发不留头"的残酷屠杀政策形成的民族压迫的外在表现。早在辛亥革命之前,康有为等维新派上书光绪皇帝要求"剪辫易服",革命党人也号召人们剪掉象征专制统治的辫子。另外,辫子既不卫生,又不利于从事大机器生产等工作,也是外国人非议最多的装饰之一。在清末，一些人开始剪掉辫子。如1906年端方等五大臣赴西洋考察时，其随员一多半剪掉了辫子。辛亥革命以后，社会上的有识之士和官方更是利用政权的力量来废除与共和政体相违背的剃发留辫的恶习。北京的中央和地方政府纷纷下令剪辫，形成了一股强大的剪辫运动的社会舆论。虽然由于习惯势力的阻碍，剪辫运动进展不是一帆风顺，但终究还是取得了很大成绩。政府官员、教师、学生以及许多知识界人士，都成为积极响应的行动者。后来，连紫禁城中的退位皇帝溥仪也剪了辫子，留辫子反而成为迂腐的代表，受到人们的讥笑。

与男子剪辫相呼应的是女子戒缠足。不同的是，女子戒缠足并没有受到太大的阻力。到1928年，北京女子缠足者只有7249人，只占总人口的0.66%。女子放足后，穿鞋的习惯也有所改变，适合三寸金莲的弓鞋逐渐退出了历史舞台。当时，布鞋、胶鞋、皮鞋都有人穿，洋式皮鞋尤其为北京女子所喜爱。她们在穿洋皮鞋初期，许多人穿的洋皮鞋很窄小，而后跟甚高，感觉就像在受刑。之所以如此，是因为当时妇女们虽然多数人不再缠足，但传统的以脚小为美的审美观仍在持续起效，这样在选鞋上就为了看重"小"而不惜挤足适履了。后来，妇女们总结了教训，对洋皮鞋的知识又有了进一步的了解，所以买来穿的鞋就变得合脚了。

(2) 中西混杂、光怪陆离的老北京服饰。近代服装的传入，在改变老北京服装构成的同时，也逐步在北京形成了一种中西混杂、光怪陆离的混乱局面。辛亥革命以后这种混杂与混乱达到了空前绝后的程度。辛亥革命推翻了清王朝的封建专制统治，也将在服饰方面的种种束缚与限制彻底废除。在这种情况下，当时北京街头，有穿长袍马褂的，有穿西装的，有穿中山装的，守旧的，新潮的，比比皆是。服装的类型之多，可谓前所未有。除此而外，服装穿着的混乱也是相当普遍的。很多人的打扮中西合璧，不伦不类，十分滑稽。如有上身穿西装、打领带，下身却是绑腿裤，头上还扣着一顶瓜皮帽的人；还有一身长袍马褂，里面却穿着西服裤子，头上戴一顶西洋时髦礼帽；还有人则将西洋服饰中不属于一类的，同时穿在身上。因此，当时报纸评价这一时期的服装，是"西装东装，汉装满装，应有尽有，庞杂至不可言状","中国人外国装、外国人中国装"、"男子装束像女、女子装束像男",也随处可见。

这种服饰上的不伦不类、变幻莫测、令人眼花缭乱的现象,实际上蕴含了典型的时代特征。一方面,反映了人们从等级森严的封建服饰制度下解放出来后,要尽情宣泄自己长期受压抑的审美情趣,力图用服装上的多样性和赶时髦,来表现自己独立的人格;另一方面,这也说明此时当属文化及审美发展的真空阶段、新旧文明交替之际,旧权威、旧传统被打碎,新秩序、新权威还没有形成之前,人们心理上自然存在一种失落和无所适从的感觉。

(3) 中山装、旗袍的流行。老北京混乱不堪的服饰状况,一直持续了近二十年,直到民国中期才有所改善。到 20 世纪 30 年代,北京男子的服装以西装、中山装、长衫为主,女子服装则以旗袍为主流。其中,中山装和旗袍,便是最具有典型意义的服装。中山装据说是孙中山先生有感于民国后西服流行,出于民族自尊心,民国初年在改造西装的基础上设计出来的。中山装既保留了西式服装平整、挺括、有衣兜的优点,又有当时中装高领、庄重的特色。可以说是既突出了服装的现代性,又很好地表现了中国特色与气派。随着南方革命势力影响的扩大,以及人们对孙中山崇敬之情的增长,中山装开始受到国人的喜爱,并在 20 年代后逐步流行起来,甚至到新中国建立以后的相当长的时间内都具有很大影响。北京作为军事、政治中心,云集了新政府的大批高官显贵,因此穿中山装的政府文员数量众多。另外一些教师和社会上层人士也穿着中山装,而普通民众则为数不多。

与中山装只在社会上层流行不同,旗袍则成为老北京妇女的当家服饰。现代旗袍是从满族妇女的旗袍的基础上发展起来的,它继承了旧式旗袍的一些特点的同时,又进行了本质的变革,吸收了洋装前后抓褶、胸线等立体缝纫技巧,使其轻便舒适。现代旗袍彻底摆脱了清朝服饰的老框框,改变了中国妇女长期来束胸裹臂的旧貌,让女性体态和曲线美充分显示出来,更富有时代气息,为女性解放立了一大功。从 20 世纪 20 年代至 40 年代末,中国旗袍风行了 20 多年。自 30 年代起,旗袍几乎成了北京乃至中国妇女的标准服装,民间妇

女、学生、工人、达官显贵的太太,无不穿着。(图 12-1)

图 12-1 三四十年代北平妇女服饰

总之,中山装和旗袍都是沿用西式服装的价值观念和审美习俗,结合中国人穿着的习惯和传统服装的形制而创制的新服式,在国际上亦被视为具有中国气派的民族服装。可以说,这是"西体中用"最成功之作。

二、老北京的饮食

北京作为全国的政治中心,皇室贵族、官僚绅士、大户人家云集,加之北京作为一个五方杂处的大都市,来自全国各地和各个民族的人士聚居于此,他们也将各自的饮食文化带到了北京。近代以后,西洋饮食文化也在北京传播发展。这些不同地域、不同流派的饮食文化在北京经过长时间的发展演化,最终形成了别具特色的京味饮食文化。

老北京传统饮食状况

"满汉全席"是宫廷菜的代表,全称又叫"满汉燕翅烧烤全席",康熙五年(1666年)逐渐形成了"满汉全席"的格局,并风行了三个多世纪。这是一种民族特色浓郁的巨型宴席,它既带有宫廷菜肴的特色,又展示了地方风味之精华,是中华菜系文化的瑰宝,堪称北京饮食文化乃至中国饮食文化之最。目前,北京仿膳饭庄、颐和园听鹂馆饭店、大三元酒家等饭店制作满汉全席,但已经作了一些简化和改进。

在北京的上层饮食文化当中,不但包含了中外闻名的宫廷菜如满汉全席等,而且还包含了一批精美的由私家烹调出名的官府菜,如段家菜、任家菜、王家菜等,但最终得以发展并流传至今的却是谭家菜。旧京人士,几乎无人不知无人不晓谭家菜。老北京曾有"戏界无腔不学谭(即京剧伶界大王谭鑫培),食界无口不夸谭(指谭家菜)"之说,将谭家菜和当时京剧泰斗谭鑫培并称,其地位之高可以想像。甚至有人还发出"其味之鲜美可口,虽南面王不易"之叹,更显其鲜美之难以抗拒。

清朝末年,京城公款吃喝之风盛行,讲排场、比阔气更成为时尚。民国以后,北京的政权更迭频繁,军阀、政客、商人等各色人等奔走钻营、应酬往来,庄馆成为他们最理想的活动场所。得此机会,北京的庄馆业便特别兴盛起来,仅大饭馆就有一百多家,可谓规模空前。在老北京数量众多的饮食庄馆中,可细分为不同等级,各个等级都有自己的特色菜点。如东来顺的羊肉、烤肉宛的烤肉、全聚德的烤鸭等。总之,无论是高级饭庄,还是街头的流动摊贩,他们都给人们提供了美味和享受。

西式饮食的传入

近代以后,随着中国的国门被打开,来北京从政、经商、传教、旅游的外国人越来越多,他们把自己的生活方式原封不动地搬到了北京,因此在北京的饮食文化中又出现了与传统迥异的西方饮食文化。西方饮食文化传入北京以后,经过一段时间的演变和社会风气的变化,逐渐被北京人所接受。北京的西餐馆和西洋食品数量不断增加,一定程度上改变了饮食文化的构成,形成了多种饮食文化并存的局面。

(1)西餐的传入。从某种意义上讲,北京最早的西式餐馆和食品的传播,是伴随着西方侵略军的脚步进入北京的。1900年,八国联军侵占北京,一些外国人兴办的洋饭店和洋酒店便应运而生,现在的北京饭店(时称六国饭店)便是在那时诞生的。不仅外国人吃西餐,一些达官贵人,对西餐也是趋之若鹜。徐珂的《清稗类钞》中称:清朝末年"满清贵族,群学时髦,相率奔走于六国饭店"。不少贵族官僚还在家中设立了西餐厨房,聘请了西餐厨师。

西餐馆的红火生意,也使一些中国人纷纷从事这一行当。北京最早的中国人开的西餐馆便在光绪年间西直门外的万牲园(今北京动物园)内的"畅观楼",所做的西餐原汁原味,令初识西餐的老北京充满好奇。民国以后,西餐馆的生意益发兴隆。据统计,1914年北京有比较出名的西餐馆4家,到1920年发展到12家。当时,这些西餐馆门前车水马龙,热闹异常。《京城百二竹枝词》中对当时比较出名的西餐馆醉琼林进行了描写:"菜罗中外酒随心,洋式高楼近百寻。门外电灯白似昼,陕西巷里醉琼林。"除了西餐菜馆,北京还有许多咖啡冷饮店,专门经营咖啡、红茶、牛奶、奶酪、汽水、柠檬水、冰淇淋以及各种西式糕点。吃西餐之风日盛,使北京的中餐厨师也逐渐认识到了西餐的长处,开始注意兼收并蓄,形成了一些中西结合的菜点。

西餐馆生意虽然红火,但真正适应和习惯吃西餐的老北京并不多。20世纪20年代初,《北京晨报》副刊曾在老北京中进行了一次民意测验,回答爱吃中餐的人有1907人,占总数的77%;而回答爱吃西餐或"中餐西式"、"西式中餐"、"兼食中西食"的人加起来才570人,占23%。可见,西餐的流行并不是完全由于其美味,而是与人们的"崇洋"心理和"尝鲜"有关。

(2)近代食品的传入与影响。与西餐馆相比,西洋的各种副食饮料的影响更大。因为西餐价格昂贵,绝非寻常百姓能够受用。而费钱不多的火腿、洋肉脯、洋饼饵、洋糖、洋盐、洋果干、洋水果、咖啡、汽水、罐头、卷烟等,则更容易进入寻常百姓家。较早经营这些西式食品的专营店有得利面包房、祥泰义杂食店等。这些西洋食品饮料,一定程度上改变了老北京的饮食习惯和生活习惯。比如吸烟,过去老北京多用木杆白铜烟锅,抽关东大叶,吸烟的人群多为男子,以及一些旗人妇女。另外还有在明末清初由传教士带入国内的西洋鼻烟。近代以后,特别是到民国年间,随着外国纸烟的传入,老北京的吸烟方式发生了很大变化。鼻烟基本没有人吸了,剩下个鼻烟壶作收藏赏玩之用。旱烟虽然仍有人吸,但往往是社会下层。当时的市民,无论男女贫富对纸烟均非常嗜好,甚至原本来客先上茶的习俗改变为先敬纸烟,然后再上茶。因此,有很多初来乍到的人看不惯,对此大加批评。民国时期,曾有人在批评北京妇女浓妆艳抹以后说:"尤可恨者,极幼之女童亦吸纸烟。北京人民于纸烟一项颇讲究,上海之上流社会,以三炮台为应酬品者,北京则视为平常,中上之家,多以金星牌等昂贵纸烟享客,毫无吝惜,其奢侈可见一斑。"男女老少都吸烟,而且时髦抽外国进口好烟。

啤酒、汽水也是老北京的新宠,喜欢的人越来越多。1915年创办的北京双和盛啤酒厂,年产啤酒最高达到十万大箱(约3000吨),再算上各式各样的洋啤酒如德国的云龙啤酒、日本的太阳啤酒等,数量更多。一些人对这些洋饮料的追捧,也是达到了极致。1904年在天津出版的《大公报》报道了这样一条新闻:"北京街市向届夏令有梅汤、冰水之摊,今年则均带汽水数瓶,值亦不昂,较之冰水有益于人多矣。"毫无营养价值可言的汽水,竟然比酸梅汤还有价值,今天的人听了也许会发笑,但却是当时真实的认识与想法。此外,一些西式糖果、罐头、糕点也逐步和北京的老字号的点心并驾齐驱,成为老北京日常馈赠亲友的礼物。

可见,北京人的饮食文化中除了四方荟萃的特点,到近代以后又增加了中外并存与融合的特点。这个过程虽然充满艰难和屈辱,毕竟北京的饮食文化在磨难中又进一步向前发展,在内容和性质上都发生了重大变化。

三、老北京的居住

走进现代化的北京城,人们感兴趣的往往不是那鳞次栉比的高楼大厦、四通八达的宽马路,而是那曲折幽深的小小胡同、温馨美丽的四合院。因此,有人称古都文化为"胡同文化"和"四合院文化",此话实不为过。

老北京传统的四合院

明朝时期,京城的老百姓主要生活在内城。此外,外城也有相当多的居民,京城成为一个多民族混居的都市。到了清朝,由于实行了满汉分城居住的政策,北京内城居住的已经都是旗人了。而外城则成为汉族聚居之地,会馆、民居数量众多,商业繁荣,还形成了独特的宣南士乡。

在近代以前,老北京最普遍的居住方式是四合院。无论贫富,居住的均是四合院,只不过随着社会地位和经济能力不同,院落的大小、进数的多少,存在区别而已。四合院,也称四合房,顾名思义,就是由东、西、南、北四面的房子合围成院子的住宅式样,主要包括大门、影壁、垂花门、游廊、正房、厢房、后罩房等。院子的外墙除大门外,没有窗户或通道与胡同相连。院子较宽敞,东、西、南、北的房子相对独立互不相连。这种院子日照充足,又能保证安全、防风、防沙,或在院内种植花草树木,造成安静舒适的环境,也能适应抵御北方寒冷气候的需要。

近代居住形式的变化

随着近代北京政治、经济的变迁,以及西方列强的侵略和人口数量的激增,老北京的居住形式发生了重大变化。传统的一家一户的四合院向几户合居的大杂院转变、传统四合院的西化,以及西式住宅的产生,是其中最突出的变化。

(1)西洋形式住宅的出现。西洋形式的住宅首先分布在西交民巷的使馆区,另外还有一些是西洋教堂的附属住宅等。在外国建筑和官方建筑的影响下,民间建筑也得到了很大的发展,在北京逐渐形成了一些带有西方建筑色彩的商业街和商业区,如崇文门至王府井的商业区、前门外商业区等。在西式建筑和西方的生活方式影响下,传统的居住方式发生了一些变化。一些军阀、官僚和富商纷纷进行效仿,建起西式洋楼作为住宅。晚清时期,一些在京的官员开始在传统的四合院中添建楼房,如光绪朝权臣荣禄的住宅当中就有两座小洋楼,张之洞在什刹海的居所当中也盖了小洋楼。

(2)在四合院不断向大杂院过渡的同时,一些四合院也出现了洋化的趋势。四合院洋化的趋势是在北京西洋建筑广泛传播的基础上出现的。但是,居住与服饰、饮食、交通等相比,由于受经济条件的制约,彻底西化的变迁程度要小得多。普通人可以有一套西服,可以去品尝若干次西式饮食,也可以经常乘坐新式电车,也就是说,可以直接用行动来表示自己的心理愿望。但普通人绝无能力去修建一所新式的水泥、砖瓦、玻璃结构的住宅,或是长期租用这样的住宅,更不用说花园洋房和楼房了。再加上其他一些原因,一般人在居住方面的变化,主要表现为将原有的住宅在某些方面进行改造,添加一些新式建材或构件,或者在住宅内部采用一些新式的装修和生活用品。

对原有的居住条件的改造,最简单的是用新式玻璃窗代替旧式窗户。近代以后,随着西洋玻璃在北京的倾销,加之国内企业也开始生产玻璃,许多北京普通市民开始购买玻璃,取代原来的糊窗户纸、冷布等。新玻璃窗的采用,使室内采光更充足,显得室内更亮堂,因此得到了绝大多数人的欢迎,但凡有此实力的一定要进行此项改造。《清代北京竹枝词》很生动地反映了这一现象:"画堂春坐日迟迟,富贵人家得自宜。不待揭帘知客来,疏窗嵌得是玻璃。""明如冰鉴薄如翼,圭自为方璧自圆。驹隙透来尘不到,家家争费一文钱。"

再大一些的就是对大门的改造。新式的铁门或开敞式大门代替了旧式大门。传统的四合院大门位于院落的东南角,在间数和宽度上均有限制,一些大户人家的大门前还有台阶。近代以后,随着新式马车和小汽车成为社会上层人士的代步工具,这类大门的进出就成了问题,故而不少人将这种大门拆去,在院子的正中方向,换上西式大铁门,或者将旧大门拓宽、将台阶去掉,以便车马出入。这样的布局,虽然保持了四合院住宅的基本结构特点,但是已经明确根据房屋的不同用途进行了合理的改造,突出了房屋的功能分区,布局、设备的内容与西式住宅大体相近。

四、老北京的出行

出行,也是生活的重要组成部分。今天的北京人,出门办事有各种各样的交通工具,地铁、公共汽车、出租车、私家车应有尽有。北京道路也是四通八达,长安街、二环、三环、四环、五环、大马路、小胡同纵横交错,密如蛛网。虽然人们总在抱怨道路拥堵,但都承认北京的交通大大发展了。如果相比80多年前的北京交通状况,差别十分巨大。

近代的北京道路

近代以前,北京的道路主要是土路,只有少数的石板路、青砖路。石板路、青砖路也是严格按照封建等级制度修建的,主要供皇帝外出避暑或举行祭祀仪式专用的道路,如西直门至圆明园,直到20世纪50年代初,还是长年车马行走、棱角磨光、坑凹不平的石板路。至于胡同的便道更不用说了。胡同道路原本不宽,由于市政设施的落后,各种生活垃圾无法清运,胡同的居民只能将渣土、粪便、垃圾等倒在门口路边,以至于路比房高出一丈有余,坑坑洼洼、臭味扑鼻比之大路有过之无不及。

在戊戌变法时期,有人就指责北京街道名义上虽然管理机构严备,但是实际上却无人过问,"洋人目之为猪圈,外省比之为厕屋"。首善之区的北京,居然和猪圈、厕所等量齐观,其状况可想而知。甚至还有人借唐代大诗人李白的诗句,对北京的道路进行了讽刺:"晴天三尺土,下雨一街泥。尘土卷地起,奇臭阴沟来。行路难,难于上青天。"(胡朴安:《中华全国风物志》下篇卷一)北京街道上的尘土和臭味,使出行者畏之如虎,外来者刚一来到,行囊未解,归心已动,不能不说可怕之极。

近代以后,特别是清政府实行"新政"以后,北京的街道状况发生了一定的变化。1904年,北京城内东华门大街修筑了第一条近代马路石渣马路开始在北京出现。以后清政府又开始在一些比较繁华的地方和官府衙门所在地,如东四、西四牌楼的南北大街、东西长安街、王府井大街、户部大街和东直门大街等主要街道修筑了近10米宽的石渣马路,并平整了多条道路。到清王朝灭亡之前,北京共计修筑了88条道路,长约75公里。前门大街等街道还安设了路灯,在道路两旁栽种了杨柳、马缨花树等行道树,并雇佣了清道夫泼洒清水、打扫街道;学习西方市政,规定了一系列交通规则,加强交通管制。至此,北京的道路在一定程度上发生了改变,新旧对比,人们颇多感慨,有人在竹枝词中写道:"大街拥挤记当年,高在中间低两边。一自维新修马路,眼前王道始平安。"民国以后,北京的道路建设又有了进一步的发展。1915年东交民巷使馆区铺设了北京第一条沥青马路,以后西长安街、新华门和王府井大街也陆续铺设了沥青马路。郊区的道路从1917年开始,也陆续开工兴筑。到1918年,北京已修筑了120条马路,但仍以土路和石渣路为主。经过数十年的修筑,虽然北京的道路交通状况有所改善,但总体上落后与肮脏的状况并没有改变。

近代北京交通工具的变化

(1) 外国旧式交通工具的引入。在交通工具方面,北京传统的交通工具也处于长期停滞状态。直到19世纪末,北京的交通工具主要是驴、马、骡子、骆驼、骡车、马车、轿子和人力车等。

近代以后,在北京街头出现了一些由外国引进的交通工具,如东洋人力车、西式马车、自行车、三轮车等。虽然这些交通工具是近代以后才传入中国的,但从严格意义上讲,这些来自国外的交通工具也是以人力和兽力作为驱动动力,仍然属于传统交通工具,不属于近代新式交通工具的范畴。

东洋车,也称人力车、黄包车,因最先由日本人发明制造而得名,是解放以前北京最普遍,也是最廉价的交通工具。19世纪70年代末,东洋车在中国许多大中城市中颇为流行,但北京却很晚才出现。据记载,第一辆人力车于1886年出现在北京街头,是私人从日本买进的。北京的人力车起步虽然较晚,但是发展却十分迅速,逐步取代了明清两朝主宰街头的骡车,成为北京最常见的交通工具。1901年,北京第一家国产人力车公司茂顺车行推出了自己生产的人力车,价格定在每辆车47.5两白银。在众多因素的作用下,特别是北京自己生产人力车,大大促进了人力车行业的发展。1917年,北京共有人力车20674辆;1932年,北京人力车的数量增加到42900辆;到1939年,由于三轮车的兴起,人力车的数量则有所减少,人力车夫的总数超过了5万人,占当时城区人口的5%。

西式马车也是一种西方传统交通工具,清末由天津、上海传入北京,是城中官僚、买办、商人与外国人交际的必备之具。当时北京的西式马车有船式、轿式、四轮、二轮各种形式,有带顶的及敞篷的,有单马拉的也有双马拉的,有大户人家自有的及商行出租的等等。达官贵人、豪门巨富的马车装饰极为豪华精美。仅以车围子为例,夏天用单的,围子两边和车帘全部镶宫纱;冬天车围子则用毡或棉的,外边都镶包角、安玻璃,最讲究的车围子和门帘镶13块玻璃,称为"十三太保"。光绪庚子以后,随着北京马路的修筑,北京马车的数量也不断增加。据统计,1932年,北京仅用于商业运营的马车就达到了9400辆。

与此同时,自行车也自清朝末年开始出现在北京街头。民国以后,自行车在北京更加普遍,逐渐从纨绔子弟的玩物变成了平民百姓的代步工具。1932年,北京共有自行车64100辆,经营自行车的车行三四十家。骑自行车者,是中下层人士和青年学生。就像现代人攒电脑一样,当时北京各个车行用进口的英国、日本自行车零件加上一些国产件,组装成整车,并且起上一个仿冒英国名牌的名字。这些车质量高低相差很大,但有一个特点是共同的,就是便宜。当然,也有顾客购买零件委托车行攒的车。这类自行车往往为不讲牌子的市民骑用,在当时街头的自行车中占大宗。另外,因当时人穿长衫者较多,男式车从后面不方便,故多时兴骑女车。三轮车是一种自行车改造而成的交通工具,可以载人也可运货,在30年代以后非常流行,逐步取代了人力车的地位。

(2)近代交通工具的出现。火车、汽车、电车等是真正代表近代交通工具的,是以机器为动力的机动车。这些交通工具的出现,是北京交通工具的一场革命,不仅大大方便了人们的日常生活,而且对整个社会产生了重大影响,显示出巨大的生命力。

北京虽然不是中国最早开放的通商口岸,但却是最早建有铁路的城市。1865年,一名叫杜兰德的英国商人在未经清政府允许的情况下,在北京宣武门外修了一条一里多长的观赏铁路,试行小火车,意在宣传火车的优越性,以拓展在中国的铁路运输业。会呜呜呜叫的蒸汽小火车头在铁轨上迅速运行,引来了大量市民的围观,也引起了朝廷的恐慌。最后清廷以破坏风水、"观音骇怪"为名,由步军统领衙门将其拆除,这条铁路就这样夭折了。但是,它却比1873年修建的淞沪铁路早了8年,是中国土地上第一条铁路。

20多年以后,也就是1888年,北京城内又出现了一条铁路,一条让人咄咄称怪的铁路。1885年,李鸿章为了引发慈禧太后对火车的兴趣,挪用了海军军费在西苑(今北海、中南海)修建了一条轻便小铁路。但慈禧太后认为小火车头声音太大,害怕震坏了皇城的风水,另外,她更不能容忍的是,火车司机还要坐在她前面,认为这是对她的尊严的冒犯。于是她下令,火车由太监在前用绳子牵引,从办公地点拉到休息之地。名为"火车"却不用动力机车,反而改用人拉,封建、保守、愚昧、落后显露无遗。

但是,历史发展是无情的,无论清王朝当局如何抵制,火车还是开进了北京城。1897年,从天津到马家堡的铁路正式通车。由于清政府拒绝铁路进城,铁路修到了北京永定门外马家堡便告终止,在马家堡建立了北京第一个火车站。1900年,八国联军侵华,兵锋直指北京,慈禧太后和光绪皇帝化装乘马车仓惶出逃,北京城陷入了列强之手。为了进一步控制清政府,八国联军将铁路修进了北京外城,并在天坛修建了火车站,以后又进一步修到了内城前门东侧。此后,在列强的压力之下,以北京为中心的各条铁路陆续修建,京奉、京汉、京张、津浦铁路相继开通,北京成为全国铁路的枢纽。同时,北京的环城铁路也在民国初竣工。

汽车是在工业革命中产生的一种机械交通工具,也是人类交通运输史上的一次革命,一经出现,很快发展成为人类最主要的交通工具。它也是在清末传入北京的,乘坐者除了外国使馆、洋行的人员外,还包括一些清朝显贵和洋务外交衙门的官员。民国以后,北京街头的汽车数量越来越多,乘坐者的身份也越来越复杂了,除了外国人和国内当权者外,一些买办、富商和殷实者也开始使用汽车。据说,除了军政人物之外,北京最早拥有私家车的是名伶梅兰芳和尚小云。1932年北京拥有汽车2200辆,其中1700辆为私人所有。这些汽车无一例外的都是舶来品,是经过外国洋行购买的。(图12-2)

图12-2　1902年景山外土路汽车

汽车数量的增多,也催生了北京的公共汽车业和出租汽车业。1913年,北京出现了第一家经营小客车出租业务的飞燕汽车公司,到1926年发展到近六十家、二百多辆汽车的行业,1932年则进一步上升到500辆。20年代,北京还出现了公共汽车,所用的汽车多为外国的旧车。

与汽车相比,近代更能发挥公共交通工具作用的是电车。电车分有轨和无轨两种。北京在解放以前只有有轨电车,无轨电车是解放以后的事。1924年12月17日,在前门举行了隆重的开车典礼,次日正式通车。北京有轨电车顺应了市民的要求,又是中国人自己所创办,一开始就受到了欢迎,发展极为迅速。当时的有轨电车,以电作为运行动力,车上安装的是铃铛而不是喇叭,警示路人时司机脚踩铃铛发出"当当"的声响,因此老北京都管有轨电车叫"当当(读diāng diāng)车"。1924年有轨电车有五条运营线路,总长30.086公里。在以后的时间里,电车公司增铺新轨,调整行车路线。到1943年,全城的电车行驶路线达到七条,运营线路总长43.04公里,达到最大规模。此后至北平和平解放,除了运营线路进行过多次调整,再未增铺新轨。(图12-3)

图12-3 天桥电车站

有轨电车运营后,虽然运力不及上海等城市,1929年六十辆电车每天运送乘客五万人(上海在1921年则达到了每天运送乘客五十多万人),但还是大大影响了人力车夫的客座,人力车夫只能在没有电车的区域拉客,原本困苦的生活更是雪上加霜。1929年10月22

日,北平发生了轰动全国的人力车夫捣毁电车的风潮。这既给市民出行带来了不便,又使本来已举步维艰的电车业陷入了更大困境。

此外,在20年代,北京的民航业也开始起步。北洋政府在南苑铺设了机场,还成立了南苑航空学校,并陆续开通了一些国际、国内航班。但是,民航的规模很小,且多数用于运送邮件和报纸,运送乘客的数量十分有限。民航业的出现,虽然在北京交通史上具有标志性影响,但是对老北京的出行的实际影响可以说是微乎其微的。

自 学 指 导

教学要求:

通过本讲学习,要求学生从整体上了解北京人物质生活近代化的基本内容,并掌握北京近代物质生活变迁的特点。

重点难点提示:

本讲重点内容为北京近代服饰、饮食、居住、交通的近代化;难点内容为北京近代物质生活的四个特点:1. 北京近代物质生活具有浓厚的地方性,中国各地以及近代西方的物质生活在北京融会,并且发展形成具有北京特色的物质生活。2. 北京的近代物质生活,是各民族物质生活融合的产物。3. 北京的物质生活的阶级差别,在近代进一步发展分化,原先以宫廷物质生活为主的生活方式发生重大转变。4. 北京近代物质生活的发展是随着近代社会发展而不断发展进化的,带有非常鲜明的时代性。同学们在学习中需要明确一些有关生活各个方面的基本状况,全面了解近代物质生活的发展进程,才能更好地理解和掌握上述重点和难点内容。

名词解释:

旗袍 东洋车 四合院 胡同 满汉全席 谭家菜

思考题：

1. 北京近代物质生活的发展变化状况。
2. 近代北京物质生活的基本特点。

参 考 文 献

吴建雍：《北京城市生活史》，开明出版社，1997年。
史明正：《走向近代的北京城》，北京大学出版社，1995年。
袁熹：《近代北京的市民生活》，北京出版社，2000年。

第十三讲　北京的宗教文化

引　　言

　　从一定意义上来讲,迄今为止的人类文化可以分为世俗文化和宗教文化两大类。宗教的教理教义、宗教活动的仪式、经书、圣物、绘画、雕刻、音乐,以及不同宗教独特的生活习俗和庙会活动等等都是宗教文化的具体体现。举凡文化的所有分支,基本上在宗教文化中都有相应的表现。北京历史悠久,文化发达,其中宗教文化似乎更可堪称中国之最。从古至今,世界三大宗教佛教、基督教、伊斯兰教相继在中国和北京地区传播,并逐渐融入中华民族传统文化,实现了外来宗教的本土化,并且成为北京历史文化的重要组成部分。至今,北京不仅有千年的古刹,还有中西合璧的教堂和中阿合璧的清真寺。这些绚丽多姿的宗教建筑,无不展示了古都北京海纳百川的博大胸怀。北京的宗教文化与千年古都相辉映,源远流长。北京,从辽金元明清五朝封建帝都,到近代民国首都,历经时代变迁的演变。在近代京城社会转型中,随着传统宗教文化的逐渐衰微与变异,以宗教祭祀为主导、兼及商贸集市和民间游艺的北京庙会活动日益兴起。北京宗教文化的内涵非常丰厚,其兴衰与中国传统文化的形成与发展有着密切的关系。研究北京宗教文化,是研究北京历史文化的重要领域。

一、北京寺庙文化

北京的寺庙

　　北京是一座历史悠久、举世闻名的都会城市。作为全国政治、文化中心的北京,自然成为宗教发展的胜地。在历史文化的长卷中,北京的寺庙文化占有极为重要的地位。所谓寺庙文化,指的是存在于"寺庙"这种宗教活动场所特定空间内的文化。确切地说:"寺庙文化是以寺庙作为粘接手段的宗教文化与其信仰社群文化结合的一种复合的文化。"①寺庙空间内那些与宗教信仰有关的,以及那些虽然与宗教信仰无直接关系,却为寺庙服务,或附属于寺庙的人类一切物质的和精神的成果构成了寺庙文化。

北京是五朝帝都,先后经历了 34 位皇帝。出于政治与信仰的需要,历朝帝王、皇亲国戚、宫廷太监、达官显贵纷纷出资修庙,京城敕建的寺庙比比皆是。唐太宗在他打过仗的地方都要为阵亡的将士建庙,以荐亡魂。今法源寺所在的位置,曾是唐太宗誓师征讨辽东之地。辽东战败后,唐太宗"念忠臣义士没于王事者,建此寺为之荐福"②以慰忠魂,同时亦为安抚死难者的家属,遂于贞观十九年(645年)下诏建悯忠寺(法源寺)。举世闻名的云居寺石经刻造工程皆因北魏太武帝和北周武帝灭佛而起,为了使佛教经典长存于世,隋静琬法师开创了伟大的石经刊刻事业。(图 13-1)赵朴初先生称房山石经为"国之重宝",珍藏石经的云居寺为"北京的敦煌"。③ 西黄寺和雍和宫喇嘛庙的修建,也是出于清朝统治者信仰和利用喇嘛教"安藏定边"的政治需要。至今仍然矗立在雍和宫里的那块用满、汉、蒙、藏四种文字书写的喇嘛说碑文,非常清楚地讲述了乾隆皇帝改雍亲王府为喇嘛庙的初衷。一、为了恪守祖制,按清朝的祖制规定皇帝的出生地别人是不能够再居住的。二、为了缅怀他的父亲雍正皇帝。三、为了尊重雍正皇帝对佛教的信仰。四、达到使蒙古地区和西藏地区安定,联络这两个地区的感情。这就是宫改庙的原因。北京也有一部分寺庙是明清两朝太监捐资修建的。太监为了出宫后有一个安身之所,纷纷捐资修庙。西山碧云寺是明武宗的大太监于经修建的。智化寺是明英宗的大太监王振用自己的住宅改建的。慈禧太后的大太监刘印诚多次为白云观捐资置产。在官府的带动下,京城百姓助

---

① 段玉明:《中国寺庙文化》,上海人民出版社,1997 年,第 29 页。
② 中国佛教图书文物馆编:《法源寺》,内部刊物,第 43 页。
③ 杨亦武:《云居寺》,华文出版社,2003 年,第 60 页。

捐修庙的也不少。北京寺庙建筑规模宏大,政治地位高,与其他地区的寺庙形成了较大的反差。被封为国师的名僧高道可以出入宫廷,左右朝政,其显赫之势,不亚于王公大臣。所以北京旧时有"在京的和尚,出京的官"之说。

图 13-1　石经山藏经洞

　　清朝初期因国力强盛,佛道都有发展,修复旧寺,兴建新寺,致使清朝寺庙总数超过明朝全盛时期。据《北京寺庙历史资料》统计:北京登记在册的寺庙为 1631 个。另据 1947 年北平市政府统计,当时全市城区和郊区的寺庙为 1920 座。北京拥有的古刹,居全国都市之首。

　　北京寺庙祭祀的神灵众多,但在京城形形色色的寺庙中,佛教寺庙几乎占去了半壁江山,近一千多座。佛教自晋十六国时传入北京地区,至今已有 1600 年的历史。北京作为辽、金、元、明、清的国都,由于统治阶级的推崇,佛教在京城中广为流行。民国年间,佛教寺庙坐落在北京城内的大约有四百多座,均匀地分布在四个城区,坐落在外城东南郊的寺庙仅有一百余座,而北京城外西北郊的佛教寺庙却多达五百多座。因此,北京有"西山五百寺"之说。

　　北京地区的寺庙不仅修建的历史久远,而且形式各异,充分体现了各民族的艺术风格。这些寺庙不仅是宗教物化的形式,而且具有传播和承载社会历史文化的功能。从现存的寺庙来看:虽然经历了漫长的岁月和风风雨雨的洗礼,却依然为子孙后代留存下来大量珍贵的文化遗产。这些珍贵的文化遗产不仅有典雅辉煌的建筑,还有神采奕奕的造像和精湛的宗教艺术品,而且还有长达几百年、甚至几千年以上的奇姿异彩的古树。北京寺庙文化间接地反映着北京地区政治、经济、文化等方面的状况。因此,北京的寺庙为人们考察北京宗教文化的渊源、发展与兴衰,提供了客观的脉络与历史轨迹。

寺庙的称谓

"寺":原是中国古代官署的称谓,如"鸿胪寺"、"大理寺"、"太常寺"等,东汉明帝时,释摩腾自西域用白马驮经至洛阳,初宿洛阳鸿胪寺,于是以"寺"为名。自洛阳白马寺创建后,"寺"才逐渐演变为宗教活动场所的名称。如:"白马寺"、"十字寺"、"礼拜寺"、"清真寺"等。

"寺庙":也可以称为"庙宇"或"寺院",原本是中国人祭祀祖先和先哲的地方,后泛指奉神礼佛之处。

"丛林":丛林原为佛教禅宗寺院的自称,其意为众僧合居的处所,宛如树木汇聚为丛林,后逐渐成为佛教寺院和道教宫观的代名词。

"庵":尼僧居住的寺院。尼僧,佛教称为"比丘尼",俗称"尼姑"。

"刹":是由对佛塔不同部位的称谓演变而来的,"刹"指的是佛塔"塔尖"。佛塔是佛教埋葬僧人灵骨的建筑物,而许多佛教的寺庙又多以"佛塔"为中心而修建,所以当人们远远看见佛塔塔尖的时候,就知道那里一定有佛教的寺庙,后来人们就以"刹"作为佛教寺庙的称谓。如把潭柘寺称为"千年古刹"。

在北京大大小小的寺庙中,历史最悠久的庙宇是位于门头沟区的潭柘寺,该寺因山有龙潭、柘树而得名。文献记载:潭柘寺始建于西晋(265~316年)。潭柘寺历史非常悠久,故北京民间素有"先有潭柘寺,后有幽州城"之说,以喻其历年久远。潭柘寺的历史,说明佛教于公元1世纪前后,即我国西汉末年至东汉初期之际传入中国后,

在4世纪初期至中叶就在北京地区建庙传播佛教了。(图13-2)

图13-2 潭柘寺

中国佛教包括汉传佛教、藏传佛教(俗称喇嘛教)、南传佛教(巴利语系佛教)三大体系。汉传佛教和藏传佛教相继传入北京,并得到发展。可以说,佛教诞生在古印度,发展在中国,世界上最完整的佛教经典在北京。

佛教的经典

佛教的经典简称佛典,通称佛经和藏经。

"经藏":以释迦牟尼佛的口气叙述的佛教典籍。

"律经":佛教戒律和规章制度的汇集。

"论经":从理论上阐释和发挥佛教典籍的著作。

"藏":在梵文里的原意为盛东西用的竹箧。佛教学者借以概括佛教的全部经典,故称三藏经。《西游记》里的唐僧又称"唐三藏",意思是他精通所有佛教的经典,同时也是对他的尊称。

"三藏经":即经藏、律藏、论藏,为佛典的三大组成部分。其内容除佛教教义外,还包含政治、经济、伦理、哲学、文学、艺术、习俗等方面的论述,堪称东方文明最珍贵的文化遗产。

"大藏经":是所有佛教经典的总称。其中最有影响的是巴利语、藏语和汉语三大体系的大藏经。由我国国家图书馆馆长任继愈主持编辑的《中华大藏经》,是迄今为止搜集最为宏富的大藏经。所以说,世界上最完整的佛教经典在北京。

佛教的标记

在佛教的寺庙里常常可以看到佛像胸间有右旋的"卐"或左旋的"卍"标记,这两个符号,都表示"吉祥万德"之意。

佛教的另一种标记往往以"法轮"表示。因为佛之法就像车轮辗转滚滚向前,其意为佛法可摧破众生的烦恼。

佛教的节日

佛教节日,指佛教特有的一些宗教纪念日。佛教纪念日的选择多根据佛教经典的记载,有的纪念日则是佛教界约定俗成的。在节日里,寺庙都要举行隆重的法会和盛大的纪念活动。

1. 四月初八——浴佛节

这是纪念释迦牟尼佛诞生的节日,也叫"佛诞节"。据说:释迦牟尼出生时,右手指天,左手指地,预兆着将来舍身出家、普度众生的志愿。是时天空中仙女散花、九龙吐水,为太子沐浴。因此,纪念释迦牟尼诞生要举行"浴佛诵经法会"。仪式是在大殿为"太子像"洗浴。这"太子像"是数寸高的童子形金身立像,右手指天,左手指地。浴佛的程序是:将太子像安置于香汤盆内,主法者拈香礼佛后用小勺舀香汤至太子像头上,灌沐三次,再撒上鲜花,然后其他僧众和信徒依次浴佛,直至全部僧众浴佛完毕,仪式结束。

2. 腊月初八——佛成道节

这是纪念释迦牟尼佛开悟成道的节日。佛经记载释迦牟尼成道日为农历十二月初八。我国农历习惯称十二月为腊月,称腊月初八为腊八。据说释迦牟尼成道前曾苦修六年,以至于形体消瘦,宛如枯木。他结束苦行后到尼连禅河中洗浴,因身体消瘦虚弱而昏倒在岸边。当时一位放牧的女子给他送来乳糜(即奶粥),使释迦牟尼体力得以恢复,在菩提树下沉思悟道,终于在十二月初八这天开悟成道。佛教遂把这一天定为"佛成道日"。每年腊八这一天,寺庙里都要用米和各种干果煮粥,举行诵经供养法会。寺庙里的这一风尚后来演变成民间在腊八这天要吃"腊八粥"的习俗。北京雍和宫的"腊八粥"最有名,每年还要送到清朝的皇宫里给皇帝和后妃们吃。

3. 七月十五——盂兰盆节

"盂兰盆会"又称"自咨日"、"佛的欢喜日"。盂兰盆意为"解倒悬"。七月十五日,是僧众结夏安居结束的日子。安居结夏为期三个月,在此期间僧众不外出,都在寺庙里修行。在七月十五结夏安居结束日,僧众要对自己的修行进行总结,并且互相切磋修行的心得,寺庙内都要举行隆重的法会,所以这天也称"自咨日"或"佛的欢喜日"。据《盂兰盆经》记载:每年农历的七月十五日举行超度历代宗亲的法会,即诵念《盂兰盆经》并举行相应的仪式,可以解除亲人倒悬之苦厄。救济的方法就是在七月十五日,将百味饭食安放在盂兰盆中,供养十方僧众,以此功德不但可以解救历代宗亲的苦难,还可以使在世的父母平安长寿。盂兰盆节,是佛教的重大节日之一,寺庙中每年都要举行隆重的法会。

庙会文化

北京的庙多,庙会也多。老北京人没有出过城的大有人在,但是没有逛过庙会的人却很少。逛庙会在老北京市民中是一件大事。

庙会活动起源于宗教祭祀,历史悠久,各大城市都有。如北宋开封大相国寺的庙会就很有名。北京"京城寺庙民众性的宗教祭祀活动,大约自元代起,形成定期集会规模,经明代的繁衍发展,到清中叶形成鼎盛局面"。[①] 北京的庙会活动与其他城市相比不但多,而且规模大。北京广济寺的庙会在金元时期就享有盛名,现在是中国佛教协会所在地。元朝时白云观的庙会就以开放时间长、香火兴旺,冠绝

[①] 习五一:《北京的庙会民俗》,北京出版社,2000年,第43页。

京城。白云观每年正月初一到十九都有庙会。白云观庙会中"摸石猴"、"打金钱眼"的民俗活动最富有情趣。在京城百姓中流传着这样一句口头语:"神仙本无宗,留下石猴在观中。"有人说,正月到白云观为了会神仙,也有人说,正月摸一摸石猴可去病消灾。去一次摸一次,有病的摸,没有病的也摸,几乎所有到白云观的人都要摸一摸石猴。明清时期北京的庙会就更多了,所有的寺庙无论大小均开庙供京城百姓活动。(图13-3)

图13-3 白云观

从历史上看,北京的庙会不仅是宗教祭祀的场所,而且是京城百姓的贸易场所。当寺庙开庙时,许多商贩就来摆摊售货,久而久之庙会就成为购物的集市。不同的庙会,有不同的集市。老北京的庙会上不仅商品俱全,还有奇珍异宝,如隆福寺的小吃、白塔寺的蛐蛐罐和蝈蝈葫芦、土地庙糖葫芦和风车、护国寺的玉器等,各有特色。总而言之,在北京的庙会可以买到吃穿用所需要的一切东西。雍和宫的跳扎布,是老北京过春节的最后一项活动。

北京的庙会文化丰富多彩,它不仅为京城百姓提供了购物的方便,而且也丰富了民众的文化生活。在庙会上可以看到民间艺人耍狮舞龙和跑旱船等表演。同时北京的庙会也为说书的、唱戏的、拉洋片的提供了表演的场地,这些表演又促进了庙会的繁荣与发展。

北京的庙会文化,在社会飞速发展的今天,不仅没有销声匿迹,而且得到进一步的发展和繁荣。白云观、大钟寺、地坛等庙会已经成为当代京城最具魅力的风景线,是数百万北京百姓最喜爱的去处。

二、北京教堂文化

基督教是世界主要宗教之一,自公元1世纪产生,至今已有两千多年的历史。教堂,是基督教举行宗教活动的场所。教堂与每一位基督教信徒的生活息息相关,几乎所有基督教信徒的婚丧嫁娶都要到教堂举行宗教仪式。随着基督教的传入,西方那雄伟壮观、精美绝伦的教堂建筑艺术也传入了北京。一座座罗马式和哥特式的教堂在北京这座东方文明古城中安了家、落了户,构成了北京丰富多彩的教堂文化和人文景观。

自元朝始,基督教主要派别天主教、东正教和基督新教先后传入北京地区。由于基督教的派别和传入北京地区时间的不同,他们在北京地区的传教方式和所建的教堂亦有所不同。北京地区由基督教不同派别所建的形形色色的教堂,在发展过程中逐渐形成了自成体系、独具特色的北京教堂文化。

北京现在共有17座天主教教堂,市区8处,郊区9处。主要分布在北京东城、西城、崇文、宣武、丰台、通县、大兴、门头沟和延庆等区县。北京历史最悠久的、最著名的天主教教堂当数门头沟区后桑峪教堂和坐落在北京市区内的南堂、北堂、东堂、西堂和东交民巷堂。(图13-4)

北京现有8座基督教新教教堂,市区5处,郊区3处。最著名的基督新教教堂是崇文门堂、缸瓦市基督堂和珠市口基督堂。还有宽街堂、海淀堂、通州堂、大兴堂和南口基督堂。北京市政府为了进一步满足基督教信徒活动的需要,已经决定在丰台区和朝阳区修建两座大基督教教堂。

基督教另一个派别东正教在清康熙年间传入北京后也曾经建堂传教,先后在北京修建了"圣尼古拉教堂"和"奉献节教堂",即"北馆"和"南馆"。由于近代"东正教传教士团"在北京的以搜集情报和办理

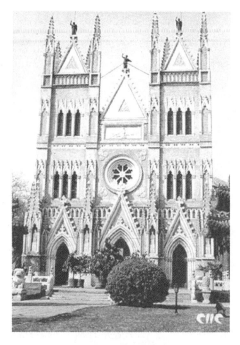

图 13-4　天主教堂

中俄外交事务为主,传教为辅,所以中国很少有人信奉东正教。新中国成立后,苏联在北京东正教教会会址盖了苏联大使馆,东正教北馆被拆除。如今北京已经没有东正教信徒了,东正教在北京地区已经绝迹。

基督教早期传入与教堂的兴建

　　基督教在中国的传播已有 1300 年的历史,经历了唐朝、元朝、明末清初和 19 世纪以来至今这四个不同的历史时期。从历史上看,我国对教堂的称呼在不同的历史时期有所不同。基督教在中国发展的第一阶段是唐朝。唐贞观九年(635 年),大秦国(即古罗马)主教阿罗本携带经卷来到长安。据《大秦景教流行中国碑》记载:"太宗文皇帝光华启运,明圣临人。大秦国有上德曰阿罗本,占青云而载真经,望风律以弛艰险。贞观九祀,至于长安。帝使宰相房玄龄总仗西郊,宾迎入内"。① 当时称基督教为景教,教堂为景寺,教众为景众,教会为景门。"唐朝的景教为基督教的一支,是古代基督教东方教会聂斯托利传入中国之基督教的称谓。"②中国第一座教堂就是阿罗本在长安修建的"大秦寺"(初名波斯寺)。阿罗本所传之教在中国有两百多年的历史,给我们留下了"大秦景教流行中国碑"和一些基督教的典籍。后因唐武宗会昌五年(845年)下令"禁佛",景教在中国内地趋于灭绝。唐朝时期景教是否传到了北京地区,从目前来看,尚没有确切的文字记载。

元朝基督教再次传入中国,而传到北京地区是在元朝。元朝称教堂为"十字寺"、"忽木剌"或"胡木剌";称基督教为"也里可温";称信福音之人、有福分的人和有缘人为"也里可温"。元朝时期由畏兀儿族人列班扫马修建的房山区景教十字寺是北京最早的教堂。它与房山区内的金代皇陵仅隔一道山梁,在十字寺的南面就是举世闻名的周口店北京猿人遗址。房山景教十字寺的创始人列班扫马出生在北京地区,精通蒙语、汉语和波斯语,后从北京出发离开中国去巴格达,并被推举为东方教会的宗主教。列班扫马是闻名于西方的基督徒。

元朝信仰基督教的人多为蒙古人、色目人和朝中的达官显贵。因此,随着元朝的灭亡、蒙古族的北迁、中西交通陆路和海路的中断和传教士的缺乏,基督教再次在中国本土绝迹。元朝的"也里可温"并未对中国文化产生多大的影响。相反意大利人写的《马可·波罗游记》却在欧洲产生了极大的影响,成为他们了解和认识中国的窗口。当年基督教在元大都修建的教堂,亦遭到灭顶之灾。除了北京房山区景教十字寺因地处郊区而幸免外,其他地区的教堂都随着改朝换代政治风云的变化而荡然无存了。

利玛窦与宣武门教堂

基督教再次传入中国,并且得到长足的发展是在明清时期。明

---

① 翁绍军校勘:《汉语景教文典诠释》,三联书店,1996年,第53页。
② 王美秀:《中国基督教史话》,中国大百科全书出版社,2000年,第5~6页。

末清初也是天主教在北京的发展时期。受西方宗教和文化熏陶的外国传教士的到来,在观念上构成了对明朝末年中国传统文化和宗教观念的挑战;与此同时,这些传教士自身的宗教观念也受到中国传统文化,特别是儒释道宗教观念的挑战。在这两种完全异质的文化和宗教观念相互挑战与应战的过程中,以利玛窦(图 13-5)为代表的部分传教士采取了适应中国国情、遵奉当朝的法规和习俗,并且努力地在中国传统文化与天主教教义中寻找契合点。

对天主教在中国发展贡献最大的,应该说非意大利传教士马泰奥·里奇——利玛窦莫属。利玛窦是他给自己起的中国名字。利玛窦 1552 年 10 月 6 日出生于意大利玛切拉达城一个名门望族之家,有读书过目成诵之奇才。他首先克服了语言上的障碍,仅用了一年的时间就能流利地讲汉语。为了传教,他按照和尚的装束打扮自己,后来又留胡须、蓄长发、戴上儒冠、穿上儒服、坐轿子,尽可能使自己像一个中国人。利玛窦开创了耶稣会传教士尊重中国社会制度和礼教文化的先例。为了吸引中国的士大夫,采取了"传道必先获华人之尊敬,以为最善之法,莫若渐以学术收揽人心"的传教方式。由于利玛窦的努力,天主教在元朝灭亡以后重新出现在北京地区。北京宣武门教堂就是利玛窦在徐光启的帮助下创建的。宣武门教堂,也称"无玷始胎圣母堂",人们习惯地称为南堂。

图 13-5 利玛窦

利玛窦在中国的 28 年中,做了大量的中外文化与科技交流的工作。他携带着西方科技文化进入了宫廷和士大夫群,在士林名流宦海中觅得知音。为了能与中国人交流,利玛窦在学习汉语的过程中创造了拼读法。他用拉丁文注汉字音,利用声母("字父")126个,韵母("字母")44个,声调符号5个,给汉字注音。据说他有着超人的记忆力,只要把中国古典著作浏览一遍,便能整卷地背下来。这一奇异的功能引起中国读书人极大的兴趣,不少人慕名而来。他出版了《西字奇迹》,当时有四千多人向他求教。这为利玛窦的传教提供了众多的对象和极大的可能性。利玛窦建立南堂后,在教堂里开办教会图书馆,展示西方的天文仪器、地球仪等,以此引起中国人对天主教的兴趣。当时北京最早的天主教南堂就成为传播西方科学技术的载体。明朝一品大员徐光启看到利玛窦《山海舆地图》和《坤舆万国全图》,产生了仰慕之情,便加入了天主教。徐光启、李之藻、杨廷筠被称为明末天主教会"三大巨头",也被称为"圣教三杰",他们是中国著名的科学家。万历十年(1582年)利玛窦到中国,万历二十九年(1601年)到北京,万历三十八年闰三月十九日(1610年5月11日)去世。当时明神宗下令"以陪臣礼葬于阜城门外二里沟嘉兴观之右",①即今北京车公庄三塔寺藤公栅栏传教士墓地。(图13-6)

图13-6 利玛窦墓

汤若望与宣武门天主教堂

明清易代之际,宣武门内天主教教堂里的传教士也被限期搬出。教堂里的德国传教士汤若望(图13-7)却泰然自若地坚守在南堂,不

---

① 张承友等:《明末清初中外科技交流研究》,学苑出版社,2000年。

但不搬出,反而大胆地上书清政府:"曾奉前朝故皇帝令修历法,著有历书多帙,付工镌刻,尚未完竣,而版面已堆积累累;并堂中供像礼器、传教所用经典、修历应用书籍并测量天象各种仪器,件数甚夥。若一并迁于外城,不但三日限内不能悉数搬尽,且必难免损坏,修理既非容易,购买又非可随时寄来。"恳请"仍居原寓,照旧虔修"。第二天清朝统治者便法外施恩,并下令保护汤若望和教堂。并诏谕天下:"恩准西士汤若望等安居天主堂",还特颁布满文告示,并张贴在宣武门教堂的门前。

清朝入主中原后,出于修历的客观需要,对这位通晓天文、历法的德国传教士十分器重,并任命他为钦天监监正。

图 13-7　汤若望

清顺治元年八月(1644年9月),汤若望精确地推算出全国各城市的日食时刻,使他在清朝的地位得以巩固。顺治皇帝将宣武门内原天主堂旁空地一块赐给汤若望,而且还赐银一千万两为建堂之用。

当时满朝文武大臣亦争相捐助,连顺治皇帝的母亲也为在宣武门修建大教堂赏赐了银两。

清顺治皇帝曾 24 次到南堂巡视,与汤若望长谈,并且亲切地称汤若望为"玛法"(玛法是满语尊师之称)。

清朝恩准建立的第一座教堂——王府井教堂

王府井教堂,人们习惯地称其为东堂,又称圣若瑟堂(为纪念耶稣的父亲圣若瑟而命名的),是北京第二座天主教堂。清顺治皇帝特将一所宅院赐给传教士为府邸,意大利传教士利类思和葡萄牙传教士安文思将其建成了教堂。

康熙皇帝与北堂

北京最华丽的教堂当数西什库教堂——北堂,原名为救世堂。

北堂原址在北京三海(即北海、中海、南海)的中海西畔,因其地名叫蚕池口,所以西什库教堂最初也称蚕池口教堂。

北堂建堂的缘起还有一段趣闻,这段轶事与康熙皇帝密切相关。据史料记载:1693 年(康熙三十二年),清康熙皇帝向传教士学习解剖学,到乱葬岗子找无主的死尸进行解剖时偶患疟疾,吃御医中药数剂无效,太医见状束手无策。当时在京的耶稣会教士张诚、白晋神父闻之,立即献上所带金鸡纳霜西洋之药,使康熙皇帝恢复了健康。康熙皇帝大悦,于是就在这年的 7 月 4 日召见了张诚、白晋等神父,赐张诚住宅,并把蚕池口之地赐与耶稣会传教士以示酬谢。[①]

清光绪十二年(1886 年),清朝政府为了扩建皇宫西苑,给圣母皇太后慈禧修建游览区,在蚕池口修建的教堂也在圈禁的范围之内。为了拆除北堂,清政府将西安门内西什库南首三分之二(约二十英亩)地方拨给教会,供传教士迁建新教堂之用,同时赐迁移费库平银 35 万两作为修建之费。北堂用了二年的时间,由旧址迁移到西什库新堂。

为什么北堂叫西什库教堂呢?原来今天北堂所在地——西什

---

① 佟洵:《基督教与教堂文化》,中央民族大学出版社,1999 年,第 268 页。

库,在明朝时是明朝皇室内务府所管辖的十个库房。因这十个库房地处皇城的西北隅,故称西什库。西什库大街之名由明代一直沿用至今。

北堂内有一幅圣母抱着耶稣的油画,这位圣母到了中国就穿起了中国皇太后的衣服,小耶稣也穿起了中国清朝小皇帝的衣服。如果不细看,还以为这是画的中国的皇太后和小皇帝呢!(图13-8)

图13-8 圣母玛丽亚和耶稣

传教士在中国修建的最后一座教堂——东交民巷教堂

东交民巷教堂建于光绪二十七年(1901年),是外国传教士在北京修建的最后一座天主教堂。与其他的教堂相比,东交民巷教堂规模最小,但它的建筑风格却非常讲究,是典型的哥特式风格建筑。

冯玉祥将军与崇文门教堂

基督新教的教堂多为1863年以后所建。北京基督教教会是由欧美不同国家的不同宗派差遣的传教士组织起来的,所以基督教新教所建教堂最多。据粗略统计:近代时期北京各差会所建礼拜堂近百所,现存基督教教堂8座,其中最著名的是崇文门教堂、缸瓦市教堂和珠市口教堂。

崇文门教堂是美国传教士于同治九年(1870年)修建的,后在义和团运动中被烧毁,光绪二十八年(1902年)清政府被迫拨款重建。由于爱国将领冯玉祥在崇文门教堂受洗,所以又被称为"基督将军"。冯玉祥将军加入基督教还有一段趣闻。据说冯玉祥将军得了"砍头疮"。中国有句俗语:"病怕没名,疮怕有名",况且这位冯大将军身患恶疮,又久治不愈。恰在这个时候,传教士治好了他的病,所以冯大将军就加入了基督教,不但他自己加入了基督教,而且还让他的士兵都加入基督教。据说当时传教士是拿着水管子给冯大将军的士兵洗礼的。这位冯大将军还在部队建了一个教堂。

由以上教堂的简述,不难看出每一座教堂都是北京历史的写照。

众多的不同国籍的传教士不仅是虔诚的基督教徒,而且大部分是西学有成就者。他们在传教的同时也把欧洲文化和科学技术传入中国,北京的教堂成为这些传教士展示西方科学与文化的所在。

传教士把欧洲天文学、地理学、数学、医药学、解剖生理学传入中国,并译成汉文出版。康熙年间,西医、西药在中国已进入实用阶段。虽然传播西学并非传教士来华的本意,但是结果却大大地丰富了中国学者的知识,促进了中国科学的发展,打开了中国人的眼界,为长期停滞不前的中国科学文化的苏醒和重新焕发青春注入了活力。

西方传教士在中国传播基督教的过程中,同时也把中国文化介绍到了西方。西方传教士为了传教,不仅学习中国的语言与文字,而且很注重研究中国的文化和典籍。早在明朝末年利玛窦就把四书译成拉丁文寄回国去。

欧洲传教士还比较早地研究了中国的《易经》。白晋用拉丁文著《易经要旨》,提出将八卦与"二进制"联系起来的假说,为德国科学家莱布尼茨"二进制"的科学创见提供了营养。① 中国的文化通过这些生活在北京教堂的传教士传到欧洲,并产生了深远的影响。北京的教堂是西学东渐、中学西进的媒介与桥梁。

当然,在北京的教堂里也曾经发生过不愉快的事情,特别是近代时期的北京,传教士的活动与过去相比发生了质的变化,一些传教士与近代西方殖民侵略者结合在一起,把教堂变成他们欺压百姓、侵略中国的基地。以普施人类和博爱为宗旨的基督教的传教士们,在义和团运动被镇压下去后,对中国人民所抱的态度和立场,却是狂热的复仇主义,教堂成为他们掠夺中国人民的营垒。

义和团运动失败后,传教士又以教堂在义和团运动中受到了冲击为名索要庚子赔款。北京地区现存教堂多为义和团运动后用庚子赔款重新修建,因此这些教堂既是中西文化交流的写照,又是西方殖民侵略者掠夺中国人民财产的历史见证。

新中国成立后,中国教会摆脱了帝国主义操纵下的西方教会的控制,建立了自治、自传、自养的新教会,终于走上了独立自主自办教会的道路。如今北京教堂文化,正以新的姿态展现在世界人民的面前。

三、北京清真寺文化

北京是全国的政治中心和文化中心,而且也是世界著名的大城市和国际友好往来的中心。北京民族成分之全也是全国各大城市无法比拟的,可以说全国信仰伊斯兰教的回族、维吾尔、哈萨克、东乡、柯尔克孜、撒拉、塔吉克、乌兹别克、保安、塔塔尔族10个民族都有人在北京地区居住、工作或学习,总的来看北京地区的穆斯林主要以回族为主。北京穆斯林已达25万,穆斯林人口之多居全国各大城市之首。此外,在北京学习和工作的外国穆斯林为数众多,前来参观访问的伊斯兰教国家宾客每年也不计其数。哪里是穆斯林比较集中的地方,哪里就有清真寺。据资料统计:自宋元明清民国到今,先后兴衰,时废时建,北京曾有近160座清真寺。北京现在共有68座清真

---

① 余三乐:《早期西方传教士与北京》,北京出版社,2001年,第208页。

寺。这些清真寺都是改革开放后经过修整和新建的。北京的清真寺不但是伊斯兰教发展的物证,也是伊斯兰教文化的载体。

北京清真寺文化已成为一种生活方式,不但在回族形成过程中起了很大的作用,而且和这些民族在宗教信仰、道德规范、生活习俗、饮食文化等方面结下了紧密的难以分割的关系。

北京清真寺文化的渊源

清真寺,又称礼拜寺,是阿拉伯语"麦斯吉德"(Masdjid)的意译,其意为"叩拜处",即"礼拜安拉的处所"。从历史上看,中国人对清真寺有过不同的称谓:唐朝称清真寺为"礼堂",宋朝时称清真寺为"礼拜堂",元、明两代对清真寺的称呼非常多,有的称"礼拜寺"、"回回寺","清真寺"的称谓就始于元朝。中国各族穆斯林都把清真寺尊称为"安拉的房子"。

阿拉伯最著名的三大清真寺:一是麦加的"禁寺";二是麦地那的"先知寺清真寺";三是耶路撒冷的"远寺"(即阿克萨清真寺)。这三大清真寺不但是全世界穆斯林向往的崇高圣洁的神圣之地,而且早就以其悠久的历史和精美绝伦的建筑闻名于世。

中国最早的清真寺始建于何时?学术界认为是唐朝。唐朝的长安,当时是国际贸易的大都市,各国使者、游客和商贾都云集于此。据《唐书·大食传》记载:在唐高宗永徽二年(公元651年),阿拉伯帝国第三任哈里发奥斯曼派遣使节来到了长安。从651年开始,阿拉伯帝国与唐朝政府之间便频繁往来,西亚、中亚到中国贸易经商的穆斯林客商亦日益增多。从唐朝开始,中国就有了信仰伊斯兰教的回族先民。与此同时,唐朝时期的长安和东南沿海一带都建有清真寺。学者认为:广州的"怀圣寺"是我国现存最早的清真寺。

元、明时期是中国清真寺文化的发展时期。西亚和中亚来华的穆斯林人数急剧增长,清真寺遍及全国各地,不再局限于京城和东南沿海一带。"'清真寺'一词开始广泛地被伊斯兰教所采用。……'清真寺'已是一种带有中国特点的名称了。"[①]中国现存的许多著名的

---

① 冯今源:《中国的伊斯兰教》,宁夏人民出版社,1991年,第27页。

清真寺大部分都建于元明时期。元明时期"回回已经形成民族共同体，穆斯林自发自愿组织起来的以清真寺为中心的教坊制也逐渐完善。"①

北京地区最早的清真寺就是牛街礼拜寺（图 13-9）。潘梦阳《伊斯兰与穆斯林》说道："牛街礼拜寺是北京市规模最大、历史最悠久的一座清真寺。它建于辽统和十四年（北宋至道二年、公元 996 年）。明正统七年（1442 年）重修。"②牛街礼拜寺是历史悠久、规模宏伟、建筑壮丽、中外盛名的古寺，至今已有一千多年的历史。目前学术界对此观点尚有不同的看法和意见。有的学者认为牛街礼拜寺的历史不足千年，始建于元朝，也有的学者认为牛街礼拜寺始建于明朝。南京工学院刘敦桢教授认为牛街礼拜寺礼拜殿的后窑殿藻井彩绘，系出自北宋年间建筑画家，可作该寺始建年代的佐证，也是伊斯兰教传入之时。尽管学术界对牛街礼拜寺始建年代说法不一，但是都一致认为牛街礼拜寺是北京地区最早的清真寺。牛街礼拜寺的历史，就是北京伊斯兰教形成与发展的历史见证。

图 13-9　牛街礼拜寺

---

① 吴建伟：《中国清真寺综览》，宁夏人民出版社，1995 年，第 7 页。
② 潘梦阳：《伊斯兰与穆斯林》，宁夏人民出版社，1993 年，第 41 页。

北京伊斯兰教真正得到发展是在新中国成立以后。新中国成立后,作为"老北京"的居民,即回族人口发展变化是很快的。据资料记载:"三十年代全市共有穆斯林十七万多,占到全市人口的十分之一还强。"现在北京地区的穆斯林达到二十五万之多。北京地区穆斯林知名人士和学者也很多,并且在全国伊斯兰教中占有极为重要的地位。由穆斯林知名人士包尔汉、达浦生、张杰、马玉槐、马坚等在北京发起筹备的中国伊斯兰教协会,于1953年在北京正式成立。在中国伊斯兰教协会的推动下,北京地区也建立了北京市伊斯兰教协会。现在,北京地区的清真寺已达68所之多。这一数字足以说明北京清真寺文化的发展。

北京清真寺建制

北京的清真寺是伊斯兰文化的载体,每一座清真寺都有着丰富的文化内涵,其建筑风格和形制是随着宗教职能的多样化而发展的。正如有的学者所说:清真寺"是深嵌在时代文化框架之中,包含着有关穆斯林民族深刻历史与宗教哲学意境的一种宗教艺术"。[①] 北京清真寺文化是中阿文化相互交流与融合的产物,是各族穆斯林辛勤劳动和智慧的结晶,它集中体现了宗教、民族、教育、建筑、书法、艺术等方面的历史文化,并且形成了其特有的建筑体系与艺术风格。

从北京清真寺来看,多为外中内阿合璧式的建筑。北京现存的清真寺绝大多数为元朝以后,特别是明清以来修建的。由于北京的清真寺始建年代不同、大小不等,所以每座清真寺建筑物的多少也不相同。但是每座清真寺都建有"礼拜殿"和"水房",这是清真寺最基本的建筑。规模较大的清真寺除了礼拜殿和水房等基本建筑外,还建有牌坊、影壁、望月楼、碑亭、南讲堂和北讲堂、图书馆、埋体房,等等。

1. 礼拜殿

礼拜殿是清真寺的主体建筑,是穆斯林礼拜真主的圣殿。由于

[①] 《中国穆斯林》2002年第2期,第7页。

麦加在中国的西方,所以北京清真寺内的礼拜殿都坐西朝东,多为凸字形和长方形。大殿地面铺满地毯,有的清真寺还为老年穆斯林准备了长凳。穆斯林进礼拜殿之前,必须清心沐浴、脱鞋上殿、席地而坐。(图 13-10)

图 13-10　东四礼拜殿

2. 米哈拉布

位于礼拜殿最前方的"米哈拉布"(即窑殿内,又称"圣龛"),是礼拜殿内最圣洁之处,也是阿訇领拜之处。"米哈拉布"是礼拜大殿内最重要的组成部分。如:牛街礼拜寺礼拜大殿的"米哈拉布"周围雕刻着《古兰经》经文和赞言。

3. 敏拜尔

"敏拜尔"(即宣讲台或讲经台)是清真寺礼拜殿内的必要设施,位于"米哈拉布"的左边。"主麻日"或"开斋节"等庆典聚会之日,阿訇在"敏拜尔"上诵读"虎图白"(即阿訇用阿拉伯语宣讲)。"敏拜尔"一般为木制,状似阶梯,多由 5 级、7 级或 11 级阶梯构成,阶梯旁立着一根手杖。

4. 水房

水房（沐浴室）为净仪场所，即穆斯林礼拜前净身（大净或小净）之处。有的清真寺称为"涤虑处"，其意为穆斯林净身的同时也要净心。穆斯林在礼拜或斋戒前做净礼，是必须履行的教法规则的程序。因此，水房是清真寺必不可少的设施。穆斯林在作大净或小净时都要用流动的清水，所以水房里备有供洗大净用的"吊罐"（水桶）和洗小净用的"汤瓶壶"。

5. 南、北讲堂

南讲堂和北讲堂是清真寺主要建筑之一，建筑是对称的。阿訇和海里凡的办公室、讲学室以及居住区都设在北讲堂；清真寺管委会的办公室一般设在南讲堂。

6. 邦克楼

邦克楼又称宣礼楼（即宣礼塔），是供宣礼员（穆安津）在上面唤穆斯林到清真寺做礼拜而设置的，所以也称为唤醒楼。

7. 望月楼

望月楼是为了定斋月的起讫日期而设置的。伊斯兰教历9月（莱麦丹月）为斋月，何时封斋和开斋，要由大阿訇或享有权威的见证人在伊斯兰教历8月和9月的最后一日的黄昏登望月楼望新月，而定出封斋和开斋的确切日期。

8. 埋体房

中国穆斯林一直遵守着伊斯兰教古老的葬制，清真寺不仅仅是穆斯林进行宗教活动的场所，而且和穆斯林的社会生活密不可分。因此，埋体房是清真寺基本设施之一。

9. 绿色穹顶和新月

阿拉伯式清真寺多为阿拉伯穹顶式建筑，圆形的绿色穹顶和新月，是北京新建的阿拉伯风格清真寺主要建筑与标志。阿拉伯式清真寺礼拜大殿上浑厚饱满的绿色穹顶，一般由一大和四小组成，大的圆形绿色穹顶位于中央，四个小的圆形绿色穹顶分布在大殿顶部的东、南、西、北四方。但是也有的清真寺大殿穹顶是三个或一个。由三个圆形的绿色穹顶构成的礼拜殿顶,通常中间的圆形绿色穹顶要大一些,两边的圆形绿色穹顶小。无论礼拜大殿上的绿色穹顶是几个,每一个穹顶上都有一弯银白色的新月高高耸入云霄,其色彩淡雅素洁,具有很强的时代感。(图13-11)

图 13-11　清真寺建筑局部

北京大多数清真寺整体建筑布局对称严谨,有明显中轴线,琉璃瓦覆盖,巍峨富丽,具有中国皇家建筑的气派。从北京清真寺礼拜大殿内装饰来看,则采用了中阿合璧、丰富多彩的装饰艺术,将精细的阿拉伯装饰艺术风格与中国传统建筑装饰手法融会贯通,并且突出了伊斯兰教的宗教内涵,形成了独具中国特色的北京清真寺文化。

北京清真寺职能与文化特征

北京清真寺文化作为一种生活方式,不仅在回族等穆斯林形成过程中起了很大的作用,而且和这些民族的宗教信仰、道德规范、生活习俗、饮食文化等有着紧密的难以分割的关系。

1. 北京清真寺是穆斯林举行宗教活动的场所

北京地区的清真寺多设在穆斯林聚居区,其中最重要的原因就是为了便于穆斯林进行礼拜和举行宗教活动。礼拜是伊斯兰教的"五功"之一,穆斯林每日晨、晌、晡、昏、宵五时拜可以在任何清洁处所完成,但是每周五主麻聚礼、每年开斋节会礼和宰牲节(古尔邦节)会礼必须在清真寺由阿訇带领集体完成。每年的开斋节和宰牲节,清真寺都举行隆重的宗教会礼和庆祝活动。

2. 北京的清真寺与穆斯林的社会生活密切相关

穆斯林的婚丧嫁娶要到清真寺举行宗教仪式,食用的禽畜也要到清真寺请阿訇屠宰。清真寺不但是穆斯林进行宗教活动的场所,而且也是为穆斯林服务的场所,清真寺与每个穆斯林的生活是紧密相连的。北京的穆斯林至今仍然有在清真寺举行婚礼的习俗,在清真寺阿訇不但为新婚夫妇主持结婚仪式,而且还为新婚夫妇诵经祈祷、写"尼卡罕"(喜经)。北京穆斯林丧葬仪式也要在清真寺进行。

3. 北京地区的清真寺是中外友好往来的桥梁

北京地区的清真寺不但要接待世界穆斯林和各国朋友的参观和访问,而且还是世界穆斯林进行礼拜、讲学等宗教活动的场所。据北京市伊斯兰教协会统计,仅1979~1989年期间,北京地区的清真寺在国际友好往来中,各寺共接待外宾(包括台湾、港澳同胞及海外侨胞)约10万人次,各寺在10年期间仅开斋节和古尔邦节约有2.2万中外穆斯林参加会礼。这一数字表明,北京地区的清真寺是国际友好往来的中心,是侨居北京的各国穆斯林进行宗教活动的场所。

4. 北京清真寺是中阿文化的载体

北京清真寺本身就是一座艺术的殿堂,是展示中阿文化的博物馆。如上所述,北京清真寺就是中阿建筑艺术融合的典范。从世界来看,阿拉伯书法历史悠久,书体繁多,在书法界享有盛名。阿拉伯书法随着伊斯兰教传入我国后逐渐形成了具有中国特色的阿拉伯文书法艺术,毛笔体阿拉伯文书法、榜体阿拉伯文书法以及各种各样的阿拉伯文匾在北京清真寺内随处可见,中阿文字相互交融并用的"阿汉合书幅式"在清真寺内保留的也不少。上百年前的手抄本阿文的

《古兰经》和《塞布盖》,雕版印制的《古兰经》,以及中文版本的中国伊斯兰教古籍(汉奇他布)等等都珍藏在北京清真寺内。

如北京东四清真寺珍藏的元延祐五年(公元1318年、伊斯兰教历718年)手抄本《古兰经》一部,距今已有近700年的历史,被誉为"世界罕见珍品"。寺内珍藏的明清时期的白地蓝字阿文"清真言"瓷牌堪称佳品。在北京清真寺内还可以看到明清时期的碑记、汉文匾、各国版的《古兰经》和工艺品等等。

笔者在对北京地区清真寺考察的过程中,惊奇地在北京顺义区杨镇清真寺和牛栏山清真寺内发现了至今仍然保存完好的伊斯兰教文物"铜汤瓶"和八人抬的"埋体匣"。从八人抬"埋体匣"构造来看,似乎与中国传统的八抬大轿的构造相似,也许是受八抬大轿构造的启迪。北京清真寺内收藏的八人抬"埋体匣",不但也有杠棍,而且也要八人一起抬,其构造与中国八抬大轿的结构基本相同。顺义区牛栏山清真老寺内八人抬"埋体匣"的发现,为进一步研究北京伊斯兰教文化本土化提供了有力的佐证。同时说明北京每一座清真寺都是中阿文化相互融合的写照,是北京伊斯兰教文化的物化表现。

北京历史文化悠久,源远流长,积累深厚,特点鲜明。北京的清真寺文化是北京历史文化的重要组成部分,与北京历史文化一样,在各个不同的历史时期,有着不同的特点。其文化内涵极其丰厚,随着时代的进步、历史的发展,北京清真寺文化这朵艳丽的民族奇葩将更加令人瞩目。

(本讲照片由作者提供)

自学指导

教学要求:

1. 通过北京寺庙文化的学习,要从整体上了解北京宗教文化、北京寺庙文化、北京庙会文化的基本内容,雍和宫改为喇嘛庙的原因,并掌握北京寺庙文化形成与发展的五点原因。

2. 通过北京教堂文化的学习,要从整体上了解北京教堂文化形成的历史过程和基本内容,并且掌握北京教堂建筑特征和文化特点。

3. 通过北京清真寺文化的学习,要对北京宗教文化有全新的和进一步的了解,了解北京文化是丰富多彩的,是各民族人们共同建造的。北京清真寺文化是北京历史文化的重要组成部分,要从整体上了解北京清真寺文化形成的历史过程,并且掌握北京清真寺文化的基本内容。

重点难点提示：

1. 北京寺庙文化学习重点为北京的寺庙、雍和宫改为喇嘛庙的原因、佛教的经典和节日、北京庙会文化；难点为北京寺庙文化形成与发展的五点原因：1) 北京是五朝帝都,出于政治与信仰的需要,历代皇帝不但推崇宗教,而且敕建庙宇。2) 唐太宗在他打过仗的地方要为阵亡的将士建庙,以荐亡魂。辽东战败后,唐太宗敕建悯忠寺。3) 由于北魏太武帝和北周武帝灭佛,为了保护佛教的经典使其长存于世而不毁,隋静琬法师修建了云居寺,并且开创了伟大的石经刊刻事业。赵朴初先生称房山石经为"国之重宝",珍藏石经的云居寺为"北京的敦煌"。4) 清朝政府把藏传佛教当作"安藏定藩"的国策,不但为了迎请五世达赖而敕建了西黄寺,而且还将雍和宫改为喇嘛庙。5) 明清两朝皇亲国戚、宫廷太监、达官显贵纷纷捐资修庙。在学习中要了解北京寺庙文化形成与发展的历史原因,以及丰富多彩的文化内涵,这样才能更好地理解和掌握上述重点和难点。

2. 北京教堂文化重点讲述了基督教(景教、天主教、东正教、基督新教)四次传入的历史过程,世界教堂建筑特色,北京教堂的兴建、分布和建筑特色,北京教堂文化特点。难点内容为北京教堂文化形成与基督教四次传入的历史过程：1) 基督教传入中国的道路是曲折而复杂的;2) 基督教在与中国传统文化碰撞与交流的过程中走向融合与新生;3) 北京教堂文化形成的过程就是中西文化交流的过程;4) 北京教堂文化为中西合璧建筑,既保留了西方教堂特有的建筑风格,又具有中国特色;5) 北京教堂既是中西文化交流的中心,又是殖民主义侵略者掠夺中国的历史见证。只有全面了解北京教堂文化形成的历史过程,才能更好地理解和掌握本讲的重点和难点。

3. 北京清真寺文化重点讲述了北京清真寺文化形成的历史过程以及和伊斯兰教传入中国的关系,北京清真寺文化的具体内容。难点内容为 1) 北京清真寺建筑特点;2) 北京清真寺建制;3) 北京清真寺的职能;4) 北京清真寺文化特点。全面了解和掌握北京清真寺文化形成的历史、发展进程,才能更好地了解和理解本讲讲述的重点和难点。

名词解释:

宗教文化　寺庙文化　佛教的经典　佛教的三大体系　基督教世界教堂建筑特色　北京教堂建筑特点　清真寺　开斋节　古尔邦节　敏拜尔

思考题:

1. 清乾隆皇帝将雍和宫改为喇嘛庙的原因。
2. 北京寺庙文化形成与发展的历史原因。
3. 北京教堂文化的形成历史过程。
4. 概述北京教堂既是中西文化交流的中心,又是殖民主义侵略者掠夺中国的历史见证。
5. 北京清真寺的职能与文化特点。
6. 中国哪些民族信仰伊斯兰教?

参 考 文 献

佟洵主编:《佛教与北京寺庙文化》,中央民族大学出版社,1997年。

习五一著:《北京的庙会民俗》,北京出版社,2000年。

段玉明著:《中国寺庙文化》,上海人民出版社,1997年。

王美秀:《中国基督教史话》,中国大百科全书出版社,2000年。

佟洵:《基督教与北京教堂文化》,中央民族大学出版社,1999年。

余三乐:《早期西方传教士与北京》,北京出版社,2001年。

佟洵:《伊斯兰教与北京清真寺文化》,中央民族大学出版社,2003年。

冯今源:《中国的伊斯兰教》,宁夏人民出版社,1991年。

第十四讲 回望 20 世纪北京五大风云人物

北京作为全国的政治、经济和文化中心,虽然只有八百五十多年的历史,但她的轩昂大气、深厚的文化积淀,特别是整个 20 世纪中国发生的重大事件,几乎无一例外地影响着中国的发展进程。有人说北京是政治的晴雨表,有人说北京是文化的聚集地。总之,不了解北京就无法真实、深刻、全面地了解近现代中国。这就是北京的魅力所在。

北京是个迷人的文化城市。曾任北京大学校长的蒋梦麟回忆说:"在北京住过的人,很少人会忘记蔚蓝天空下闪闪发光的宫殿和其他公共建筑。颐和园和公园里有几百年前栽种的古松。有的成行成列,有的围成方形,空气中充塞着松香。烹调精美的酒楼饭馆随时可以满足老饕们的胃口。古董铺陈列着五光十色的古玩玉器,使鉴赏家目不暇接。公共图书馆和私人图书馆的书架上保存着几千年来的智慧结晶。年代最久的是商朝的甲骨,这些甲骨使我们对中国历史上雾样迷踪的时代开始有了概念。此外还有令人肃然起敬的天坛。它使我们体会到自然的伟大和人类精神的崇高。"的确,正是这些皇家园林、古老宫殿以及数不尽的文物物化了北京城的文化魂魄。

北京不仅有悠久的历史文化,是近现代中国的政治、军事、文化中心,在风云激荡、波澜迭兴的 20 世纪,北京更是中国的一个传播革命思潮,实践革命理想的城市。北京曾以丰厚的思想文化,在那个伟大的时代造就了许多伟大的人物。许多对中国近代史产生重要影响的先驱们,不仅在北京探讨先进思想、社会主义,而且在北京直接参与组织了重大活动,使北京成为引发许多重大革命行动的基地。前辈用他们的理想甚至生命改变着旧北京,用智慧建设着他们理想中的新北京。让我们去追寻伟人们在北京的足迹。

本讲将要给大家介绍的人物是孙中山、李大钊、毛泽东、蔡元培、彭真,他们不仅在中国近代史上对我们国家的发展起了重要作用,其革命道路或革命活动也都与北京有着不解之缘。

一、孙中山

图 14-1　孙中山

中国革命的先行者孙中山先生是影响中国 20 世纪历史进程的三大伟人之一。他一生对中国最大的贡献就是推翻帝制，建立了中国乃至亚洲第一个民主共和国。孙中山致力国民革命 40 年，他的革命活动主要在海外或中国的南方，但北京与孙中山也有着难解的革命之缘。

1894 年，孙中山曾到北京上书李鸿章，希望破灭后，下决心以革命手段推翻清王朝。北京之行五个月后，他成立了近代中国第一个革命团体——兴中会，从此敲响了清王朝的丧钟。

1892 年，孙中山在香港西医书院毕业，获得硕士学位。随后，他在澳门、广东行医，由于医术高明，来求医的人很多，甚至还有人称他是"活菩萨"。其实孙中山的目的不仅是医治人们的身体，更要医治人们的精神和思想，最后达到医治这个国家的目的。从医只是孙中山的"入世之媒",这个职业可以使他更加自如地宣传革命、从事革命活动。他广泛结识社会各阶层的人,如进步绅士、清军的军官、传道士、会道头领,还有店主、教员和平民,用反清的思想影响他们。

当时正值"洋务运动"时期,李鸿章是香港书院名誉赞助人,也是洋务运动的倡导人,在清政府里面,他也属于改革派人物。当时人们幻想李鸿章能够依仗他在清廷的地位,用渐进的方式实行新政,推行改良。出于这种思考,孙中山决定先上书李鸿章。1894年1月底,孙中山回到家乡翠亨村,埋头十多天,写出了《上李鸿章书》,2月份,便和陆皓东一同北上。那年,孙中山28岁。他们到武汉后,沿长江向东,到了上海,先去找了香山县的同乡、《盛世危言》的编者郑观应,托他想办法见李鸿章。6月,孙中山和陆皓东一同到了天津,见到了罗丰禄,罗丰禄表示愿意帮助他们向李鸿章报告,并将"上书"一同呈上。当时,正是甲午战争一触即发之际,李鸿章正在芦台督师练兵,顾不上这类接见,更不会去考虑改革政治了。孙中山没有办法见到李鸿章,知道和平改革的希望完全破灭了。

《上李鸿章书》是孙中山的一篇极为重要的著作,其主要思想,后来成为概括了孙中山的思想体系的"三民主义"和"实业计划"的重要组成部分。李鸿章当时也并没有彻底拒绝孙中山,只是答复:等和日本人打完了仗再见。但孙中山已早有定见:清王朝必须推翻。此番北上过了五个月后,中国近代史上的第一个革命团体——兴中会在檀香山火奴鲁鲁的华人严宽家里成立,他们第一次喊出了"振兴中华"的口号,敲响了清王朝的丧钟!所以我们说中山先生的革命生涯是在北京开始的。

应冯玉祥之邀,北上"与诸君救国"。在前门火车站北京十万各界群众热烈欢迎。因暴怒引起肝病复发,在北京与病魔抗争三月,留下"革命尚未成功,同志仍需努力"的遗嘱。死后与列宁、甘地等被尊为世界现代五杰。

孙中山在苏联的支持下,创办了黄埔军校,建立了广东革命根据地,与北京的北洋军阀政府对峙。广州成为中国革命的中心,中国的希望所在,虽然其军事力量不如北方,但政治力量强大,基础日益坚固。1924年9月12日,孙中山到达韶关,18日发表了《北伐宣言》,谴责军阀给中国所带来的灾难,指出军阀的后面就是帝国主义。

  与此同时,军阀内部也在发生变化,北洋军阀直系首领曹锟以贿选手段窃得大总统后,北京政府完全被直系军阀所把持,吴佩孚利用中央权力,借口统一军权,手握重兵,排除异己。直系将领冯玉祥在北洋军人中是比较进步的人物,因笃信基督教,也称基督将军。他立志要做一番救国救民的事业,对北洋军阀的腐败常常流露不满情绪。冯玉祥屡遭吴佩孚的压制和暗算,但对吴不肯俯首听命。他结识了许多国民党人士,读了孙中山手写的建国大纲,对革命的奋斗目标有了认识,加深了对国民革命的向往心情。

  1924年10月,第二次直奉战争爆发。23日,冯玉祥乘吴佩孚在山海关前线损失惨重之机班师回京,他以迅雷不及掩耳之势全部占领北京,并改军队为中华民国国民军,宣布脱离直系军阀系统,电请孙中山北上主持国家大计。同时通电全国,明确宣称国民军"誓将为国为民效用,如有弄兵而祸吾国,好战而殃民者,本军为缩短战期起见,亦不惮执戈以相周旋"。冯玉祥政变胜利之后,首先接到了孙中山的贺电。冯玉祥随即回电:"辛亥革命,未竟全功,以致先生政策无由施展。今幸同友军勘定首都,此役既乎,一切建国方略,尚赖指挥,望速命驾北来,悼亲教诲。"

  然而,时局的变化纷繁复杂。11月15日,冯玉祥迫于内外压力,参与联名推出段祺瑞为中华民国临时执政。孙中山深知,这时去北京,处境会很艰难。孙中山并不对北京政府抱大的希望,但他把北上当成极好的宣传机会。因此,他没有丝毫返回的想法。孙中山一行于12月4日中午抵达天津,那天的气温很低,但仍然有大约二万人到码头迎接孙中山,这是一个盛大的欢迎场面。孙中山回张家花园住所后,身体开始发冷,接着又发热,同时肝部也阵阵作痛,终于病倒了。

  12月18日,段祺瑞的代表叶恭绰、许世英来见孙中山,代段祺瑞对孙中山到北京表示欢迎,并介绍了北京政局的近况。孙中山听到段祺瑞政府答应各国公使"外崇国信",即尊重不平等的条约,孙中山非常愤慨,严厉地说:"我在外面要废除那些不平等条约,你们在北京,偏偏要尊重那些不平等条约,这是什么道理?你们要升官发财,怕那些外国人,要尊重他们,为何还来欢迎我呢!"

孙中山由于动怒,肝病爆发,疼痛异常,脉搏升到一百二十多下,经过医生的诊治,仍不见什么效果,需要到北京治疗。1924年12月31日下午四点,孙中山和夫人宋庆龄等人乘专车到达北京前门车站。前门车站人山人海,北京十万群众热烈欢迎孙中山的到来。北京政府的全体阁员、各大学校校长、各团体的代表也都到车站恭迎孙中山先生。孙中山因患肝癌,在协和医院手术、化疗均不成功,住到铁狮子胡同行辕使用中药治疗。3月12日中山先生在北京逝世,弥留之际还断续呼唤:和平、奋斗、救中国……到铁狮子胡同行辕凭吊中山先生的北京市民络绎不绝,有74万人之多,铁狮子胡同的交通几为断绝。李大钊赞扬孙中山:"四十余年殚心瘁力,誓以青天白日,红色红旌,唤起自由独立之精神,诚为人间留正气"。

当时美国的报纸这样评价孙中山:"中山先生为现代五杰之先知先觉者。五杰者,印度之甘地、土耳其之凯末尔、俄之列宁、美之威尔逊,与中国之孙中山也。"

孙中山在北京结束了四十年的革命生涯。

二、李大钊

他是中国最早认识十月革命是世界文明新曙光的人,他是在大学课堂上最早演讲传播马克思主义理论的人。他是中国最早举起共产主义旗帜的人,他是北京共产党的缔造者。

李大钊出生在河北乐亭,很小就失去双亲,没有兄弟姐妹,靠六十多岁的祖父照料长大。在天津北洋法政学校读书时,因满怀救国抱负,才学出众,被誉为"北洋二杰"之一。留学日

图14-2 李大钊

本期间曾回国参加反袁斗争。1914年,主办《甲申》的著名文人章士钊因惊讶李大钊的文章"温文醇懿,形似欧公",从此开始与李大钊"从无间断"的友谊。1918年1月,也是由于章士钊的推荐,李大钊被蔡元培聘为北京大学图书馆主任。

在北京大学,李大钊与一大批时代的先进人物如陈独秀、鲁迅等结合起来,开始了他生命中最辉煌的时期。1919年的巴黎和会也曾使李大钊十分乐观,他认为中国的国运会否极泰来,但巴黎和会的失败使中国蒙受了新的屈辱,而俄国革命的胜利和苏维埃政府"无割地、无赔款"的和平承诺像"黑夜钟声,震人耳鼓"。李大钊迅速地从一个民主主义者转变为共产主义者。

为了深入研究马克思主义,李大钊指导学生成立了马克思学说研究会,蔡元培特意拨了两间房子作为活动场所。共产主义的德文发音是"亢慕义",所以研究会的同学称两间小屋为"亢慕义斋",即共产主义小屋之意,这是中国最早研究马克思经典著作的学术团体,邓中夏、黄日葵、高君宇、罗章龙、何孟雄等年轻人都是这儿的常客。李大钊曾指导研究会翻译《共产党宣言》。研究会的第一次演讲就是由李大钊主讲的马克思经济学说,大家都被他精彩的演讲吸引,反响十分强烈。研究会十九个发起人中,后来有十五个参加了中国共产党,一百五十多个成员有三分之一曾加入中国共产党,为北京共产党的成立和北方各地党组织的建立打下了坚实的干部基础。

李大钊与陈独秀同在北大任教,为寻找拯救中国的道路,他们开始探讨中国的共产主义问题。在五四运动中,陈独秀因散发《北京市民宣言》而入狱,出狱后仍受反动当局的监视。为使陈独秀摆脱险境,李大钊挺身而出。他化装成外出收账的先生,雇了一辆马车,自己坐在马车外,陈独秀则换上厨师的衣服躲在车内。马车从朝阳门出城,顺利到天津。路上两人商定筹建中国共产党。1920年北京共产主义小组在沙滩北大红楼李大钊的办公室成立,一个红色婴孩诞生了!此前,陈独秀已在上海成立了上海共产党。从此,南陈北李,相约建党,中国的共产主义运动开始在华夏大地展开。

"黄卷青灯,茹苦食淡,冬一絮衣,夏一布衫",是李大钊生活的真实写照。他为中国革命培养了许多栋梁之才。大钊为人性情温和,能团结各方面力量。即便入狱,还要求当局"对爱国青年,不事株连"。

李大钊身为北大教授,180元的月工资足以养活四五十口人,但他常年粗茶淡饭,不吸烟、不喝酒。除了每月拿出80元钱用作北京党组织的经费外,很大部分用来帮助贫困的学生。乌兰夫、刘仁静都曾得到过李大钊的接济。李大钊的长子李葆华说:"他很乐于助人,手头只要有钱,谁急需就送给谁,不讲还不还。"这使得他家的生活常出现困难,校长蔡元培知道后,常让会计留出部分工资直接交给李夫人赵纫兰以维持家用。

李大钊为人性情温和,极具亲和力。五四运动后,各种新思潮此起彼伏地影响着北京知识界,光社会主义思潮就有几十种。如何把信奉社会主义思潮的人团结起来是开展革命运动、组织革命团体的必要前提。张国焘说:"在北京,唯有李大钊先生一人,有可能联系各派社会主义人物,形成一个统一的社会主义运动。"也是由于李大钊这种非凡的能力,促进了第一次国共合作的实现。

在党内生活方面,李大钊谦虚谨慎,作风民主,很尊重大家的意见,对同志十分信任。他常说,疑人不用,用人不疑。何况革命同志更非他人可比,是同生死共患难的,应比家人还亲。虽然许多党员是李大钊的学生,经常要向他请示工作,在一些细节上李大钊总是温和地说:大而化之,你瞧着办吧! 大家因此更勤勉地工作。

1926年,奉系军阀张作霖的军队占据平津一带,他们在北京城贴满了"宣传赤化,主张共产,不分首从,一律死刑"的标语。《京报》主笔邵飘萍等人相继被杀。一时白色恐怖笼罩京城。李大钊等人避居在苏联大使馆,坚持指导北方党的工作一年多。1928年4月,反动政府不顾国际公例包围苏联大使馆,将李大钊等19人逮捕。作为有名望的北大教授,李大钊的被捕引起社会上的极大震动,北京各高校校长和党组织通过各种渠道营救未果。张学良也曾向张作霖建议:"李大钊是个有用的人才,不应该把他杀掉。"但中外反动派惧怕红色革命的浪潮蔓延到中国,他们联合起来共同镇压中国的革命组织和革命人士。张作霖最终决定冒天下之大不韪杀害李大钊。

杀害李大钊等革命志士的是反动派特意从国外运来的新式刑具——绞刑架。1927年4月28日,在北京的京师看守所内,李大钊第一个走上绞架,实现了他所说的:"人生的目的,在发展自己的生命。可是也有为发展生命必须牺牲生命的时候。因为平凡的发展,有时不如壮烈的牺牲足以延长生命的音响和光华。绝美的风景常在奇险的山川,绝壮的音乐,多是悲凉的韵调。高尚的生活,常在壮烈的牺牲中。"

三、毛泽东

青年时代的毛泽东"气质沉雄","有九天俯视之慨"。1918年毛泽东在北京大学当图书馆书记,他直接沐浴了北京新文化的春风春雨。在这里,他实现了走出湖南的第一步。也是在北京,毛泽东与杨开慧相爱。

毛泽东从青年时起就广交有志救国的朋友,他常对同学说:"丈夫要为天下奇,即读奇书、交奇友、著奇文、创奇迹,作个奇男子。"一个同学赞叹他:"润之气质沉雄,确为我校一奇士,但择友甚严,居恒骛高远而卑流俗,有九天俛视之慨!"1918年8月,为组织湖南青年去法国留学,毛泽东与新民学会的同人第一次来到北京。

图 14-3 毛泽东

初到北京时,由于人地生疏,食宿昂贵,这些湖南青年在景山东街三眼井吉安所夹道租了一个小房子。这里原来是清朝抬灵柩工人的住室,后来因陋就简,又翻盖出租。毛泽东等搬入其内居住。由于人多炕窄,每个人的铺位才一砖半宽,只能骈足而卧。毛泽东回忆,第一次在北京,白天去读书,晚上"八个人聚居三间很小的房子里,隆然高炕,大被同眠。"

为了解决在北京的生活问题,在杨昌济、李大钊的帮助下,毛泽东在北大图书馆当了图书管理员,这份工作的其中一项就是登记借阅图书报刊人的姓名。毛泽东在这里认识了一些新文化运动的头面人物,如傅斯年、罗家伦等等。在这里毛泽东读到了马克思主义的书。他经常向李大钊请教,"迅速向着马克思主义的方向发展"。在延安时毛泽东曾深情回忆,"也是在这里,我遇见而且爱上了杨开慧。她是我以前的伦理学教员杨昌济的女儿。"

五四运动前后的北京大学是新思潮的传播中心,各种学会团体的活动异常活跃。毛泽东广泛阅览各种报刊,旁听著名教授的课程,参加学术演讲活动,接触到20世纪世界最先进的文化思潮,从而开阔了视野。第一次北京之行对毛泽东的一生产生了极为重要的影响。

北京的冬天是寒冷的,毛泽东在北京虽然只有短短半年,但古都美丽的景色,公园里"洁白的梅花盛开"、"杨柳倒垂"、"北京数不尽的树木",都引起了毛泽东的"惊叹和赞美"。北京是毛泽东走出湖南迈向全国和世界的第一步。

30年后的春天,56岁的毛泽东"进京赶考",决心不当李自成。在香山双清别墅运筹帷幄,指挥人民解放军决胜千里。1949年10月1日在天安门升起了中华人民共和国第一面五星红旗。

1949年3月23日,在人民解放战争捷报频传的情况下,毛泽东、周恩来等率中共中央从西柏坡起程进京。毛泽东说:今天是进京的日子,进京赶考去。周恩来说,我们应该都能及格,不要退回来。毛泽东坚定地说,我们绝不当李自成,我们都希望考个好成绩。

到北平的第一天,毛泽东一行进驻颐和园。在昆明湖畔,毛泽东兴致勃勃地观赏园中的景色,突然发觉偌大的公园里空空的,竟然没有一个游人。毛泽东忙问公园里怎么没有游人,他的机要秘书叶子龙连忙回答说:为了首长的安全,今天公园不开放。毛泽东顿时生了气:"公园又不是私园,没有游人像什么样子。好了,不游了,不游了!"1949年9月21日,第一次中国人民政治协商会议在中南海怀仁堂举行,在54响礼炮中,大会开始,与会的人们鼓掌竟达5分钟之久,这是庆祝胜利的掌声,这是即将建立一个新的理想国家的期盼,这是对牺牲战友的慰祭。毛泽东自豪地说:我们的工作将写在人类的历史上,它将表明,占人类总数四分之一的中国人从此站立起来了!

新中国成立时,人均寿命只35岁;毛泽东逝世时华夏已是有"两弹一星"的世界五强之一,国内人均寿命达到67岁。

四、蔡元培

蔡元培先生是中国民主革命家、教育家,现代中国知识界、教育界的卓越前驱。在北京大学,他为中国革命和现代化建设培养了许多栋梁之才,如毛泽东、邓中夏等都曾是他的学生。

他是中国现代大学的接生婆,"兼容并包"的方针使北京大学成为中国现代社会的思想家园。他促发了五四运动,支持马克思学说研究会的成立,为中国培养了一大批革命志士。

图14-4 蔡元培

蔡元培自1916年任北京大学校长后,采"兼容并包""思想自由"的办学方针。他教育学生把大学当作研究高深学问的场所,而非升官发财的阶梯。他虚怀若谷,延请新文化运动的领袖陈独秀、胡适、鲁迅、李大钊等到北大任教,一时北大成为中国新思想的汇集地,北京大学更成为中国现代新式高等教育的楷模。

1919年的5月2日,蔡元培召集北京大学的学生班长和学生代表,通告中国在巴黎和会外交失败的消息,从而爆发了影响中国近代历史发展方向的五四爱国运动。5月4日学生们出于义愤火烧赵家楼,痛打了亲日派分子章宗祥,32名学生因此被捕。为了保释学生,蔡元培"愿以一人抵罪"。60年后,许德珩还清晰地记得当学生出狱回到学校时,"蔡先生是那样的沉毅而慈祥,他含着眼泪强作笑容,勉励我们,安慰我们,给我们留下了极为深刻的印象。"对蔡元培在北京学生中的影响力,北洋政府的一个官僚警告说:"诸君不可视蔡元培晋京为一书生,当视十万雄师。吾人不可不以全副武装对付。"

蔡元培是中国知识分子的良心,为争民主而与宋庆龄等组织中国人权保障同盟;为推动抗日而苦劝汪精卫,在饭桌上老泪纵横,眼泪流到汤盘里,他连汤带泪全咽了下去。死后哀荣殊胜。

蔡元培66岁时与宋庆龄、杨杏佛等组织了中国人权保护同盟。主要工作之一是营救政治犯。

1932年,国民党宪兵三团调到北平后,北平完全笼罩在法西斯的恐怖之中。12月11日至13日,宪兵三团先后逮捕了北平师范大学教授马哲民、北平大学教授侯外庐和北京大学教授许德珩。同时被捕的还有北大、师大、北平农学院等院校师生数十余人,成为轰动北平全城的"许侯马事件"。12月17日,蔡元培和宋庆龄、杨杏佛等以同盟筹备委员会名义打电报给蒋介石,指出"北平警探非法逮捕监禁各学校教授学生许德珩等多人","摧残法治,蹂躏民权,莫此为甚。"许德珩回忆说:"蔡先生除致电我爱人劳君展同志加以慰问外,并派秘书长(应为总干事)杨杏佛先生亲来北平营救我出狱。"

九一八事变后,日本侵华的步伐逐渐加快,国民党内主战主和派争吵不休。汪精卫是主和派的代表,为改变汪精卫的亲日立场,1934年蔡元培在南京的一次宴会上激动地说:关于中日的事情,我们应该坚定,应该以大无畏的精神抵抗。只要我们抵抗,我们的后辈也抵抗,中国一定有出路。蔡元培说着说着,禁不住老泪纵横,泪水流到了西餐的汤盘里,他低头连汤带泪吞咽下去。在座的人无不为之动容,汪精卫也十分尴尬。

1940年蔡元培先生在香港逝世。中共中央、国民党中央及各界人士都表示了哀悼之情。毛泽东的电报感叹:"孑民先生,学界泰斗,人世楷模,遽归道山,震悼曷极!"周恩来的挽联是:"从排满到抗日,先生之志在民族革命;从五四到人权同盟,先生之行在民主自由",准确地概括了蔡元培先生一生的功绩。

五、彭真

14岁开始上私塾。因在天津狱中领导绝食斗争而被转移到北京。在狱中刻苦学习法律,为战友辩护减少刑期。各级党校悬挂"实事求是"的校训是彭真请毛泽东为中央党校题写的。

由于家境贫寒,彭真自小就干农活,喂牲口,纺线,卖菜。14岁才开始在本村私塾学习,因个子太高而为人侧目。但他学习刻苦,常得到先生的夸奖。一次先生问他长大干什么,彭真回答:"铲除不平,匡扶正义。"

图14-5 彭真

1924年,李大钊指派高君宇回家乡山西筹建党组织。彭真就学的省立一中成立了山西第一个共产党组织,彭真为支部负责人之一。党的地下工作艰辛备尝,1929年彭真因被叛徒出卖在天津被捕,判刑9年。因领导狱中绝食斗争,他被视为"首要分子"。1931年被转到设于北平的河北省第二监狱。这是彭真第一次踏上北京的土地。

由于国民党中央公布了《政治犯大赦条例》,彭真的刑期被减为6年。1935年彭真出狱后任中共中央北方局组织部长。彭真刚到北平时出狱不久,身体还十分虚弱,高高的个子,走路直打晃,脸十分消瘦,面色黄绿,擤出的鼻涕还带着血。但他顾不上养病,很快就到清华大学找蒋南翔等人开始了对北平市委工作的调查、研究,旋即调整了北平市委的领导班子。根据北平党员学生多的特点,又成立了北平学生工作委员会。

1941年12月,任中央党校副校长的彭真,向毛泽东请示中央党校的校训问题,毛泽东说:应该是实事求是,不尚空谈。1943年毛泽东挥毫题词的"实事求是"四字被镶嵌在延安中央党校的墙壁上。从此,"实事求是"成为党校以至全党最重要的思想路线。至今,"实事求是"四字仍然被各级党校或悬挂或雕刻在最庄重的位置。

彭真任北京市长、市委书记17年,北京的工作经验多次被毛泽东转发示范全国。一生坐牢15年,平均5天就有一天在牢中度过。一生求真,为保吴晗,"文革"中第一批被打倒,复出后仍高举毛泽东思想旗帜。

彭真一生受毛泽东的器重,总是在最复杂、最困难的情况下去开拓新局面。1948年12月,北平和平解放后,毛泽东指示彭真等准备接管北平,任北平市委书记。北京成为新中国首都后,在镇压反革命、封闭妓院、清理金融秩序等方面卓有成就,北京的经验被多次示范全国。

彭真一生坚持实事求是。1958年全国"大跃进"期间,北京因放不出卫星,粮食产量居北方的锅底,被全国管农业的副部长一再批评,彭真仍坚持原则,不说假话。1961年陪邓小平到怀柔、顺义农村调查大办食堂问题时说:吃不吃食堂都叫社会主义。北京那些劳民伤财的农村食堂很快解散。

1966年是中国风雨如晦的一年。彭真因起草《二月提纲》、保护北京市副市长吴晗被打倒,开始了他人生的第二段监狱生涯。这一次在自己的监狱里,彭真坐了9年牢。为了在狱中不丧失说话的能力,他每天不是念英文的毛主席语录,就是大声唱京戏。在狱中彭真系统学习了马列和毛泽东著作。因为没有纸笔,他把牙粉袋和孩子们送来的画报撕成细细的纸条,把偷偷留下的米饭嚼烂当糨糊,将这些红红绿绿的小条粘在书上,标明重点。这样的书共留下了30多本。彭真诞辰百周年,这些书在中国革命博物馆展出时,闻之观后,令人唏嘘不已。

自学指导

教学要求:

通过本讲学习,要求学生从不同人物的事迹了解北京现代史的一些历史关节点,并掌握北京地区的文化特点。

重点难点提示:

本讲重点内容是通过孙中山、李大钊、毛泽东、蔡元培、彭真等人在北京的革命活动说明北京不仅有悠久的历史文化,是近现代中国的政治、军事、文化中心,在风云激荡、波澜迭兴的20世纪,北京更是中国的一个传播革命思潮、实践革命理想的城市。北京曾以丰厚的思想文化,在那个伟大的时代造就了许多伟大的人物。许多对中国近代史产生重要影响的先驱们,不仅在北京探讨先进思想、社会主义,而且在北京直接参与组织了重大活动,使北京成为引发许多重大革命行动的基地。难点内容为:1. 北京是中国政治、文化中心,在近现代中国历史的发展进程中,曾引发了许多重大的历史事件。2. 每个历史人物的生平都很辉煌,必须阅读相关的一些书籍才能更好地理解和掌握上述重点和难点内容。

名词解释:

上李鸿章书　亢慕义斋　兼容并包　实事求是

思考题:

1. 为什么北京在中国近现代历史中占有突出的地位?
2. 你是否能说出上述五人更多的事迹?

参 考 文 献

《中国共产党北京历史》第一卷,北京出版社,2001年。
尚明轩:《孙中山传》,北京出版社,1981年。
王耿雄:《伟人像册的盲点》,上海书店出版社,2001年。
王灿炽,黄宗翰:《孙中山在北京》,人民出版社,1996年。
孙穗芳:《我的祖父孙中山》,人民出版社,1996年。
《李大钊文集》,北京大学出版社,1999年。
刘军宁:《北大传统和近代中国》,北京大学出版社版,1999年。
王世儒:《蔡元培先生年谱》,北京大学出版社,1999年。
《蔡元培传》,人民出版社,1997年。
《叶子龙回忆录》,文献出版社,2002年。
《彭真在北京》,文献出版社,2002年。
《缅怀彭真》,文献出版社,1998年。
李星华:《回忆我的父亲李大钊》,上海文艺出版社,1990年。
张国焘:《我的回忆》(内部版)。
斯诺:《西行漫记》。

后　　记

"北京历史文化"是北京广播电视大学重点建设的一门具有乡土教育性质的、学历与非学历通用型的课程。

北京历史文化专题讲座课程在我校酝酿已久。早在20世纪90年代末期,北京老年电视大学就提出过对"北京史话"类课程的需求,但因各种因素的制约而未能完成课程的设计制作。2002年底,我校在与首都图书馆(北京电大文化局工作站)的合作中发现,首图2003年北京历史与文化系列讲座的内容与我们当初的设想相近,且有较多的资源可以共享,故重申此话题。

由北京史研究学会和首都图书馆合作举办的"京味文化讲座",内容涉及北京生活的方方面面,是一个关于北京历史文化的规模大、水平高的系列讲座。讲座聘请著名专家、学者,2002年开办了数讲,听众中老年人与青年人参半,取得了较好的效果。2003年每周六举办一次,取一个响亮的名号曰:北京历史文化48讲。

"北京历史文化48讲"是进行北京文化普及教育、传播先进文化的极好教材,用来对远程教育学习者进行以"了解北京、热爱北京、建设北京"为主题的素质教育,建设具有北京特色的校园文化,以及满足老年教育、社区教育等继续教育、终身教育的需求,均可发挥重要作用。为此,北京电大与首图及首都师范大学北京历史与文化教育传播中心就合作问题展开深入研究,愿在制作以音像教学片为主的多种媒体资源方面多方合作,资源共享。

2003年,以首图及北京史研究会为主,为我校量身定做的用于学历与非学历教育通用的电视课"北京历史文化"启动。课程聘请熟悉北京历史文化的专家学者授课,课程集学术性、知识性、思想性、趣味性为一身,制作完成的电视课,从2004年春起在北京电视台第三套节目播出,深受学生欢迎。与电视课配套的文字教材《北京历史文化》在紧张录制电视课的同时投入编撰。为帮助学习者理解欣赏教材内容，教材包括课程教学内容和自学指导内容两部分，力争为学生提供更多的学习支持服务。

在录制教学节目和编印文字教材过程中，我们得到有关专家、教授的亲切关怀与大力支持。首图韩朴馆长亲自挂帅，文化局工作站董占华老师前后奔走；北京史研究会理事、首都师范大学北京历史与文化教育传播中心副主任郗志群教授，北京史研究会副会长兼秘书长、北京市哲学社会科学规划办公室副主任李建平为课程的建设倾力投入，积极策划；国家文物局古建筑专家组组长、中国文物学会会长罗哲文亲撰篇章，并欣然作序；北京社会科学院研究员、中国古都学会副会长尹钧科审读全书……谨在此一并表示衷心的感谢。

以北京历史文化课程为先导，北京电大与首都图书馆共建学校的实践基地，共同开展"人才培养模式改革和开放教育试点"，教学实践、科研项目紧密结合，在建设学习型社会的实践中共同努力。北京历史文化课程产生的影响已远远超出课堂范围。

由于水平能力所限，缺乏制作适应学习型社会需求的高质量电视教学片和文字教材的经验，教材编辑过程中不妥之处在所难免，诚恳希望本课程的学习者和各界人士批评指正。

北京历史文化课程组

2004年6月